„Ich hab noch nie auf einer ruhigen Insel gelebt“

DER BERLIN-MONITOR

„Ich hab noch nie auf einer ruhigen Insel gelebt"

Berlin als Interaktions- und Konfliktraum in den Gruppendiskussionen des Berlin-Monitors

Oliver Decker • Charlotte Höcker • Julia Schuler (Hrsg.)

zu Klampen!

Der Berlin-Monitor ist ein seit 2019 von der Berliner Senatsverwaltung für Justiz, Verbraucherschutz und Antidiskriminierung gefördertes Forschungsprojekt, durchgeführt in Kooperation der Universität Leipzig und der Hochschule Magdeburg-Stendal.

www.berlin-monitor.de

Bibliografische Information der Deutschen Nationalbibliothek

Die Deutsche Nationalbibliothek verzeichnet diese Publikation in der Deutschen Nationalbibliografie; detaillierte bibliografische Daten sind im Internet über ‹http://dnb.dnb.de› abrufbar.

Herausgegeben von Oliver Decker, Charlotte Höcker und Julia Schuler (Universität Leipzig / Sigmund-Freud-Universität Berlin)

Herausgeber und Herausgeberin der Studienreihe Berlin-Monitor:
Oliver Decker (Leipzig / Berlin), Katrin Reimer-Gordinskaya (Magdeburg / Stendal), Gert Pickel (Leipzig)

Mitarbeit: Kazim Celik, Nabila Essongri, Natalie Gittner, Franka Grella-Schmidt, Kim Hesch, Henriette Rodemerk (Universität Leipzig) und Selana Tzschiesche (Hochschule Magdeburg-Stendal)

Lektorat: Tilman Meckel

Korrektorat: Ute Rosner

Gestaltung und Satz: Uta-Beate Mutz, Leipzig

Druck: BoD – Books on Demand GmbH, Norderstedt

ISBN 978-3-86674-793-7

Gefördert durch

BERLIN

Senatsverwaltung für Justiz, Vielfalt und Antidiskriminierung

im Rahmen von

DEMOKRATIE. VIELFALT. RESPEKT.

Das Landesprogramm gegen Rechtsextremismus, Rassismus und Antisemitismus

Inhaltsverzeichnis

1 Berlin verstehen ... 8
Einleitung in die Ergebnisse der Gruppendiskussionsstudie im Rahmen des Berlin-Monitors
Charlotte Höcker, Julia Schuler und Oliver Decker

1.1 Zur Erhebungsmethode ... 8

1.2 Zur Auswertungsmethode ... 12

1.3 Kritische Stadtforschung: Der Berlin-Monitor als kritische Sozialforschung ... 16

1.4 Projektion und Containing – Raum als Grenzregion von Individuum und Gesellschaft ... 18

1.5 Kritische Wissenschaft als Gesellschafts- und Wissenschaftskritik ... 20

Literatur ... 24

2 „Und da bin ich auch nie wieder weggegangen" ... 27
Die Stadt als Ort der Hoffnung und Herausforderung
Selana Tzschiesche, Charlotte Höcker, Henriette Rodemerk und Julia Schuler

2.1 Stadt der Heimatlosen – Stadt der Vielen? ... 27

2.2 Zwischen „Spaßclub" und „Kollaps" – Raum für Ambivalenzen in den Berlin-Erzählungen? ... 30

2.3 Berlin-Hype? ... 43

Literatur ... 45

3 „Die Mauer war gut für die Westberliner" ... 46
Historisches Erbe und seine Nachwirkungen in Berlin
Natalie Gittner und Oliver Decker

3.1 Einleitung ... 46

3.2 Theoretische Überlegungen ... 47

3.3 Nationalsozialistisches Erbe und der Wunsch nach dem Schlussstrich 49

3.4 Ummauerte Zufluchtsorte – das geteilte Berlin 53

3.5 Gewinn, Verlust und Entgrenzung – Hauptstadt Berlin 55

3.6 Ein ambivalenter Schutzraum? Migrantische und jüdische Perspektiven auf 1989/1990 57

3.7 Gegenwärtige Perspektiven: Die Insel Berlin im rechten Osten? 60

3.8 Fazit 64

Literatur 65

4 „Das geht alles am Volk vorbei" 67
Motive und Widersprüche in plebiszitären Forderungen
Julia Schuler, Henriette Rodemerk, Kazim Celik und Kim Hesch

4.1 Partizipationswünsche und Demokratiedebatte 69

4.2 Autoritäre Revolte und völkische Fantasie 75

4.3 Nicht-Repräsentation 82

Literatur 86

5 „Ausländer bin ich, aber Berliner seit dem ersten Tag" 87
Migration, Zugehörigkeit und Anerkennung
Kazim Celik, Nabila Essongri, Julia Schuler und Franka Grella-Schmidt

5.1 Einleitung 87

5.2 Miteinander, gegeneinander oder nebeneinanderher – ein Blick auf das migrantische Berlin 88

5.3 Die alltägliche Erfahrung von Diffamierung und verweigerter Anerkennung 91

5.4 Strategien im Umgang mit Stigmatisierung und Diffamierung 95

5.5 Fazit 99

Literatur 102

6 „Auf Sparflamme wird das gerettet“ ... 103
Berlin als Stadt der Emanzipation?
Charlotte Höcker, Nabila Essongri, Henriette Rodemerk und Oliver Decker

6.1 Berlin als Stadt der Emanzipation ... 103

6.2 Brüche im Idealbild ... 107

6.3 Präsenz im öffentlichen Raum, Grenzen der Emanzipation, bedrohliche Ohnmacht: Elemente einer tiefenhermeneutischen Interpretation ... 110

6.4 Fazit ... 113

Literatur ... 115

7 „Mein Wunsch, dass ich da mehr lerne, andre mehr lernen und dass wir dem einfach kontern können“ ... 116
Kontinuität des Antisemitismus und (ausbleibende) Reaktionen
Julia Schuler, Selana Tzschiesche, Kim Hesch und Oliver Decker

7.1 Zwischen Kontinuität und Nachgeschichte ... 116

7.2 Versteckt-offene Feindlichkeiten in Verschwörungsglauben, tradiertem Antisemitismus und autoritären Ressentiments ... 121

7.3 Antisemitismus aus Betroffenenperspektive ... 127

7.4 Antisemitismus in der postnationalsozialistischen Gesellschaft ... 133

7.5 Fazit ... 136

Literatur ... 137

Charlotte Höcker, Julia Schuler und Oliver Decker

1 Berlin verstehen

Einleitung in die Ergebnisse der Gruppendiskussionsstudie im Rahmen des Berlin-Monitors

Im Rahmen des Berlin-Monitors werden Diskriminierungserfahrungen und antidemokratische Dynamiken in Berlin mit verschiedenen Zugängen und aus unterschiedlichen Perspektiven untersucht. Neben den fragebogengestützten Repräsentativerhebungen wurden aktivierende Befragungen und Gruppendiskussionen durchgeführt (Pickel et al., 2019; Reimer-Gordinskaya et al., 2020) und somit methodische Ansätze der quantitativen und qualitativen Sozialforschung kombiniert. Mithilfe von quantitativen Methoden können die Verbreitung, Stärke und die Zusammenhänge von politischen Faktoren auf Basis von statistischen Kenndaten untersucht werden; qualitative Methoden zielen dagegen auf die soziale Funktion und Bedeutung politischer Ereignisse oder erfassen die soziale Dynamik in Gruppen. In dem vorliegenden Band werden die Ergebnisse der dritten Säule des Berlin-Monitors vorgestellt: die tiefenhermeneutischen Analysen der Gruppendiskussionen mit Menschen, die in Berlin leben. Dieses Kapitel dient dazu, die Erhebungsmethode Gruppendiskussion und daran anschließend unser Vorgehen bei der Auswertung darzustellen.

1.1 Zur Erhebungsmethode

Gruppendiskussionsstudie als Erhebungsmethode

In der Sozialforschung werden Gruppendiskussionen eingesetzt, um geteilte Einstellungen und Orientierungen zu erheben. Es stehen also anders als bei Fragebogenuntersuchungen oder Einzelinterviews nicht individuelle, sondern kollektiv geteilte Erfahrungen und deren Bedeutung im Fokus. Gruppendiskussionen sind eine Erhebungsmethode, für die mehrere Personen zu einem gemeinsamen Gespräch eingeladen werden. Das können Angehörige einer tatsächlich existierenden Gruppe sein (z. B. von Vereinen, Bürgerinitiativen, Selbsthilfegruppen) oder Gruppen, die nur für diesen Anlass zusammengestellt werden. Die Gruppensituation ist stärker an eine alltägliche Kommunikationssituation angenähert, als es zum Beispiel Fragebögen sind. Anders als im Rahmen von quantitativen Befragungen zu Einstellungen haben die Teilnehmenden einer Gruppendiskussion die Möglichkeit, auch über nicht verfestigte Einstellungen in den Austausch zu treten (Decker et al., 2008). Dies ist insofern relevant, da Einstellungen und Sinnzuschreibungen häufig „erst während der Auseinandersetzung mit anderen Menschen deutlich" werden (Pollock, 1955, S. 32). Weiterhin können sich individuelle und geteilte Sinnzusammenhänge in standardisierten Erhebungen nicht entfalten. In repräsentativen Erhebungen etwa werden Fragen gestellt, auf die die Probanden antworten – über die angebotenen Antwortkategorien (etwa von „Stimme voll und ganz zu" bis „Lehne voll und ganz ab") hinaus können sie sich nicht äußern. Ganz anders sieht es bei den Diskussionen in Gruppen aus: „Wir bekommen in einer Gruppendiskussion auch Antworten auf Fragen, die wir nicht gestellt haben" (Decker et al., 2008, S. 30).

Zentral für den Ansatz der Gruppendiskussionen ist die Annahme geteilter, sogenannter „konjunktiver Erfahrungsräume" des Soziologen Karl Mannheim (1980 [1922–1925]). Gemeint ist damit, dass Teilnehmende einer Diskussionsrunde durch gemeinsame Erfahrungen miteinander verbunden sind, auch wenn sie sich bis zu diesem Zeitpunkt noch nicht kannten. Diese Erfahrungen aktualisieren sich im Rahmen der Diskussion und werden somit zur Basis für das gemeinsame Gespräch. Dadurch lässt sich ein Zugang zu den in ihrem Leben geteilten Bedingungen und Bedeutungen gewinnen und die Frage beantworten, welche individuellen und kollektiv geteilten Bewältigungsmuster für diese sozialen Bedingungen existieren (Decker et al., 2008).

Eingeführt wurden Gruppendiskussion als Methode der empirischen Sozialforschung im deutschsprachigen Raum durch die Untersuchungen der aus dem Exil zurückgekehrten Mitglieder des Frankfurter Instituts für Sozialforschung. Im postnationalsozialistischen Deutschland setzten sie Gruppendiskussionen ein, um die Orientierungsmuster der Deutschen zu untersuchen (Pollock, 1955; Mangold, 1960). Schon bei diesen Studien setzte das Vorgehen nicht voraus, dass sich die Teilnehmenden einer Diskussionsgruppe vorab kennen. Vielmehr zeigen sich in der Gesprächssituation, welche Erfahrungen geteilt werden und wie das Verhältnis von Einzelnen, auch mehreren Menschen, und Gesellschaft verstanden werden kann. Während quantitative Erhebungen in der Regel Zusammenhänge *erklären*, also bekannte Erklärungsmodelle überprüfen, zielt das qualitative Verfahren auf das *Verstehen* des Verhaltens und Erlebens von Menschen (zu Fragen der Verallgemeinerbarkeit und Gültigkeitsüberprüfung vgl. Decker et al., 2008; Decker, 2018).

Ablauf der Gruppendiskussionsstudie im Rahmen des Berlin-Monitors

Für die Gruppendiskussionsstudie im Rahmen des Berlin-Monitors wurden die Teilnehmenden aus der Stichprobe der Berlinerinnen und Berliner ausgewählt, welche an unserer Repräsentativerhebung 2019 teilgenommen und sich einverstanden erklärt hatten, an der Studie weiter mitzuwirken. Für diese weitere Teilnahme wurde eine Aufwandsentschädigung in Aussicht gestellt und gezahlt.[1] Dadurch war die Möglichkeit gegeben, Personen auf Grundlage ihrer Antworten im Fragebogen mit Personen zusammenzubringen, welche ähnliche Orientierungen und Erfahrungen berichteten (grafische Darstellung des gesamten Studienablaufs s. Abb. 1). Die möglichen Teilneh-

1 Die eingeladenen Teilnehmenden konnten auch Freunde und Bekannte zu der Diskussion einladen. Aus diesem Grund gab es zwei Teilnehmende der Gruppendiskussionen, die nicht an der vorherigen Befragung teilgenommen hatten.

Abb. 1: Verlauf der Gruppendiskussionsstudie im Berlin-Monitor: Erhebung, vertikale und horizontale Analyse

menden wurden vorab telefonisch kontaktiert und bei weiter bestehendem Interesse ein gemeinsamer Termin vereinbart. Als Ort der Durchführung wurde jeweils ein Raum in einem Bezirksrathaus von Berlin reserviert.

Bei der Auswahl der Personen wurden Angaben zu spezifischen Diskriminierungserfahrungen herangezogen, aber es wurden auch Gruppen mit Teilnehmenden gebildet, die Abwertungsbereitschaft gegenüber anderen äußerten (Antisemitismus, Verschwörungsmentalität u. ä.). Die Gruppen wurden hinsichtlich dieser gewählten Merkmale in der Fragebogenuntersuchung einheitlich zusammengestellt. Bei der weiteren Auswertung orientierten wir uns aber dann entsprechend der Forschungslogik an den berichteten Erfahrungen aus den einzelnen Gruppen. Die in den folgenden Kapiteln berichteten Ergebnisse der Gruppendiskussionen wurden wiederum nach anderen inhaltlichen Fokussen ausgewertet. Herangezogen wurden Themen oder Konflikte, die über die verschiedenen Gruppendiskussionen hinweg im Gespräch angesprochen wurden. Aus diesem Grund und wegen der Anonymisierung verzichten wir an dieser Stelle auf eine detaillierte Darstellung der einzelnen Gruppendiskussionen.

Durch dieses Vorgehen konnten wir nur eine Auswahl der Berliner Perspektiven, Motive und Erfahrungsräume abbilden. Dennoch ermöglichen die durchgeführten Forschungsinterviews bereits eine Vielzahl an geteilten Erfahrungsräumen und Konflikten zu beleuchten, und es gelingt auch, den Bezug dieser unterschiedlichen Sichtweisen aufeinander herzustellen. Alle Gruppendiskussionen und Interviews fanden von September bis Dezember 2019 statt. Mit der sich ausbreitenden COVID-19-Pandemie wurde die Erhebung zum Jahresbeginn 2020 zunächst unter- und dann abgebrochen. Zu jeder Diskussionsrunde waren jeweils fünf bis acht Personen eingeladen, sodass Diskussionsrunden von zwei bis sechs Teilnehmenden zustande kamen, auch wenn vereinzelt Eingeladene nicht erschienen. Neben insgesamt elf Gruppendiskussionen wurden in zwei Fällen Einzelinterviews durchgeführt, da die weiteren Personen, die zugesagt hatten, nicht erschienen waren.

Zwei Projektmitarbeitende moderierten die 90-minütigen Gruppendiskussionen bzw. Einzelinterviews. Vor Beginn des Gesprächs wurden die Teilnehmenden über Datenschutzvorkehrungen aufgeklärt und ihr Einverständnis über die Teilnahme an der Diskussion und über die Verwendung der erhobenen Daten eingeholt. Anschließend stellten die Projektmitarbeitenden sich selbst sowie das Projekt Berlin-Monitor vor und

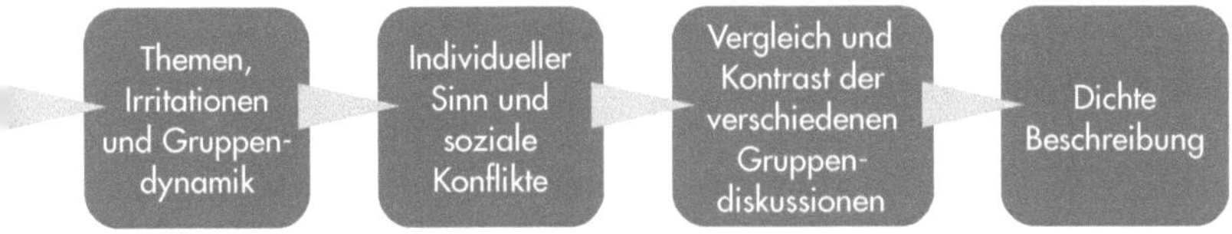

begannen die Gruppendiskussion. Ziel war es hierbei, eine möglichst natürliche Gesprächssituation herzustellen und somit ein weitgehend selbstläufiges Gespräch zwischen den Teilnehmenden zu ermöglichen. Die Moderation sollte sich auf wenige Rückfragen beschränken, etwa um zur weiteren Erzählung aufzufordern. Um diesen offenen Gesprächsfluss zu ermöglichen, wurde jede Diskussion durch eine offene Erzählaufforderung begonnen – etwa „Wie ist Ihr Leben in Berlin?". Durch diese thematisch unpräzise Eröffnung sollte ein niedrigschwelliger Einstieg in das Gespräch erleichtert und zugleich Raum für die selbstläufige Rede zwischen den Teilnehmenden gegeben werden. In den meisten Gruppendiskussionen wurde dieses Angebot der sogenannten „Eisbrechersituation" angenommen, und es entfaltete sich ohne weitere Intervention eine Diskussion. Die Moderierenden beteiligten sich im weiteren Verlauf nur mit konkretisierenden Nachfragen und der Aufforderung zu vertiefendem Erzählen. In den Einzelinterviews waren die Moderierenden stärker eingebunden, weil sich das Gespräch im Dialog entwickelte. Aber auch hier lag der Fokus darauf, die Interviewten möglichst frei über ihr Leben erzählen zu lassen.

Die Gruppendiskussionen wurden mit einem Audiogerät aufgezeichnet und nachfolgend transkribiert und anonymisiert. Zudem wurden im Anschluss an jede Gruppendiskussion Gedankenprotokolle durch die Moderierenden erstellt. Im Zuge der Anonymisierung wurden Namen, Wohnorte, Berufsbezeichnungen und Altersangaben verändert, um die Zuordnung und Wiedererkennung einzelner Teilnehmender für Außenstehende zu verhindern. Nicht eindeutig in der Audioaufnahme zuordenbare Sprechende wurden in den Zitaten mit „U" markiert.

Wie in der quantitativen unterscheiden wir auch in der qualitativ-sinnrekonstruktiven Forschung zwischen Erhebungs- und Auswertungsmethoden. Beispielsweise können Daten im Rahmen einer qualitativen Studie fragebogengestützt repräsentativ erhoben werden und anschließend die Auswertungen mit Mitteln der Statistik erfolgen, indem die prozentuale Verteilung von Einstellungen beschrieben wird, die Mittelwerte verschiedener Gruppen verglichen werden oder die Stärke von Einflussfaktoren bestimmt wird. Damit die in diesem Buch berichteten Ergebnisse nachvollziehbar sind, ist nicht nur ein Einblick in die Methode der Erhebung wichtig – also die Gruppendiskussionen –, sondern auch, wie diese Gruppendiskussionen im Anschluss ausgewertet wurden. Deshalb widmen wir der Interpretation im Folgenden noch intensivere Aufmerksamkeit.

1.2 Zur Auswertungsmethode

Tiefenhermeneutische Interpretation als Möglichkeit des Fremd- und Selbstverstehens

Die einleitend vorgestellte Unterscheidung von erklärenden und verstehenden Forschungsmethoden geht auf den Psychologen Wilhelm Dilthey (1894) zurück. Seine Beschreibung der Forschungslogiken hilft bis heute, das unterschiedliche Vorgehen zu illustrieren (Decker, 2018): Während quantitativ Forschende von einem meist vorab formulierten Ursache-Wirkung-Zusammenhang ausgehen, den sie im Forschungsprozess überprüfen, haben verstehende Forscher eher einen „Anfangsverdacht". Sie versuchen aber bei der Interpretation eine offene Haltung einzunehmen (gleichschwebende Aufmerksamkeit, vgl. den *Exkurs* am Ende dieses Kapitels). Dies schließt nicht aus, dass auch die verstehende Forschung mit Vorannahmen beginnt, aber sie soll durch Irritationen zu neuen Erkenntnissen führen. Weil die Grundlage für diese verstehende Forschung oft Transkripte – also Wortlautprotokolle – von Interviews sind, wird statt von verstehender Forschung auch oft von Hermeneutik gesprochen, der Kunst der Interpretation und der Auslegung von Texten. Als solche hermeneutische Interpretationsmethode wurde von uns die Tiefenhermeneutik gewählt. Damit schließen wir an die Bremer Sozialpsychologen und Sozialforscherinnen um Thomas Leithäuser und Birgit Volmerg an (Leithäuser & Volmerg, 1988), die als erste die von Alfred Lorenzer entwickelte Tiefenhermeneutik (1995 [1973]) für die Interpretation von Gruppendiskussionen nutzbar machten.

Die tiefenhermeneutische Interpretation bot unserer Forschungsgruppe die Möglichkeit, die Ergebnisse der Repräsentativerhebung und der aktivierenden Befragung um eine neue Dimension zu erweitern. Vor dem Hintergrund einer komplexen Stadtgesellschaft mit vielseitigen Lebensentwürfen werden Alltagserfahrungen erhoben, die nicht nur die Ereignisse selbst berichten, sondern als Erzählungen gleichzeitig mit subjektiven Bedeutungszuschreibungen verbunden sind. Letztere basieren auf Deutungsmustern, die allgemein in unserer Kultur zur Verfügung stehen und aus unterschiedlichen biografischen oder situativen Gründen im jeweiligen Lebenszusammenhang zur individuellen Sinngebung herangezogen werden. Die Fragen, warum und von wem in welcher Situation welches zur Verfügung stehende Deutungsmuster genutzt wird, machen dann die Erzählungen zum Ausgangspunkt eines tieferen Verständnisses aktueller gesellschaftlicher und politischer Debatten. Eine Interpretation wird notwendig, weil im Zusammenhang der Berichte nicht nur die ausdrücklich berichteten, sondern auch die ausgelassenen, nicht erwähnten Elemente bedeutsam sind. Es kommt deshalb auch bei diesem Vorgehen nicht auf die Häufigkeit an, mit der ein Thema erwähnt wird. Ein Thema kann nur einmal Erwähnung finden und trotzdem Dreh- und Angelpunkt für das ganze Gespräch werden.

Das Besondere der Tiefenhermeneutik besteht darin, dass Bedeutungsebenen eröffnet werden, die ansonsten im Bereich des Tabuisierten, Verdrängten oder einfach Unbemerkten liegen. Dieser Bereich wird auch als Latenz bezeichnet, um ihn von der manifesten Ebene, also dem, was ausdrücklich gesagt wurde, abzugrenzen.

Kein Text – ob ein Buch, ein Gedicht, eine Bedienungsanleitung oder das gesprochene Wort – liefert alle Informationen, die notwendig sind, um ihn zu verstehen: Er wäre potenziell nie zu Ende. Auch im Alltag setzen das gesprochene Wort, die kontroverse Debatte und selbst das Schweigen bei den Zuhörern oder Lesern eine Interpretationsleistung voraus. Sie alleine ermöglicht die Verständigung oder führt zu Irritationen und Missverständnissen. Eine wissenschaftliche Interpretation versucht, dieses Alltagsverstehen zu systematisieren. Diese Systematisierung muss dabei zweierlei leisten: zum einen die von allen Beteiligten mitgedachten Voraussetzungen offenlegen und zum anderen auch die immer wieder auftretenden Irritationen in diesen Prozess einbeziehen. Letzteres heißt damit ausdrücklich, die Subjektivität der Forschenden zum Erkenntnisinstrument zu machen. Der Erfahrungsraum, die Gesellschaft, wird nicht nur von den Teilnehmenden der Gruppendiskussion geteilt, sondern auch von den Forschenden. Deshalb eröffnet die interpretative Auseinandersetzung nicht nur einen Blick auf individuelle Bedeutung von Lebenserfahrungen, Brüchen oder Konflikten, sondern auch auf die Gesellschaft, in denen die Individuen solche Erfahrungen machen. Damit werden durch die Perspektive der Teilnehmenden auch soziale Konflikte zum Untersuchungsgegenstand.

Um dies zu erreichen, werden in dem interpretativ-hermeneutischen Vorgehen die manifesten und latenten Informationen, die von einem Menschen in einer Gruppendiskussion oder Einzelinterview vorliegen, zunächst getrennt betrachtet und später wieder zusammengeführt. In den Erkenntnisprozess werden dabei neben der Frage, „was" gesagt wird, auch die Analyse der Bedingungen, in denen etwas gesagt wurde (etwa die Dynamik der Gesprächssituation), sowie die Analyse der Beziehungsebene miteinbezogen. Letztere umfasst sowohl die Beziehungen unter den Teilnehmenden einer Gruppendiskussion als auch die Beziehung der Analysierenden zum Gruppendiskussionsmaterial. Das bedeutet für das Vorgehen, dass auch die eigenen Lebenserfahrungen mit denen der Teilnehmenden kontrastiert und kritisch reflektiert werden müssen (Lorenzer, 2005). Diese Interpretation erfordert einen fortlaufenden Reflexionsprozess.

Tiefenhermeneutische Interpretation im Rahmen des Berlin-Monitors

Die Gruppendiskussionen im Berlin-Monitor wurden im Rahmen von Interpretationsrunden mit vier bis sechs Personen ausgewertet (im Folgenden: Interpretationsgruppen). Innerhalb der Interpretationsgruppen waren Personen unterschiedlichen Geschlechts, Ausbildungsstands, Alters und unterschiedlicher Erfahrung mit der tiefenhermeneutischen Methode vertreten (darunter der Projektleiter, wissenschaftliche Mitarbeiterinnen und Mitarbeiter, assoziierte Promovendinnen, studentische Mitarbeiterinnen und Studierende im Forschungspraktikum). Bei ihrem forschungspraktischen Vorgehen orientierten sich die Interpretationsgruppen zunächst an Elfriede Löchels Vorschlägen zur tiefenhermeneutischen Interpretation. Ihre nicht veröffentlichten „Arbeitsschritte und Interpretationstechniken" umfassen Leseanweisungen, Vorschläge zur Strukturierung und Interpretation einzelner Textabschnitte und Hinweise zur Benennung und Deutung übergeordneter Motive[2] (Löchel, 2005, S. 5). Nachfolgend wird ein typischer Interpretationsprozess der Forschungsgruppe unter Benennung der einzelnen Arbeitsschritte nach Löchel skizziert.

Die Auswertung besteht aus mehreren Schritten und lässt sich in eine vertikale und eine horizontale unterteilen. Während die vertikale dem Sinnverstehen einer einzelnen Gruppendiskussion dient, werden in der horizontalen Auswertung die Ergebnisse verschiedener Interpretationen aufeinander bezogen. So werden die vertikalen einzelnen Interpretationen in der horizontalen Auswertung verglichen und z. B. miteinander kontrastiert. Beide Ebenen haben etwas Kreisendes, das erhobene empirische Material wird jeweils aufs Neue gelesen und betrachtet.

Die vertikale Interpretation beginnt bereits unmittelbar im Anschluss an die Gruppendiskussion, wenn die Interviewenden ein Gedankenprotokollen erstellen, welches formale Aspekte (Sitzordnung), aber auch Eindrücke (z. B. eine kurze Charakterisierung der einzelnen Teilnehmenden) enthält. Die weitere Interpretationsarbeit beginnt dann nach der Transkription. Die Mitglieder der Interpretationsgruppe lesen die verschriftlichte Gruppendiskussion und sammeln zunächst jeder für sich ihre Leseeindrücke und Assoziationen. Bei den ersten Treffen der Interpretationsgruppen werden diese Eindrücke abgeglichen. Bereits an dieser Stelle, beim Gespräch in der Interpretationsgruppe über den manifesten Text, werden unterschiedliche Elemente des latenten Gehalts sichtbar. Die unterschiedlichen Leseverständnisse werden nämlich verstanden als individuelle Leistungen, intuitiv die Auslassungen in den Alltagsberichten zu füllen oder mit Brüchen und Irritationen in der Erzählung umzugehen. Jede Lektüre ist auch eine Interpretation des Gesagten bzw. des geschriebenen Textes. Die so vollzogene Interpretation entspricht der Leistung, die wir in unserem Leben beständig vollbringen und die uns z. B. in Gesprächen einen Bezug aufeinander gestattet. In der wissenschaftlichen Forschung ist es nun die Aufgabe, diese intuitiven Interpretationen zu systematisieren und als reflektierte Methode anzuwenden.

Dabei besteht ein zentraler Unterschied zur quantitativen Methode, die die sinnrekonstruktive Forschung charakterisiert: Unterschiedliche Verständnisse und Eindrücke bei den Mitgliedern der Interpretationsgruppe werden nicht als konkurrierende Interpretationen aufgefasst und dann zugunsten eine „richtigen" Lesart aufgegeben. Im Gegenteil: Unterschiede werden als mögliche Varianten des Fremdverstehens zugelassen, denn sie geben entweder Auskunft über bestehende Ambivalenzen, die in den berichteten Situationen beim Erzähler bestanden haben, oder verweisen auf die in der Gesellschaft bestehenden, unterschiedlichen Verständnismöglichkeiten für ein und dieselbe Situation. Im beiden Fällen kommt es dann darauf an herauszuarbeiten, warum und aus welcher Perspektive die jeweils gesellschaftlich zur Verfügung

---

2 Löchel orientiert sich unter anderem an den „Verstehensmodi und Sinnerschließungsfragen", die Leithäuser und Volmerg zum tiefenhermeneutischen Interpretieren vorschlagen. Die Sinnerschließungsfragen „Was wird gesagt? Wie wird etwas gesagt? Was wird wie gesagt? Warum wird was wie gesagt?" sollen dabei helfen, sich mit einer nicht-alltäglichen Haltung auf den Text einzulassen und gleichzeitig die Distanz zum Text immer wieder herzustellen (Leithäuser & Volmerg, 1988, S. 259 f.).

stehenden Interpretationsmuster bevorzugt werden. Gerade bei Textstellen, die bei der ersten Lektüre unterschiedlich verstanden werden, können zentrale Bedeutungsgehalte erarbeitet werden. So beziehen sich Interpretationen in der sozialpsychologischen Forschung nicht nur auf die latenten individuellen, sondern auch auf die gesellschaftlichen Widersprüche. Dieses Verständnispotenzial wird durch die Tiefenhermeneutik auch für Inhalte eröffnet, die zwar Gegenstand des Gesprächs gewesen sind, die aber entweder gar nicht im manifesten Text auftauchen – also gar nicht ausdrücklich ausgesprochen werden – oder sich nicht in ihm erschöpfen – also angesprochen, aber nicht ausgeführt werden.

Ein weiteres Element dieser zirkulierenden Interpretationsschritte ist es, die Eröffnungsszene der jeweiligen Gruppendiskussion in der Interpretationsgruppe in verteilten Rollen zu lesen. Dadurch wird angeregt, freie Assoziationen zusammenzutragen und sich gruppendynamisch auf den Text einzulassen. Ebenso gehört die Unterteilung des Transkripts in thematisch zusammenhängende Abschnitte dazu. Dieses „Sequenzierung" genannte Vorgehen bereitet die Auswahl von einzelnen Sequenzen vor, welche ähnlich wie die Lektüre des Beginns der Gruppendiskussion für einen erneuten Zugang zum Sinnverstehen ausgewählt werden.

Während dieses jeweils neu beginnenden und thematisch aber im weiter auf zentrale Motive der Gruppendiskussion fokussierenden Interpretationsvorgangs werden zentrale Sätze aus dem Material ausgewählt, so genannte „Kernsätze". Diese ermöglichen es, die Diskussionen über wahrgenommene Brüche und Wendepunkte sowie Beziehungsmuster im Text zu strukturieren und in der späteren Ergebnisdarstellung an prägnanten Beispielen die Interpretation nachzuvollziehen.

Die Reflexion von eigenen Reaktionen ist in jedem Arbeitsschritt das zentrale Analyseinstrument, um zu einem Verständnis der Gruppendiskussionen zu gelangen. Bei dieser Rekonstruktion von Bedeutung geht es um die Wahrnehmung von Beziehungsangeboten, die sich aus der emotionalen Reaktion auf die Gruppendiskussion ableiten lassen. Auch die „Wort-für-Wort-Analyse" bei der Lektüre mit verteilten Rollen dient diesem Nachvollzug. Der letzte vertikale Auswertungsschritt einer Gruppendiskussion besteht im Nachvollzug des gesamten Interpretationsvorgangs in schriftlicher Form (Bereswill et al., 2010; König et al., 2019).

Im Anschluss an diese vertikale Analyse wird die horizontale Analyse vorgenommen. Sie besteht in der Sichtung der Interpretation der einzelnen Gruppendiskussionen, die aufeinander bezogen – entweder kontrastierend oder hinsichtlich von Übereinstimmungen – interpretiert werden. In dieser Kontrastierung der Gruppendiskussionen und Interviews zeigen sich übergreifende Bedeutungszusammenhänge und Themen, aber auch Widersprüche. Für jedes der aus den verschiedenen Gruppendiskussionen ermittelten Themen wird eine eigene Analyse erstellt. In der qualitativen Forschung bezeichnet man diese Analysen als „dichte Beschreibung" (Geertz, 1983) oder auch „dichte Interpretation" (König et al., 2019). Hierbei werden die Gruppendiskussion und die Interpretationsdynamik mehr und mehr in ihrem Gesamtzusammenhang besprochen und unter einem Motto zusammengefasst.

Der Interpretationsprozess wurde durch eine externe psychoanalytische Forschungssupervision begleitet. Inhalt der Supervision waren einerseits die Reflektion der Gegenübertragungen und andererseits die Dynamik der Interpretationsgruppen. Schließlich wurden die Interpretationen der einzelnen Gruppendiskussionen durch einen horizontalen Vergleich über die verschiedenen Gruppendiskussionen hinweg erweitert. In regelmäßig stattfindenden Großgruppentreffen wurden die dichten Interpretationen der einzelnen Interpretationsgruppen in Bezug auf übergreifende Motive und Bedeutungen diskutiert.

1.3 Kritische Stadtforschung: Der Berlin-Monitor als kritische Sozialforschung

In unserem Forschungsprojekt werden die Stadt Berlin und ihre Topografie nicht allein als Bühne von Protesten, Konflikten und Gewalt betrachtet, sondern als eine eigene Größe mit in die Analyse aufgenommen – sowohl in ihrer geschichtlichen Bedeutung, die sich in der gegenwärtigen Gesellschaft Geltung verschafft, als auch als Ort der Verdichtung aktueller gesellschaftlicher Widersprüche und zudem in ihrer psychischen Funktion für die in ihr lebenden und handelnden Individuen.

Es mag trivial klingen, wenn man betont, dass städtische Konflikte nur in Städten und nicht in einem Dorf auftreten können. Jedoch muss berücksichtigt werden, dass Städte Orte besonderer Verdichtung sozialer Konflikte sind: Die dichte Besiedlung der Städte bringt eine „verdichtete Unterschiedlichkeit" (Lefebvre, 2016) mit sich, die ihren Ausdruck in einem Kampf um Anerkennung oder als Legitimationskrisen findet. Ein Beispiel hierfür sind Gentrifizierungsprozesse (Holm, 2014): Da die Gentrifizierung städtischen Wohnraums nicht nur die Prekarisierung von vielen, sondern auch die Kapitalakkumulation in der Hand von wenigen beinhaltet, werden Städte zu einem prominenten Ort, an dem die Konflikte um die Verteilung des gesamtgesellschaftlich produzierten Reichtums besonders erfahren werden. In Abgrenzung zu Konflikttheorien des 19. Jahrhunderts formulieren Hardt und Negri diese Bedeutung der Stadt im Vergleich zur Fabrik des vorvergangenen Jahrhunderts: Die Stadt, so ihre Position, ist für die politischen Konflikte und die politische Mobilisierung das, „was die Fabrik für die industrielle Arbeiterklasse war" (Hardt & Negri, 2009, S. 262). Ob es Migrationsbewegungen, Fragen der Anerkennung oder Profitorientierung sind, ob es die Vielfalt von Lebensentwürfen ist oder um andere Formen des Zusammenlebens geht, immer sind Städte die Orte, an denen die Transformationsprozesse der Gegenwart ausgehandelt und erfahren werden. Sie sind derzeit die Austragungsorte sozialer Konflikte, die mit der Veränderung von fordistisch-keynesianischer Wirtschaftspolitik hin zu Deindustrialisierungs- und Neoliberalisierungsprozessen zusammenhängen (Mayer, 2013, S. 157). Selbst wenn urbane Politiken den städtischen Raum als Nachbarschaft, Viertel, Kommune und damit als gestaltbares Politikfeld und Refugium innerhalb globaler kapitalistischer Entwicklungen entwerfen (Harvey & Dinçer, 2016), reichen die Neoliberalisierungsprozesse vielfältig auch in die Lebensbereiche, die als Gegenentwürfe angelegt sind.

Die grundlegenden Umstrukturierungen in der gesellschaftlichen Organisation von Arbeit, sozialen Sicherungssystemen und öffentlichem Raum (Brenner et al., 2010) innerhalb der letzten drei Jahrzehnte sind mit verschiedenen Begriffen belegt worden. Sie können hier nicht im Einzelnen entwickelt, aber zumindest erwähnt werden. Die bis zur Pandemie fortschreitende Globalisierung der Produktion und Zirkulation war und ist bis heute verbunden mit einer weitreichenden Digitalisierung vieler Lebensbereiche. Die Effekte dieser Entwicklung wurden als Beschleunigung (Rosa, 2011; Decker & Kiess, 2015), Entgrenzung (Morgenroth, 2005) und als Regression (Nachtwey, 2016) in der Wachstumsgesellschaft (Lessenich, 2014) beschrieben. Ihre Effekte sind gerade mal abzuschätzen, reichen aber mit Sicherheit bis weit in das alltägliche Erleben und die Subjektstruktur hinein (Türcke, 2019). Sie werden nicht an allen Orten gleichermaßen intensiv erfahren: „Weil Städte innerhalb der fordistisch-keynesianischen Produktions- und Reproduktionssysteme eine zentrale Rolle spielten, wurden sie zu den ersten Schauplätzen für zunächst neoliberale Rollback-Strategien." (Mayer, 2013, S. 157) Dies hat wiederum jeweils spezifische Konfliktlinien in den städtischen Arenen zur Folge. Weil die sich in der Stadt manifestierenden Konflikte über die gesellschaftlichen Antagonismen im Allgemeinen Auskunft geben, schließt in der Stadtforschung der Begriff der Urbanisierung mittlerweile nicht mehr nur ein abgrenzbares, räumlich zu verortendes Phänomen ein. Er wurde zu einer „generalized, planetary condition in and through which the accumulation of capital, the regulation of political-economic life, the reproduction of everyday social relations and the contestation of the earth an humanity's possible futures are simultaneously organized and fought out" (Brenner, 2009, S. 206). Stadtgesellschaften sind Orte verdichteter Differenz und aus ihnen resultierender Konflikte. Kurz: An Städten lassen sich pars pro toto die Konflikte der Gegenwart untersuchen.

Um Missverständnisse auszuschließen, möchten wir betonen, dass kein „Raumfetischismus" betrieben werden soll, in dem dieser den handelnden Personen scheinbar mit Eigensinn gegenübertritt (Belina & Wehrheim, 2011). Allerdings ist es wichtig, den städtischen Raum als bedeutungsvollen und auch bedeuteten, also von den Akteuren mit einer Bedeutung ausgestatteten Raum zu verstehen. Der städtische Raum ist in seiner geschichtlichen Materialität gleichermaßen ein „Prägestock" (Mitscherlich, 1965): Er bestimmt die Art und Weise, wie sich Menschen in ihm verhalten, ihn erleben und zueinander in Beziehung treten. Dabei wird er aber gleichzeitig von den Bewohnern in ihrer konkreten Lebenspraxis interpretiert und angeeignet (Decker, 2016), mit eigener sozialer und psychischer Bedeutung ausgestattet. Die Stadt (und ihre Topografie) ist historisch gewordene Gesellschaft und als materialisierte Geschichte nicht nur Träger gegenwärtiger, sondern auch vergangener sozialer und politischer Bedeutung.

Die Stadt spielt damit in der alltäglichen Vergesellschaftung ihrer Bewohner ebenso eine Rolle, wie sie auch die konkreten persönlichen Kontakte mitgestaltet. Die Art und Weise, wie Menschen sich in der Stadt bewegen, ist sowohl Aneignung als auch Aushandlung der vergangenen und gegenwärtigen Stadtgestaltung. In den Wänden, auf den Gehsteigen, Fahrrad- und Autowegen, also in der Art und Weise, wie die städtische Architektur aufgebaut ist, begegnen den Stadtbewohnern nicht nur die Produkte menschlichen Handelns, die Bewohner statten die Stadt und ihre Manifestationen auch mit Sinn aus. Der städtische Ort enthält von Menschen hervorgebrachte Bedeutungen des Zusammenlebens und wird umgekehrt von den Bewohnern mit interpretiert und neu mit Bedeutungen gefüllt. Menschen bringen biografische Erfahrungen in die städtische Infrastruktur mit ein, interpretieren damit gleichzeitig Geschichte in ihrer gegenwärtigen Lebenspraxis. Damit sind nicht nur ästhetische Erfahrungen oder Wissensbestände gemeint, sondern auch immanent körperliche und psychische Bedürfnisse.

Um ein Beispiel zu nennen: Eine öffentliche und frei zugängliche Toilette „bedeutet" das Bedürfnis der Ausscheidung in anderer Weise als eine gegen Gebühr nutzbare und nach dieser Nutzung restlos durchgespülte Nasszelle in der Fußgängerzone. Entsprechendes gilt z. B. auch für die binnen eines Jahrzehntes fast vollständig aus dem öffentlichen Raum verschwundenen Telefonzellen. Dieser Wechsel verändert die Bedeutung des öffentlichen Raums und zeigt eine Verschiebung im Bedürfnis an. Dieses „management of space by architecture and engineering" produziert Differenz und Gemeinsamkeit (Figlio & Richards, 2003, S. 412). Durch diese Verdichtung werden direkt psychische Aspekte der Identität und der Intergruppendynamik im städtischen Raum intensiviert.

1.4 Projektion und Containing – Raum als Grenzregion von Individuum und Gesellschaft

Weil er als Ort des Konfliktausdrucks genutzt wird, finden sich im städtischen Raum gleichermaßen Verräumlichungen psychischer und sozialer Bedeutungen. Für die affektive Aufladung von Raum sind insbesondere die von Sigmund Freud und Melanie Klein spezifizierten Mechanismen *Projektion, Spaltung* und *Containing* von Bedeutung (vgl. auch die Ausführungen in Kapitel 3.2 und Kapitel 7.4). Alle drei beschreiben innerpsychische Bewältigungsmöglichkeiten, um mit Ängsten, Unsicherheiten oder Belastungen umzugehen. Räume sind in diese Bewältigung eingebunden – sowohl als konkrete Räume als auch als deren imaginierte Bedeutung und in ihrer psychischen Funktion. Am deutlichsten wird diese Bedeutung von Räumen im psychoanalytischen Begriff des Containing sichtbar, der als Metapher selbst auf das Bild eines räumlichen Gefäßes zurückgreift. Das Containing, aber auch die Projektion und die Spaltung beschreiben psychische Vorgänge, gehören eigentlich zur Entwicklungspsychologie des frühen Lebensalters und bezeichnen die frühkindlichen Möglichkeiten, mit belastenden, insbesondere eigenen destruktiven Impulsen umzugehen. Als Spaltung und Projektion werden jene Mechanismen beschrieben, mit denen der Säugling versucht, Wut und Ohnmachtserfahrung dadurch zu begegnen, dass er sie zu von außen kommenden Aggressionen macht. Dieses Ausagieren, wie es die Psychoanalyse nennt, bringt eine Unterscheidung von außen und innen, fremd und eigen mit sich und unterläuft diese Unterscheidung im selben Moment: Das Eigene wird zum Fremden gemacht, weil es dort besser auszuhalten ist. In der Entwicklungspsychologie wird mit Containing der Vorgang beschrieben, in dem in einer gelingenden Beziehung diese Emotionen von der Mutter aufgenommen werden können und stellvertretend für das Kind ausgehalten werden. Kann die Mutter die Aggressionen des Säuglings aufnehmen, aushalten und durch die Zuwendung helfen, diese zu integrieren, dann kann das Kind zwei wichtige Fähigkeiten ausbilden: Das betrifft die Fähigkeit, auch jene Erfahrungen als Teil der eigenen Person wahrzunehmen, die schwer auszuhalten sind, weil sie Angst und Destruktivität vermitteln, und, daran gebunden, die Fähigkeit zur Empathie, der Anerkennung des anderen, die es gestattet, auch sein Erleben nachzuvollziehen.

Spaltung, Projektion und Containing sind mit wichtigen Entwicklungsaufgaben des Kindesalters verbunden, aber diese Mechanismen und die Hilfe bei der Integration von intensiven Erfahrungen der Angst oder Ohnmacht gehören ebenso zum Erwachsenenalter. Auch für Erwachsene besteht die Möglichkeit, sich durch diese Abwehrmechanismen eigener negativer Anteile, also nicht aushaltbarer Erfahrungen oder Ängste, durch Projektion zu entledigen. Die Abwehr durch Abspaltung und Projektion macht einen Ort bzw. eine Gruppe zum Träger des nicht Aushaltbaren. Im Falle des Containments wird zwar auch Eigenes zunächst nach außen verbracht, aber im besten Fall kann eine Beziehung, können aber eben auch soziale Räume (etwa als Ort gemeinschaftlich vollzogener, ritueller Versicherung) eine Integration der destruktiven Elemente ermöglichen. Dabei beschreibt etwa die Autorin Deborah Wright (Wright, 2018), wie die Bedeutungszuschreibung von Räumen sowie deren aktive Gestaltung (etwa in der Architektur, vormals auch etwa in Sakralbauten) diese nicht nur zur Repräsentation von Bedürfnissen machen, sondern auch zur Bewältigung von Angst, Ohnmacht und Aggressionen dienen. Diese Orte können als Produkt menschlicher Tätigkeit auch dann das Containment ermöglichen, wenn sie alleine erfahren werden. Sie sind Architektur gewordene Interaktion.

Räume können also als Möglichkeit verstanden werden, durch ihre projektive Aufladung psychische und soziale Konflikte zu externalisieren, konkret: zu verräumlichen. Auch Orte wie die Lieblingskneipe, der Kiez oder der Bäcker von nebenan können zu Orten der Versorgung und der Erfahrung des Eingebundenseins werden: „a building as a good mother, inside of which all is good and outside of which all is bad" (Wright, 2018, S. 176). So wird der urbane Raum zu einem ver-sichernden und ver-bindenden Objekt in der Psyche der Stadtbewohner, weil mit dieser Verräumlichung Ängste gebunden und Konflikte aus unterschiedlichen Quellen aufgehoben werden können. Durch die auf die Stadt bezogenen Fantasien wird der Stadt eine „illusorische Konsistenz" verliehen, die es ermöglicht, „sich die Stadt vorzustellen, sie zu fühlen und über sie zu sprechen" (Pohl, 2019, S. 47).

In unserem sozialpsychologischen Forschungsprojekt geht es darum, die Mechanismen zu beschreiben, welche die umfassenden Projektionen mit ihren psychischen und körperlichen Aspekten beinhalten.[3] In der Umwelt, in der Interaktion mit anderen Menschen, in der Landschaft oder an Gebäuden wird gestaltet und beeinflusst, was sich innerpsychisch nicht gestalten lässt. Psychische und körperliche Aspekte sind mit

3 An dieser Stelle sei auf vergleichbare Studien verwiesen, die am Else-Frenkel-Brunswik-Institut der Universität Leipzig als kritische Stadtforschung zu Konflikträumen durchgeführt werden und deren Veröffentlichung in Vorbereitung ist (Studien zu den Städten Leipzig, Hamburg, Wurzen; exemplarische Veröffentlichung z. B. Gittner et al., 2022; Schuler et al., 2022).

eingeschlossen, weil die Projektion es ermöglicht, etwas in der Umwelt, mit Menschen, Landschaften oder Gebäuden zu manipulieren. Gefühle, die nicht ausgehalten werden können, werden in die Beziehung zu anderen Menschen eingebracht. Wichtig ist, dass dieser Vorgang trotz des Blickes auf die Psyche nicht nur eine individuelle, sondern auch eine sozialpsychologische Dimension hat (Wright, 2018, S. 169). Soziale Räume – sowohl als imaginierte Einheit einer Gruppe wie auch als konkrete Räume (z. B. der Stadtteil, das Hausprojekt, die Wache) – dienen der Rückversicherung gegenüber eigenen Unsicherheiten und Ängsten sowie als Rückversicherung einer eigenen psychischen und Identitätsgrenze durch eine verräumlichte äußere Grenze. Der Vorgang, in dem innerpsychische Bedürfnisse Einzelner oder Gruppen verräumlicht werden, schafft einen sozialen Rahmen, eine Matrix. „The unconscious matrix of such a social organism is challenged by the irruption of anything unforeseen. Society establishes a territory, and people tend to treat the unruly as a threat. In the extreme, they are terrified or terrorized, words that share a root with territory." (Figlio & Richards, 2003, S. 415)

1.5 Kritische Wissenschaft als Gesellschafts- und Wissenschaftskritik

Zum Abschluss ist es uns als kritischen Sozialforschenden wichtig, auf eine Konsequenz aus unserer Einführung in die Gruppendiskussionsstudie hinzuweisen. Die Erläuterungen galten zum Verständnis der folgenden Auswertungskapitel, aber sie haben für jene noch eine weitere Bedeutung, welche sich gegen einen *common sense* stellen wollen. Weil die sozialen Institutionen und Räume für alle Gesellschaftsmitglieder eine Schutzfunktion darstellen, wird der Protest gegen sie immer auch ein Angriff auf die Schutz- und Containerfunktion des Sozialen sein. Figlio und Richards weisen in diesem Zusammenhang auf ein Dilemma einer politischen, insbesondere linken Protestbewegung hin. Exemplarisch beschreiben sie ihr Erlebnis der öffentlichen Aktion einer militanten, aber nicht gewalttätigen Tierschutzbewegung: „It tries to make people feel guilty and sad about an unconscious attack on helpless creatures and human beings. […] On the other hand, the force of the irruption is polarizing. […] Society, by its very existence, defends against the unregulated irruption of mutilated and dead objects" (Figlio & Richards, 2003, S. 416 f.). Politische Handlungen, die sich auf die Widersprüche dieser gesellschaftlichen Matrix beziehen, greifen diese notwendig an und damit auch deren Schutzfunktion. Gleichzeitig sind solche Gruppen selbst auf eine soziale Matrix als Container angewiesen, die genau diese Gruppensituation als imaginäre Wunscherfüllung (Anzieu, 2015) und den Ausschluss des Störenden notwendig macht (Chasseguet-Smirgel, 1987 [1975]). Gerade in Zeiten von Flexibilisierungsimperativen und der Auflösung von traditionellen Bindungen und Rollen ist die Frage relevant, wie sehr auch emanzipative Ziele nicht nur affirmativen Charakter bekommen, sondern die Bedingung der Möglichkeit von Subjektivität selbst angreifen – Abgrenzung und Containment der Ohnmacht sind mühsam erworbene Fähigkeiten. Starre Rollen und gesellschaftliche Normen sind Zwangsverhältnisse, ihr Ende aber nicht automatisch der Anfang der freien Entfaltung. Oft genug ist das Ende eine Überforderung – auch für diejenigen, die am meisten unter dem Zwangsverhältnis gelitten haben –, und nicht selten wird dann das Rettende in neuen Gruppennormen gesucht.

Ziel unserer Forschung war es, soziale Ressourcen, demokratische Entwicklungen, den Zugang zu Räumen und soziale Ungleichheitsverhältnisse in Berlin in den Blick zu nehmen und diese mit den Mitteln der Sozialpsychologie zu untersuchen. Die Ergebnisse in den folgenden Kapiteln machen psychische Faktoren, Idealisierungen, Zuspitzungen, Polarisierungen, Abgrenzungen und Abwertungen sichtbar, welche das Leben auch in Berlin bestimmen. Angesichts gleichzeitiger und widersprüchlicher Entwicklungen entstehen Spannungsfelder und Fragmentierungen, werden Brücken gebaut, aber auch Blasen gebildet. Und es scheint, als ob gerade in jüngerer Zeit neben Kooperationsbeziehungen, thematischen Netzwerken und Allianzen, in denen gemeinsame Interessen ausgehandelt werden können, auch eine Verschärfung sozialer und politischer Polarisierungen zu beobachten ist. Wir freuen uns, mit der Studie zur Debatte um eine plurale und liberale Stadtgesellschaft beizutragen, und hoffen, auch mit dem Hinweis auf ihre Widersprüche progressive Politik zu unterstützen.

Wir möchten uns sowohl bei den Teilnehmenden der Diskussionsrunden bedanken als auch bei den an der Erhebung und Interpretation Beteiligten: David Aderholz, Dorothea Föcking, Franka Grella-Schmidt und Eva Meier-Diedrich. Ein besonderer Dank gilt auch Maria Johne für die anregende und kritische Forschungssupervision.

Für die, die es genauer wissen wollen: Exkurs zur Psychoanalyse in der Sozialforschung

Im Hintergrund zweier „Kritischer Theorien des 19. Jahrhunderts", der Wertformanalyse von Karl Marx und der Psychoanalyse von Sigmund Freud, steht ein Konfliktmodell: Konflikte treiben Entwicklungen an, ob auf sozialer oder auf psychischer Ebene. Wie in der Psychoanalyse Sigmund Freuds so steht auch im Hintergrund der von uns gewählten Methode der Tiefenhermeneutik ein Konfliktmodell der menschlichen Psyche. Die Quellen dieser Konflikte sind vielfältig. Eigene Wünsche, die sich ausschließen oder die man an sich selbst nicht zulässt, werden verdrängt, unterschiedliche und manchmal unangenehme Aspekte der eigenen Persönlichkeit oder auch heftige Impulse müssen ausgehalten und integriert werden. Das Gleiche gilt auch für Gefühle gegenüber anderen Menschen. Diese Leistungen können durch aktuelle gesellschaftliche Anforderungen genauso verunmöglicht werden wie durch verinnerlichte Normen, durch Identifizierungen mit Autoritäten oder biografische Erfahrungen. Gleichzeitig bieten soziale Situationen, Institutionen oder Gruppenidentitäten auch Schutz vor Überforderung, helfen Ängste abzuwehren oder schwer Aushaltbares zu bearbeiten, in dem man es an anderen wahrnimmt und dort ächtet. All diese psychischen Vorgänge bleiben in der Regel genauso unbewusst wie die ihnen zugrunde liegenden widersprüchlichen Sehnsüchte, Wünsche oder Ängste. Trotzdem bestimmen sie unser Handeln mit, und was auch immer wir uns im Alltag an bewusster Rechtfertigung bieten, ein guter Teil unserer Handlungen befriedigt unbewusst bestehende Bedürfnisse. Dass die Psychoanalyse durch den Nachweis der Wirkmächtigkeit des Unbewussten die Machbarkeits- wie Kontrollphantasma infrage stellt, hat ihr dauerhafte Ablehnung beschert. Dabei ist das Unbewusste im psychoanalytischen Verständnis mehr als das, was wir gerade nicht im Fokus unserer Aufmerksamkeit haben, mehr als das, was zwar gerade nicht bewusst ist, aber jederzeit ins Bewusstsein geholt werden kann. Es umfasst eben jene abgewehrten, verpönten oder bedrohlichen seelischen Vorgänge, Motive und Bedürfnisse, die keinen manifesten Ausdruck in der Sprache oder im bewussten Handeln finden können. Der Inhalt des Unbewussten ist in der Sozialisation mitproduziert worden: Welche Bedürfnisse zulässig und welche gesellschaftlich verpönt sind, darüber entscheidet eine lange Geschichte der kindlichen Entwicklung. Deshalb ist auch der psychoanalytische Begriff des Triebes nicht bloße Natur, sondern bereits gesellschaftlich bearbeitete Natur. Er ist die Schnittstelle von Körper, Psyche und Gesellschaft. Damit rückt auch für die psychoanalytische Sozialforschung das Verständnis des dynamischen Unbewussten in den Mittelpunkt. Die Sozialpsychologie forscht in den Alltagsphänomenen nach diesem Verdrängten, Verpönten, um es auf gesellschaftliche Konflikte zurückzuführen (Lorenzer, 1993; Görlich, 2003). Das Verdrängte und damit die Spuren der Gesellschaft im Individuum finden sich in Träumen, in Fehlleistungen wie dem vergessenen Schlüsselbund oder PIN, aber auch in den Feindschaften zwischen „Gruppen" und der Konstruktion von Identitäten, in der Ambivalenz gegenüber unserem Geschlechtskörper und dem Eigensinn unseres Körpers. So äußert sich gleichwohl durch das Interaktionsgeschehen, in kulturellen Institutionen, die die Bedürfnisse bearbeiten, und im manifesten Inhalt etwas von dem, was verdrängt wurde. Die unbewusste Bedeutung lässt sich rekonstruieren.

In der Tiefenhermeneutik wird mit Gruppendiskussionen, Einzelinterviews oder anderen Texten gearbeitet. Dabei wird von einem Doppelsinn des Textes ausgegangen. Unterhalb einer versprachlichten „manifesten" Ebene, deren Gehalt sich durch aufmerksames Lesen ohne Weiteres erschließen lässt, wird eine „latente Sinnebene" angenommen (Leithäuser, 2002). Der Text umschließt also neben einem symbolischen, sprachlichen Gehalt noch eine weitere Bedeutung. „Zwischen den Zeilen" werden sinnliche Inhalte transportiert, die sich kaum in Sprache fassen lassen. Sie werden dennoch in Handlungs- und Beziehungsmustern wirksam. Unbewusste, tabuisierte Interaktionsformen gehen in die Sprache und Handlungen ein und rufen beim Lesen oder in der Beziehung, mit einer Tendenz zur Wiederholung, erneut auffällige Dynamiken hervor.

Dabei ist die Annahme, dass die unbewussten Konflikte und Motive im Inneren eines Menschen weiterhin in Interaktionen mit anderen Menschen wirksam werden. Die Dynamiken einer Gruppendiskussion werden von vielfältigen Beziehungsangeboten, unbewussten Wünschen und Handlungsentwürfen der Diskutierenden und Interviewenden geprägt. Die Interpretations- und Forschungsgruppen haben wiederum ebenfalls ihre ganz eigenen Erwartungen und unbewussten Motive, mit welchen sie auf das Material reagieren. Die Interviewtexte sind demnach in ihrer Entstehung, aber auch Rezeption und Analyse Austragungsort sozialer Akte. Beim tiefenhermeneutischen Interpretieren werden die Beziehungsangebote im Text wahrgenommen und explizit in das Verstehen einbezogen.

Die Gruppendiskussionen werden mit der tiefenhermeneutischen Methode in Interpretationsgruppen gedeutet. Das hat zum Vorteil, dass unterschiedliche Lesarten und subjektive

„Irritationen" verglichen werden können. Die Lebenserfahrungen der Mitglieder einer Interpretationsgruppe sind daher eine bedeutende Ressource für die tiefenhermeneutische Interpretation und deren Rückbezug auf eine kritische Gesellschaftstheorie. An den Erfahrungen bemisst sich, was beim Lesen des Interviewtextes als irritierend oder beschämend erlebt wird, was als selbstverständlich betrachtet wird und welche Assoziationen der Text auslöst. Ob ein Text ansprechend ist, Freude oder Wut auslöst, eine Identifikation bietet oder Ablehnung hervorruft, hängt mit der eigenen Biografie, dem Hineinwachsen in diese Gesellschaft zusammen. Sie verbindet uns aber und sei es im Widerspruch mit den anderen Beteiligten. Verhandelt wird deshalb in der Interaktion nie nur Subjektives, sondern immer auch auf das Objektive der Gesellschaft verwiesen. Das Beziehungsgefüge einer Gruppendiskussion inszeniert sich teilweise aufs Neue im sozialen Raum der Interpretationsgruppe und kann dort eine Interpretation der verhandelten Themen und Konflikte ermöglichen.
Zum Verständnis dieser Reinszenierungen macht sich die tiefenhermeneutische Forschungsgruppe das psychoanalytische Konzept der Gegenübertragung zunutze. Es stammt aus der therapeutischen Arbeit mit Patientinnen und Patienten und setzt an der oben beschriebenen Notwendigkeit an, dass auch das, was unbewusst und verdrängt ist, doch ein Wunsch ist, dessen Einlösung oftmals so dringend erhofft wird. Wir versuchen dann unbewusst, den anderen nicht zur Erfüllung des Wunsches zu bringen, sondern inszenieren auch das Verbot mit. Bertold Brecht brachte dies in einem Aphorismus seines Herrn Keuner auf den Punkt:

> *„Was tun Sie", wurde Herr K. gefragt, „wenn Sie einen Menschen lieben?" „Ich mache einen Entwurf von ihm", sagte Herr K., „und sorge dafür, daß er ihm ähnlich wird." „Wer? Der Entwurf?" „Nein", sagte Herr K., „der Mensch." (Brecht, 1971, S. 33)*

Wir alle suchen nach Beziehungen, in denen unser Gegenüber unsere Bedürfnisse befriedigt – auch die konflikthaften, von denen wir nichts wissen. Unbewusste seelische Vorgänge lassen sich nur unter bestimmten Umständen und nur unter großen Anstrengungen dem Bewusstsein zugänglich machen. Gleichwohl, so erkannte Freud, kann „das Unbewusste eines Menschen mit Umgehung des Bewusstseins auf das Unbewusste eines anderen reagieren" (Freud, 1915, S. 293). In der Psychotherapie hat eine Psychoanalytikerin in ihren Reaktionen auf die Beziehungsangebote des Analysanden ein Erkenntnisinstrument: Sie reagiert auf die Beziehungsangebote wie jeder Mensch im Alltag auch. Aber durch den psychotherapeutischen Rahmen hat sie einen intersubjektiven Zugang nicht nur zum Wunsch, sondern auch zum in Szene gesetzten Konflikt (Argelander, 1970). Während die unbewusste Inszenierung des Analysanden als „Übertragung" von Wünschen in die Beziehung zur Psychoanalytikerin bezeichnet wird, ist für ihre psychische Reaktion auf diese der Begriff „Gegenübertragung" reserviert.
Auch in der tiefenhermeneutischen Interpretation sind Gegenübertragungen als Antworten auf (unbewusste) Beziehungsangebote und Übertragungen im Text zu verstehen. Die Gegenübertragungen können sich in Auseinandersetzungen der Interpretationsgruppen oder Diskussionsteilnehmenden untereinander und mit dem Forschungsthema ereignen. Im Rahmen der Gegenübertragungsanalyse können unbewusste kommunikative Muster

der Übertragung und Gegenübertragung identifiziert und so zum Gegenstand der Betrachtung werden (Laplanche & Pontalis, 1999 [1973], S. 164). Wenn beobachtet wird, dass sich in der Interpretationsdynamik bestimmte Konflikte wiederholen, legt dies demnach die Vermutung von latenten Übertragungen und Beziehungsangeboten zwischen „Forscher und Erforschten" nahe. Die Analyse dieser Übertragungen trägt zu dem bei, was als szenisches Verstehen der Gruppendiskussion bezeichnet wird. Eine „Szene" kann Lorenzer zufolge als das „Erlebnisganze" oder das „Ursprüngliche" einer Erfahrung verstanden werden. Sie ist zugleich ein aufschlussreiches Moment „einer subjektiven Lebenspraxis" und „Moment eines objektiven Kulturzusammenhangs" (Lorenzer, 1986, S. 69). Nach Lorenzer ist es für das szenische Verstehen notwendig, dass die Interpreten beim Lesen emotional Anteil nehmen und den Text zunächst ohne objektive Beurteilung auf sich wirken lassen (ebd., S. 61). Löchel schlägt dazu die Leseanweisung „mit einer gleichschwebenden Aufmerksamkeit" vor (Löchel, 2005, S. 5). Die Lesenden fallen demnach hinter die Errungenschaften des versprachlichten Textes zurück und beobachten zunächst ihre eigene Emotionalität beim Lesen.

Vor dem Hintergrund der Bedeutung der Gegenübertragung bei der Rekonstruktion des latenten Inhalts können Verständigungsschwierigkeiten und Diskussionen der Interpretationsgruppe besonders wichtig sein. Brüche und Affekte, die während der Interpretation aufkommen, werden immer wieder in ihren Wechselwirkungen mit dem Textinhalt reflektiert. Sie gelten als Hinweise auf die Wirksamkeit unbewusster Konflikte. In der Interpretationsgruppe kann eine emotionale Resonanz zu den im Text angesprochenen Wünschen, Ängsten und Konflikten hergestellt werden. Dieses „Spiegelphänomen" soll Löchel zufolge im Forschungsprozess immer wieder reflektiert und analysiert werden (ebd., S. 2f.). Bei fortschreitender Analyse des Interviewtextes geht gleichzeitig etwas von der Ursprünglichkeit der Interviewszene verloren. Leithäuser und Volmerg fassen zusammen, dass das „Verstehen des Textes […] das Verstehen des Prozesses [ist], der zum Verständnis geführt hat" (Leithäuser & Volmerg, 1988, S. 252).

Literatur

Anzieu, D. (2015). *The Group and the unconscious.* London: Routledge & Kegan Paul.

Argelander, H. (1970). Die szenische Funktion des Ichs und ihr Anteil and der Symptom- und Charakterbildung. *Psyche – Zeitschrift für Psychoanalyse und ihre Anwendungen* 24, 325–345.

Belina, B., & Wehrheim, J. (2011). „Gefahrengebiete": durch die Abstraktion vom Sozialen zur Reproduktion gesellschaftlicher Strukturen. *Soziale Probleme* 23, 207–229.

Bereswill, M., Morgenroth, C., & Redman, P. (2010). Alfred Lorenzer and the Depth-Hermeneutic Method. *Psychoanalysis, Culture and Society* 15, 222–252.

Brecht, B. (1971). *Geschichten vom Herrn Keuner.* Frankfurt a. M.: Suhrkamp.

Brenner, N. (2009). What is critical urban theory? *City* 13, 198–207.

Brenner, N., Peck, J., & Theodore, N. (2010). After Neoliberalization? *Globalizations* 7, 327–345.

Chasseguet-Smirgel, J. (1987 [1975]). *Das Ichideal. Psychoanalytischer Essay über die „Krankheit der Idealität".* Frankfurt a. M.: Suhrkamp.

Decker, O. (2016). Siedlungen. In O. Decker, F. Berger & F. Haberkorn (Hrsg.), *Vom KZ zum Eigenheim – Bilder einer Mustersiedlung* (S. 7–61). Springe: zu Klampen.

Decker, O. (2018). Einleitung. In O. Decker (Hrsg.), *Sozialpsychologie und Sozialtheorie* (S. 1–12). Wiesbaden: Springer VS.

Decker, O., & Kiess, J. (2015). Wachstum und Beschleunigung als Alltagsreligion. In S. Strube (Hrsg.), *Rechtsextremismus als Problemfeld für theologische Forschung* (S. 64–94). Freiburg: Herder.

Decker, O., Rothe, K., Weissmann, M., Geissler, N., & Brähler, E. (2008). *Ein Blick in die Mitte. Zur Entstehung rechtsextremer und demokratischer Einstellungen*. Berlin: FES.

Dilthey, W. (1894). Ideen über eine beschreibende und zergliedernde Psychologie. In Ders. (Hrsg.), *Gesammelte Schriften Bd. 5* (S. 139–175). Frankfurt a. M.: Klostermann.

Figlio, K., & Richards, B. (2003). The Containing Matrix of the Social. *American Imago* 60, 407–428.

Freud, S. (1915). Das Unbewußte. In A. Freud A (Hrsg.), *Sigmund Freud – Gesammelte Werke Bd. 10* (S. 263–303). Frankfurt a. M.: Fischer.

Geertz, C. (1987 [1983]). *Dichte Beschreibung. Beiträge zum Verstehen kultureller Systeme*. Frankfurt a. M.: Suhrkamp.

Gittner, N., Schmidt, A., & Schuler, J. (2022). Zivilgesellschaft als „Bollwerk gegen Rechts"? Potenziale und Schwierigkeiten von Engagement und Gegenwehr am Beispiel der Stadt Wurzen. In O. Decker, F. Kalkstein & J. Kiess (Hrsg.), *Demokratie in Sachsen. Jahrbuch des Else-Frenkel-Brunswik-Instituts für 2021* (S. 67–86). Leipzig: edition überland.

Görlich, B. (2003). Freuds Wissenschaft vom Unbewußten – ihre Bedeutung für eine kritische Theorie des Subjekts. In P. Geyer & M. Schmitz-Emans (Hrsg.), *Proteus im Spiegel: Kritische Theorie des Subjekts im 20. Jahrhundert* (S. 87–95). Würzburg: Königshausen & Neumann.

Hardt, M., & Negri, A. (2009). *Commonwealth*. Cambridge, Mass: Belknap Press of Harvard University Press.

Harvey, D., & Dinçer, Y. (2016). *Rebellische Städte: vom Recht auf Stadt zur urbanen Revolution*. Berlin: Suhrkamp.

Holm, A. (2014). Das Recht auf die Stadt in umkämpften Räumen. Zur gesellschaftlichen Reichweite lokaler Proteste. In N. Gestring, R. Ruhne & J. Wehrheim (Hrsg.), *Stadt und soziale Bewegungen* (S. 43–62). Wiesbaden: Springer Fachmedien.

König, J., Burgermeister, N., Brunner, M., Berg, P., & König, H.-D. (Hrsg.) (2019). *Dichte Interpretation. Tiefenhermeneutik als Methode qualitativer Forschung*. Wiesbaden: VS Springer.

Laplanche, J., & Pontalis, J.-B. (1999 [1973]). *Das Vokabular der Psychoanalyse*. Frankfurt a. M.: Suhrkamp.

Lefebvre, H. (2016). *Recht auf Stadt*. Hamburg: Nautilus.

Leithäuser, T. (2002). Psychoanalyse und tiefenhermeneutische Sozialforschung. In D. Claussen, O. Negt & M. Werz (Hrsg.), *Philosophie und Empirie. Hannoversche Schriften 4* (S. 118–145). Frankfurt a. M.: Verlag Neue Kritik.

Leithäuser, T., & Volmerg, B. (1988). *Psychoanalyse in der Sozialforschung. Eine Einführung am Beispiel einer Sozialpsychologie der Arbeit*. Opladen: Westdeutscher Verlag.

Lessenich, S. (2014). Akteurszwang und Systemwissen. Das Elend der Wachstumsgesellschaft. Working Paper 3/2014 der DFG – KollegforscherInnengruppe Postwachstumsgesellschaften. URL: http://www.kolleg-postwachstum.de/sozwgmedia/dokumente/WorkingPaper/wp3_2014.pdf (letzter Abruf: 09.12.2021).

Löchel, E. (2005). *Das Unbewusste im Text. Anmerkungen zur tiefenhermeneutischen Interpretation von Interviewtexten.* Bremen: Unveröffentlichtes Manuskript.

Lorenzer, A. (1995 [1973]). *Sprachzerstörung und Rekonstruktion.* Frankfurt a. M.: Suhrkamp.

Lorenzer, A. (1986). Tiefenhermeneutische Kulturanalyse. In H.-D. König (Hrsg.), *Kultur-Analysen. Psychoanalytische Studien zur Kultur* (S. 11–98). Frankfurt a. M.: Fischer.

Lorenzer, A. (2005). Sprache, Lebenspraxis und szenisches Verstehen in der psychoanalytischen Therapie. In U. Prokop & B. Görlich (Hrsg.), *Szenisches Verstehen. Zur Erkenntnis des Unbewussten* (S. 13–38). Marburg: Tectum.

Mangold, W. (1960). *Gegenstand und Methoden des Gruppendiskussionverfahrens.* Frankfurt a. M.: Europäische Verlagsanstalt.

Mannheim, K. (1980 [1922–1925]). *Strukturen des Denkens. Unveröffentliche Manuskripte.* Frankfurt a. M.: Suhrkamp.

Mayer, M. (2013). Urbane soziale Bewegungen in der neoliberalisierenden Stadt. *sub\urban. zeitschrift für kritische stadtforschung* 1, 155–168.

Mitscherlich, A. (1965). *Die Unwirtlichkeit unserer Städte.* Frankfurt a. M.: Suhrkamp.

Morgenroth, C. (2005). Subjektives Zeiterleben, gesellschaftliche Entgrenzungsphänomene und depressive Reaktionen. Ein sozialpsychologischer Versuch. *Psyche – Z psychoanal 59*, 990–1011.

Nachtwey, O. (2016). *Die Abstiegsgesellschaft. Über das Aufbegehren in der regressiven Moderne.* Berlin: Suhrkamp.

Pickel, G., Reimer-Gordinskaya, K., & Decker, O. (Hrsg.) (2019). *Der Berlin-Monitor 2019. Vernetzte Solidarität – Fragmentierte Demokratie.* Springe: zu Klampen.

Pohl, L. (2019). Das urbane Unbewusste: Psychoanalyse und kritische Stadtforschung. *sub\urban. zeitschrift für kritische stadtforschung 7*, 47–64.

Pollock, F. (Hrsg.) (1955). *Gruppenexperiment. Ein Studienbericht.* Frankfurt a. M.: Europäische Verlagsanstalt.

Reimer-Gordinskaya, K., Decker, O., & Pickel, G. (Hrsg.) (2020). *Antisemitismus, Heterogenität, Allianzen. Jüdische Perspektiven auf Herausforderungen der Berliner Zivilgesellschaft.* Springe: zu Klampen.

Rosa, H. (2011). Beschleunigung und Depression. Überlegungen zum Zeitverhältnis der Moderne. *Psyche – Z psychoanal 65*, 1041–1060.

Schuler, J., Decker, O., Gittner, N., & Yendell, A. (2022). In Szene gesetzt. Konflikträume in Leipzig und Wurzen. In O. Decker, F. Kalkstein & J. Kiess (Hrsg.), *Demokratie in Sachsen. Das Jahrbuch des Else-Frenkel-Brunswik-Instituts für 2021* (S. 153–174). Leipzig: edition überland.

Türcke, C. (2019). *Digitale Gefolgschaft. Auf dem Weg in eine neue Stammesgesellschaft.* München: Beck.

Wright, D. L. S. (2018). Spatialisation and the Fomenting of Political Violence. In S. Krüger, K. Figlio & B. Richards (Hrsg.), *Fomenting Political Violence* (S. 167–187). Cham: Springer International Publishing.

Selana Tzschiesche, Charlotte Höcker, Henriette Rodemerk und Julia Schuler

2 „Und da bin ich auch nie wieder weggegangen"

Die Stadt als Ort der Hoffnung und Herausforderung

Im ersten Teil des Kapitels wird ein Einblick in die Berlin-Bezüge gegeben, die in den Gruppendiskussionen zur Sprache kamen. Daraus entfaltet sich ein komplexer Raum der verschiedenen Erzählungen und Erzählweisen der Teilnehmenden, der sowohl von Homogenisierungen als auch von Widersprüchen gekennzeichnet ist. Wie sich diese Spannungsverhältnisse manifest und latent äußern und inwiefern sie Gestaltungsräume eröffnen oder verschließen, soll im zweiten Teil dieses Kapitels aufgezeigt werden. Dafür haben wir die herausgearbeiteten Bezüge exemplarisch zu drei Erzählungen verdichtet, an welche anschließend wir zwei Deutungshypothesen vorstellen möchten.

2.1 Stadt der Heimatlosen – Stadt der Vielen?

Topografische Einordnung der Erzählungen

Die Berlinerinnen und Berliner, die an den Gruppendiskussionen des Berlin-Monitors teilnahmen, entfalteten in den Gesprächen ihre Perspektiven und ließen uns an ihren Erfahrungen teilhaben. Die Gründe des Umzugs nach Berlin, der Blick aus dem Fenster, die Geräusche auf der Straße und die sozialen Begegnungen im umgebenden Kiez sind nicht dieselben, und selbst dort, wo sie sich ähneln, werden sie unterschiedlich erlebt. Gleichzeitig scheint der gemeinsame Bezugspunkt Berlin einen Kommunikationsraum zu eröffnen, in dem sich diese divergenten Perspektiven aufeinander beziehen können.

Der Ausgangspunkt unserer Arbeit ist, die verschiedenen Berlin-Erzählungen in *Erfahrung zu bringen* und nachzuvollziehen, welche Funktion sie für einzelne Personen einerseits sowie den sozialen Zusammenhalt der Stadt – oder auch dessen Gefährdung – andererseits haben. Dabei sind Gemeinsamkeiten und Unterschiede der Berlin-Perspektiven teils auf strukturelle, teils auf individuelle Differenzen zurückzuführen: Zu unseren Gruppendiskussionen kamen einerseits Menschen, die in ihrem Alltag Diskriminierungen ausgesetzt sind, andererseits auch solche, die sich offen rassistisch oder antisemitisch[1] ausdrückten. Manchmal fand sich beides in ein und derselben Diskussionsrunde. Wir trafen Menschen, die seit ihrer Geburt in Berlin leben, und solche, welche im Laufe ihres Lebens nach Berlin kamen; Personen mit unterschiedlichen

1 Als manifest rassistisch oder antisemitisch wurden innerhalb der Gruppendiskussionen Positionen gewertet, die auf Vorstellungen sozialer Ungleichwertigkeit gegenüber anderen Personengruppen zurückgehen und abwertende Bezeichnungen oder abwertend konnotierte Beschreibungen dieser Personengruppen umfassten.

Bildungshintergründen; Menschen, die einem wohlhabenden Milieu entstammen, und solche, die von existenzieller Not berichteten.[2] Ihre jeweiligen Erzählungen mögen sich in einigen Bereichen überschneiden, weisen jedoch auch in verschiedene Richtungen.

Die vielen Gesichter Berlins

In den Gruppendiskussionen begegneten uns viele Gesichter Berlins. Eine Schönebergerin, die ihr Haus renoviert und sich dafür einsetzt, dass ihre Nachbarin, eine alleinerziehende Mutter, trotz steigender Mieten bleiben kann. Eine Witwe, die der Enge und den Vorurteilen einer süddeutschen Kleinstadt entflieht und in Berlin beim Gassi-Gehen mit dem Hund viele neue Freundschaften schließt. Eine jüdische Berlinerin, die sich wegen oder trotz ihrer Gewalt- und Bedrohungserfahrungen immer wieder für Gleichberechtigung und Geschlechtergerechtigkeit einsetzt. Ein Grafikdesigner, der in Berlin nach einer kritischen Auseinandersetzung mit seiner Männlichkeit sucht. Ein spanischer Gastronom, der mit Hausbesetzungen sympathisierend nach Berlin kam und nun den zunehmenden Verlust von Freiräumen der Stadt betrauert. Ein Charlottenburger, der im heutigen Berlin vergeblich eine Currywurst sucht. Eine Schwarze US-amerikanische Berlinerin, die die Ich-Bezogenheit und Hektik der Stadtgesellschaft kritisiert und sich vor allem bei Besuchen in der ostdeutschen Provinz wohlfühlt. Ein schwuler Aktivist, der eine einzigartige internationale queere Szene beschreibt. Eine junge muslimische Wissenschaftlerin, deren Familie seit Generationen in Berlin lebt und die sich nun gegen den zunehmenden Rassismus wehren möchte. Ein selbst von Rassismus betroffener Feuerwehrmann, der die sexuelle Freizügigkeit seines Freundeskreises lobt, aber findet, in Bezug auf Hausbesetzungen sei man in Berlin manchmal zu tolerant. Wir hören Geschichten über den Mauerfall, aus denen deutlich wird, dass er als befreiend und bedrohlich empfunden wurde; Geschichten über verstopfte Straßen und vermüllte Parks; Geschichten über ein Berlin, das krankmacht und vor Ignoranz strotzt; Geschichten über Spaß, Freiheit und Selbstbestimmung, Überraschungen und Solidarität.

Berlin wurde und wird für die Diskussionsteilnehmenden durch völlig unterschiedliche Aspekte bedeutungsvoll. Gemeinsam ist vielen Erzählungen das Bild Berlins als Sehnsuchtsort. Einige haben andere Orte in Deutschland und weltweit verlassen, weil sie ihre Herkunftsorte als einengend, langweilig oder zu teuer empfanden. So erscheint Berlin immer wieder als Wahlheimat der Heimatlosen, als Freiraum der Eigenarten, der Lebendigkeit und der Begegnung. In vielen unserer Gespräche wird Berlin als der einzige Ort in Deutschland beschrieben, an dem man sich ein gutes Leben vorstellen kann. Einige wissen nicht, ob sie sich als Deutsche bezeichnen würden, sie verstehen sich aber ganz klar als Berlinerin oder Berliner. Zugleich kommt nicht selten die Sorge zur Sprache, dass „Offenheit" auch in Berlin durch gesamtgesellschaftliche Entwick-

2 Die in den Gruppendiskussionen berichteten Ausgrenzungserfahrungen wie auch geäußerte gruppenbezogene Vorurteile lassen sich in anderer Form auch in den quantitativen Daten der Repräsentativbefragung nachvollziehen (vgl. Pickel et al., 2019).

lungen bedroht ist, und eine Trauer über Autonomie- und Raumverluste durch das, was man als „Berlin-Boom" bezeichnen könnte, wird spürbar.

Das tiefenhermeneutische Vorgehen (vgl. Kapitel 1) ermöglicht es uns, einerseits die von den Teilnehmenden mitgeteilten Berlin-Erfahrungen und -Vorstellungen in den Blick zu nehmen (manifeste Ebene), andererseits aber auch tabuisierten, emotional aufgeladenen und konfliktreichen Beziehungen zur Stadt und ihrer Bevölkerung auf die Spur zu kommen (latente Ebene). Die Stadtgeschichten der Teilnehmenden sind auf der manifesten Ebene im selben Berlin verortet und bedienen sich teils ähnlicher Bilder von den positiven und negativen Seiten der Stadt, gleichzeitig sind die Bezüge und Vorstellungen in der Latenz widersprüchlich und vielschichtig.

Geteilte Begeisterung – verleugnete Widersprüche

Bei all der gemeinsamen Begeisterung über diese lebendige und kulturell vielseitige Stadt wird Berlin je nach gesellschaftlicher Positionierung sehr unterschiedlich erlebt. Dabei wird ein weitestgehend positives Narrativ über Berlin oftmals aus einer gesellschaftlichen Position heraus vorgetragen, die zunächst wenig von Teuerung der Lebenshaltungskosten und Gewalterfahrungen betroffen scheint. Berichte von Diskriminierungserfahrungen durch andere in Berlin Lebende werden von Mitdiskutierenden teils relativiert oder mit Schweigen kommentiert.

Werden die Widersprüche der Berliner Stadtgesellschaft beschönigt, wirft dies Fragen danach auf, welche Funktion diese Harmonisierung für die Sprechenden hat, welche Machtverhältnisse verleugnet, welche Bedürfnisse dabei nicht berücksichtigt werden. In diesem Zusammenhang ist uns besonders der Ausdruck „Tiefenunschärfen" aus den Gruppendiskussionen in Erinnerung geblieben. Dana Fellner kommentiert mit diesem die Lobreden auf das weltoffene Berlin, mit denen die Runde in ihr Gespräch gestartet war:

> *Dana Fellner: „Also, ich kann das auch nur unterstreichen, es is bunt, man hat viele Möglichkeiten. Es war auch so 'ne Verheißung – Berlin so als Freischlag – da kannste viel machen und das hab ich auch ausgenutzt. Aber, jetzt in meinem Job seh' ich schon, dass es auch Tiefenunschärfen gibt (U: die kennt man / U: Ja), also ich hab Fälle (Farah Saleh: Mhm) also schlimmer als Armut und Unfreiheit (Farah Saleh: Mhm, mhm) und Versklavung oder (U: Mhm), also es gibt Sachen, die man vielleicht an dieser Oberfläche, ne, dieses Spaß-Club Berlin nicht so sieht (U: Nein, das sieht man nich)." (GD8, Z. 122–128)*

Auch wenn ein Großteil der in Berlin Lebenden den Idealen nach Freiheit und Selbstbestimmung zustimmen mag, so unterscheiden sich die materiellen und lebensgeschichtlichen Bedingungen zur Verwirklichung dieses Lebensentwurfs sowie die konkreten Lebenserfahrungen doch massiv. Auch die hedonistische Maxime individueller Freiheit und Glückserhaltung scheint mit einer gewissen Ignoranz gegenüber sozialen Ungleichheiten und Brüchen einherzugehen. Berlin als Versprechen wird vor möglichen Enttäuschungen abgeschirmt. Berlin als idealer Ort soll unhinterfragt bleiben.

Ziel des vorliegenden Berichtbands ist es, diesen unterschiedlichen Berlin-Perspektiven nachzuspüren und mittels unserer Auswertungsmethode „Tiefenbohrungen" vorzunehmen, um zu untersuchen, in welchen relevanten Bereichen Ungleichheiten und Brüche wirksam werden. Gleichzeitig suchen wir danach, wo aus Differenzen produktive Konflikte entstehen könnten – und wo die Konflikte oder Widersprüche unbemerkt bleiben.

2.2 Zwischen „Spaßclub" und „Kollaps" – Raum für Ambivalenzen in den Berlin-Erzählungen?

Während Berlin für die einen die „einzige Stadt [ist], in der man vernünftig leben kann" (GD2, Astrid Schneider, Z. 65), ist es für andere ein Wohnort zum Verrücktwerden, ein Ort der „nur noch laut und Party und teuer (lacht), also völlig zum Durchdreh'n [ist]. Also, wenn Sie durchdreh'n woll'n, zieh'n Sie bei uns ein, ja" (GD13, Anne Lorenz, Z. 677–679). In der Gesamtschau der Erzählungen changieren die Darstellungen zwischen Hype und Verfall, zwischen Idealisierung und Überforderung. Teilnehmende berichten von ihrer Flucht nach Berlin, einer Flucht vor der Kleinstadt und den mit ihr assoziierten oder in ihr erfahrenen exkludierenden Praktiken. Aber auch eine Flucht vor Berlin scheint in den Erzählungen auf, eine Flucht vor überfüllten Straßen, Cafés und Parks auf den Balkon oder hinter die Rollläden des Eigenheims.

Dabei werden jeweils Grenzen gezogen und so ein „Außen" benannt, von welchem sich abgegrenzt wird. Das Motiv der Grenze wird in den Gruppendiskussionen im Sinne physischer Grenzen („Berlin hinterm Ostkreuz"), zeitlicher Grenzen (früher vs. heute) und Grenzen zwischen „Zugehörigkeiten" (z. B. Kosmopoliten vs. Urberliner) thematisiert. Es steht aber auch exemplarisch für intrapersonelle Grenzen zwischen dem, was vertraut ist und zum Eigenen gehört, und dem, was als Überschreitung der Körpergrenzen empfunden, was außen gehalten oder als äußerlich erlebt wird. Je größer die Überforderung durch die Stadt, desto enger wird die Grenze ums Eigene gezogen, desto kleiner wird die Nische, in die man sich zurückzieht. Eine solche Nische kann sowohl durch räumliche Ein- und Abgrenzung entstehen wie auch durch zeitliche Einkapselung in der Erinnerung.

Gemeinsam ist den Hype- und Verfallserzählungen zudem, dass wenig Raum für Ambivalenzen bleibt. Dies legt nahe, dass die Reinhaltung des (metropolitanen oder heimischen) Innenraums wie auch die Grenzziehungen psychisch bedeutsam sind. Je weniger Ambivalenz im Inneren ausgehalten werden kann, desto größer scheint auch die Notwendigkeit, durch klare Markierung von Grenzen und Eigenschaften des „Außens" das „Innen" zu gestalten. Fraglich bleibt, inwieweit sich das Innen vom konstruierten Außen tatsächlich abgrenzen lässt. Auch, dass sich die Grenzlinien des urbanen Raums in Berlin im Laufe der vergangenen 35 Jahre so dynamisch verschoben haben wie in kaum einer anderen Stadt, macht das Motiv der Grenzziehung spannend. Vielleicht lassen sie sich zwischen Sehnsucht nach Entgrenzung und Wunsch nach Eingrenzung als ein gemeinsamer Bezugspunkt der in Berlin Lebenden identifizieren.

Die Bedeutung von Grenzen in den Narrativen der Diskutierenden soll im Folgenden ausgeleuchtet werden. Dabei werden Grenzverläufe und -funktionen betrachtet, um so den Ambivalenzen auf die Spur zu kommen, die entweder intrapersonell oder auch stadtplanerisch schwer zu halten oder auch auszuhalten sind. Dazu werden die heterogenen Perspektiven auf die Stadt in drei Berlin-Erzählungen verdichtet und kontrastiert.

1. Berlin vor dem Kollaps

Agnes Fischer, gebürtige Berlinerin im Vorruhestand, spricht mit dem Einwand „ich mein', ich werd' die nie nutzen" (GD1, Z. 81) hinsichtlich der vielen Möglichkeiten in Berlin etwas an, dem auch Claudia Lange aus ihrer Runde beipflichtet. In Berlin, der „Stadt der Extreme" (GD1, Claudia Lange, Z. 129), könne man einsam werden, einfach weil man sich zwischen den vielen Optionen, „was mach' ich heute Abend" (GD1, Claudia Lange, Z. 131), nicht entscheiden könne. Das Motiv, dass etwas an sich Gutes (Möglichkeiten, Menschen, Diversität) durch ein „Zuviel" in sein Gegenteil kippt, beschäftigt auch Angelika Roth. Die Steglitzerin mittleren Alters schwankt in der Beschreibung des Berliner Alltags zwischen Faszination und Erschöpfung:

> *Angelika Roth: „[...] dass is ja auch das, was ich so spannend hier finde, dieses Völkergemisch, diese viel verschiedene Kulturen und so weiter und so fort. (U: Mhm) Find' ich total interessant, find ich total spannend, aber nich, wenn ich das jeden Tag und immer hab. Weil dann kostet das so viel Kraft, es kostet so viel Kraft, diese Rotzigkeit zum Teil (U lacht), diese Aggression, weil's natürlich für alle zu viel und zu voll is." (GD3, Z. 288–292)*

Einige sind überzeugt, dass der Kipppunkt bereits überschritten wurde und Berlin vor dem „Kollaps" stehe. Für Anne Lorenz geht dies schon so weit, dass sie meint, Berlin sei „nicht mehr bewohnbar" (GD13, Z. 119), weshalb sie die Stadtflucht aufs Land plane. Auch andere ziehen sich zurück und fliehen vor den Massen, die die Stadt bevölkern, in ihr Haus mit verschlossenen Rollläden am Stadtrand (Babette Neumann, GD5) oder auf den innerstädtischen Balkon:

> *Claudia Lange: „Wenn ich am Wochenende mal spazieren gehen will, das ist ja eine Völkerwanderung da draußen, also wenn man ma' im Treptower Park war am Wochenende, is ja der Horror. (andere lachen leise) (Agnes Fischer: Mhm) Und deshalb bleib' ich dann mittlerweile auch oft einfach auf meinem Balkon und kann diese Stadt gar nich mehr in ihrer Vielfältigkeit genießen, weil es mir viel zu viel is." (GD1, Z. 144–148)*

An den verwendeten Begriffen „Völkergemisch" und „Völkerwanderung" zeigt sich, dass nicht nur die schiere Menge an Menschen den Frauen zu viel ist, sondern auch ihre Heterogenität. Pluralität innerhalb des Berliner Großraums überfordern nicht nur, sondern aktualisieren auch Ressentiments, die sich in Verärgerung über gesprochenes Englisch im öffentlichen Raum genauso äußern wie in Tourismusfeindlichkeit. Auch Angelika Roth und Claudia Lange hatten Berlin vorher für seine Weltoffenheit gelobt, doch plötzlich scheint es gerade der Einfall der Welt zu sein, der Berlin bedroht. Interessanterweise finden hier auch Teilnehmende mit ansonsten divergierenden Perspektiven in ihrer „Touri-Kritik" zusammen.

In der Personifizierung der (Party-)Touristen scheint sich ein Sündenbock für die Wut und den Neid auf Menschen zu finden, die Berlin noch genießen können, es dabei aber nur konsumieren und schmutzig-abgenutzter hinterlassen, als sie es vorgefunden haben. Im Kontrast dazu gewinnt eine möglichst lange Wohngeschichte in Berlin oder gar „Urberliner" zu sein eine besonders aufwertende Bedeutung. Möglicherweise stehen hinter dieser Denkfigur berechtigte Frustrationen und Aggressionen durch Verdrängungs- und Gentrifizierungsprozesse, die aktuell zum großen Nachteil der Berliner Stadtbevölkerung vonstattengehen. Angst und Rückzug vor der Invasion des Fremden tragen aber nicht zu Erhalt und Gestaltung dessen bei, was erinnert oder wonach sich gesehnt wird.

Im Erleben des Eindringens von Massen und „Völkerwanderungen" (GD1, GD5, GD13) wird nicht nur ein Wunsch, sondern zugleich ein Druck zur Grenzziehung deutlich. In der Rückzugstendenz finden sich Anklänge teils völkischer Reinheits- oder Homogenitätsfantasien, in dem das vertraute Eigene dem Fremden bzw. Anderen gegenübergestellt wird. Die eigene Isolation wird zwar beklagt, gleichzeitig wird die Verbundenheit zu anderen (Gruppen) abgelehnt und der Rückzug in die Einsamkeit als ausweglos dargestellt. Die anderen sind für sie so anders, dass die fantasierte Mischung unaushaltbar wird.

An anderer Stelle im selben Gespräch wird der Verkehr für die Beschreibung von städtischen Überforderungsgefühlen herangezogen.

> *Agnes Fischer: „[…] der Kollaps kommt, das geht nich, wir kriegen's weder mit Luft noch dieses, also egal welches Ziel wir haben, es klappt auf Dauer nicht mehr. Die Blechlawine ist einfach zu viel, das kann die Stadt einfach nicht mehr schlucken." (GD1, Z. 955–957)*

Agnes Fischer und Beate Peters vertiefen sich gemeinsam so intensiv in ihren Ärger über „die Autos, die die Straßen vollstellen" (vgl. GD1, Z. 105), dass Claudia Lange irgendwann ironisch kommentiert, „[a]lso die Problembevölkerung in Berlin sind die Autos!" (GD1, Z. 494). Und auch wenn es für ihre Vision einer verkehrsärmeren Stadt viele gute Gründe gibt, so scheint ihr emotionales Erleben des Verkehrs auch Ausdruck des Gefühls zu sein, in der Stadt keinen Platz mehr (gefunden) zu haben. Das Eindringen und die Raumnahme durch Autos scheinen symbolisch für verhinderte Beziehungsgestaltungen und repressive städtische Verhältnisse zu stehen, in denen nicht genug Platz für alle ist und in denen sich die dominanteste Karosserie durchsetzt (vgl. Kapitel 6). Auch bei Agnes Fischer und Beate Peters war der Umzug nach Berlin vor Jahren von Erwartungen und Begeisterung begleitet, doch nicht eingelöste Versprechungen sowie Frustration und Erschöpfung dominieren das Narrativ. Die Grenze zwischen den überfüllten Straßen und dem überforderten Selbst kann nur mühevoll aufrechterhalten werden. Etwas, vielleicht genau diese Grenze, wird als kollabierend erlebt.

Ganz anders stellt sich dies in den Runden und Sequenzen dar, die in der folgenden verdichteten Berlin-Erzählung skizziert werden. Das Berlin der hier zitierten Diskutierenden kollabiert nicht, sondern erscheint als hübsch dekorierte Modelllandschaft, gut kontrollierbar in einer überschaubaren Vitrine.

2. Berlin in der Vitrine (zwischen Insel und Nische)

Astrid Schneider, gebürtige Berlinerin in Rente, antwortet auf die Frage, wie sie ihr Leben in Berlin beschreiben würde: Berlin sei „die einzige Stadt, in der man vernünftig leben kann" (GD2, Z. 65). Sie fügt selbstsicher hinzu, dies würden alle bestätigen, die mal woanders gewohnt haben, und erntet dafür in ihrer Runde viel Zustimmung. Brayan Haddad, ein in den 1990er Jahren als junger Mann nach Berlin gezogener Spanier, antwortet ihr auch prompt: „Dafür ist Berlin nicht Deutschland. Berlin bleibt Berlin." (GD2, Z. 71)

Was Berlin von Deutschland unterscheide, seien nicht nur die vielen Möglichkeiten, die einem das Großstadtleben biete. Vor allem, dass man „einfach sein könne, wie man will", kennzeichne das entspannte Lebensgefühl, wie Teilnehmende verschiedener Gespräche berichten (z. B. GD2 und GD8). Statussymbole wie „dicke Autos" interessierten niemanden (GD8, Christine Becker, Z. 104 f.), und man würde nur dann schief angeguckt, wenn man mit Anzug und Krawatte U-Bahn fahre (GD11, Axel Winkler, Z. 844–845). Der bereits oben zitierte Brayan Haddad spricht von einem respektvollen Sein und Seinlassen:

> *Brayan Haddad: „Es ist wahrscheinlich auch das Gefühl zu sein, wie du sein willst, ohne die Beurteilung durch den Blick der anderen, die immer richten. Und in Berlin kannst du dich anziehen, wie du willst, es wertet niemand, es interessiert nicht mal in dem Moment, wo das bleibt in eine[m] Rahmen. Der Respekt, ich bin so, du bist du. Und wenn du mich nicht anstarrst, ich hab kein' Grund mich aufzuregen, ja."*
>
> *Conrad Fuchs: „Du kannst auch nichts anziehen, is' auch in Ordnung." (GD2, Z. 222–227)*

Diese Darstellungen von Berlin als quasi-idealem Ort knüpfen teils an konkrete Erfahrungen aus früheren Lebensphasen in anderen (Klein-)Städten an. In den Gruppendiskussionen wird häufig anerkennend betont, dass der Umzug nach Berlin mit der Möglichkeit einer freieren Gestaltung des Lebenswegs verbunden ist, die von dem Wunsch, „ein Leben zu haben, das nicht nach Schema F verläuft" (GD11, Christopher Klein, Z. 678–679), getragen zu sein scheint. Eindrucksvoll wird anhand der biografischen Schilderungen von Anselm Mayer (GD9) deutlich, welche Bedeutung der Umzug nach Berlin haben kann. Er erinnert sich seiner Schulzeit in der Kleinstadt als „Spießrutenlauf" zwischen Diskriminierung und Ausschlüssen aufgrund seiner körperlichen Behinderung in der postnazistischen westdeutschen Gesellschaft (GD9, Z. 268–273). Astrid Schneider (GD2) erinnert sich, wie man an ihrem vorherigen Wohnort im Süden Deutschlands um sie als Witwe einen „großen Bogen" gemacht hätte, in Berlin dagegen sei „den Leuten das egal" (GD2, Z. 352–353). Axel Winkler berichtet, sich als schwuler Mann in Berlin noch nie bedroht gefühlt zu haben. Im Vergleich zu anderen Großstädten sei Berlin in dieser Hinsicht „geradezu idyllisch" (GD11, Z. 840–841). Christine Becker spricht von ihrer Ankunft in Berlin Anfang der 1980er Jahre als „Befreiung" und erntet zustimmendes Lachen für eine Aussage, in der sich offenbar viele wiederfinden: „und ich kam denn hier nach Berlin rein und hab denn gesagt, okay das is es, und da bin ich auch nie wieder weggegangen" (GD8, Z. 93–99). Die Teilnehmenden berichten von bewussten Entscheidungen, nach Berlin zu kommen, zurückzukehren und zu bleiben. Gesucht und gefunden wurden Schutzräume, Gleichgesinnte und Mitstreitende für alternative Lebensmodelle (Dieter Keller, GD3). Berlin scheint in diesen Erzählungen als Raum auf, an dem man auch mit wenig Geld und von der sozialen Norm abweichenden Lebensentwürfen vergleichsweise selbstbestimmt leben kann. Dieser Wunsch und seine partielle Realisierung sind anhand der breiten, auch transnationalen Migration nach Berlin[3] zunächst einmal so festzuhalten.

Zugleich lässt die Art und Weise, in der von Berlin geschwärmt wird, vermuten, dass sich hier Wünsche und Projektionen in die Schilderungen des Großstadtlebens mischen. Auffällig ist, dass die Schattenseiten desselben, von denen an anderer Stelle ebenfalls berichtet wird, entweder ausgeblendet oder so umschrieben werden, dass sie in das ideale Bild integrierbar sind. Dies wird zum Beispiel an einer Sequenz deutlich, in der Brayan Haddad, Astrid Schneider und Conrad Fuchs sich über die Bezahlbarkeit Berlins austauschen. Brayan Haddad vermutet, auch für Wohnungslose müsste es in Berlin einfacher sein als andernorts, und Astrid Schneider stimmt zu:

> *Astrid Schneider: „[…] die richten sich dann zum Teil richtig hübsch ein, da ham' sie Stofftiere da stehen und was weiß ich alles und so, also richtig niedlich ne, na dann haben sie sich Blümchen gepflückt und sich da ne Vase hingestellt." (GD2, Z. 142–168)*

Armut und Not werden hier geglättet, verkannt oder verleugnet. In den Interpretationsrunden spannte sich vor uns das Bild einer Glasvitrine auf, in der – hübsch dekoriert – ein heimisch-bezahlbares Berlin zum allseitigen Bestaunen ausgestellt ist. Auch der oben skizzierte scharfe Kontrast, in dem Berlin vom „Rest Deutschlands" abgegrenzt wird, wirkt wie die Skizzierung einer Modelllandschaft: Berlin als Insel im tiefbraunen Ozean. Die Metapher der schützenden oder geschützten Insel wird besonders dann bedient, wenn man auf die politische Situation zu sprechen kommt: Diese drifte „rundrum in Deutschland" nach rechts und gehe damit „den Bach runter"; in Berlin sitze man hingegen auf der „Insel der Glücklichen" (GD 11, Axel Winkler, Z. 850–851). Unsichtbar wird in dieser Modelllandschaft, dass das Leben in Berlin für Angehörige marginalisierter Gruppen zwar sicherer und selbstbestimmter als an anderen Orten sein kann, trotzdem jedoch noch alles andere als frei von gruppenbezogenen Ausschlüssen, Abwertungen, Bedrohungen und Gewalt ist. Integriert man weitere Erfahrungs-

3 Ein Phänomen, welches auf andere Metropolen weltweit genauso zutrifft.

berichte ins Bild, dann schrumpft bzw. fragmentiert sich die „Insel der Glücklichen". Ein Dialog zwischen Christine Becker, die Berlin im Vergleich zu ihrer Herkunftsstadt als Befreiung wahrnahm, und Dana Fellner, die als Jüdin vom Rechtsruck unmittelbar bedroht ist, bringt mit besonderer Deutlichkeit eine Perspektivendivergenz auf das „offene, tolerante" Berlin zum Ausdruck. In Reaktion auf Dana Fellners Schilderung von den Auseinandersetzungen mit Neonazis im Lichtenberger Weitlingkiez ruft Christine Becker erleichtert aus, da lebe sie in Wilmersdorf ja „auf einer ruhigen Insel" (GD8, Z. 400). Dana Fellner kontert:

> *Dana Fellner: „Ich hab noch nie auf ner ruhigen Insel gelebt, ich hab immer geguckt, wenn Wahlen war'n, wie viel Leute wähl'n diese, wie sie auch grade heißen (Christine Becker: Ja), Nazi- oder rechtsradikalen, rechtsextremen Parteien (Christine Becker: Ja) und das war'n früher so jeder Achte, da kann man doch in Straßen wie in Berlin zähln', also in jedem Haus (U: Mhm) is dann schon fast jemand." (GD8, Z. 402–406)*

Während Christine Becker versucht, Berlin als idealen Ort zu erhalten, indem sie das „Innen" auf ihren Wohnbezirk verkleinert, identifiziert Dana Fellner dasjenige, was außen gehalten werden soll, in „jedem Haus". Häufig beobachten lässt sich auch der Versuch, das Wunschobjekt „Berlin" von negativen Aspekten – insbesondere rechter Gewalt – reinzuhalten, indem diese an den (östlichen) Rand, in ein „Berlin hinterm Ostkreuz" (GD2, Conrad Fuchs, Z. 448) verdrängt werden. Astrid Schneider kehrt das Motiv der Insel zu den „Inseln der wahren Spießer" (G2, Z. 443) in den Ostberliner Randbezirken um. Conrad Fuchs, selbst aus Marzahn-Hellersdorf, fühlt sich sofort angesprochen und bestätigt, „in diesen Plattenbausiedlungen und so weiter" würde „anders geatmet irgendwie" (GD2, Z. 433–460). Interessant ist, dass diese Passage zu den „Randberlinersachen" (GD2, Conrad Fuchs, Z. 445) auf Daniel Hofmans Schilderung homophober Abwertung im Prenzlauer Berg folgt, einem Bezirk also, dessen hoch frequentierter Teil innerhalb des Rings liegt und als „szenig" gilt. Daniel Hofman selbst scheint darum zu wissen, dass seine innerstädtische Diskriminierungserfahrung nicht in die Vitrine passt, und bringt daher relativierend das Stichwort Randbezirke selber ein:

> *Daniel Hofman: „Also ich glaub, also grade was so internationales queeres Leben in Kreuzberg und Neukölln angeht, gibt's eben auch so 'ne Bubble in Kreuzberg und Neukölln, die andernorts nich so vorhanden ist. Also, ich hatte das, ich bin mit meinem Exfreund irgendwie in Prenzlauer Berg tatsächlich zwei Mal schief, also blöd angemacht worden fürs offensichtlich (Astrid Schneider: Mhm) schwul sein und was auch Zufall, also ich verbinde das gar nich mit Prenzlauer Berg, muss ich jetzt noch mal dazu sagen, aber also ich glaube, dass zum Beispiel ja vielleicht in manchem Randbezirken das schon nich mehr so is." (GD2, Z. 421–428)*

Weder der Bereich innerhalb des Rings noch einzelne Bezirke sind frei von Ereignissen der Abwertung marginalisierter Gruppen. Heterogenität von Zugehörigkeiten und die Selbstbestimmtheit der Lebensentwürfe sind etwas, um das auch in Berlin gerungen werden muss. Die Grenze zwischen Innen und Außen, dem Guten und dem

Schlechten, dem Heilen und dem Bedrohten verläuft bei Brayan Haddad parallel zur Stadtgrenze, bei Christine Becker, Astrid Schneider und Conrad Fuchs hinterm Ostkreuz, bei Daniel Hofman rund um „Kreuzkölln" und bei Dana Fellner quer durch jede Straße, inmitten eines jeden Hauses. Aus der Insel-Stadt wird der bereits deutlich kleiner gedachte Bubble-Bezirk, der sich bald in „Kieze" und „Ecken" fragmentiert:

> *Astrid Schneider: „[…] dass im Prinzip (Conrad Fuchs: Mhm) jeder vom bekennenden, lustig lebenden Schwulen über den Lehrer über den spanischen Gastronom bis zur ollen Witwe sich wohlfühlen kann und seine Ecken (Conrad Fuchs: Ja ja ja) findet (Brayan Haddad: Mhm) und sein Kiez hat." (GD2, Z. 586–588)*

Ein solcher Patchworkteppich bietet immer noch partiellen Schutz vor Diskriminierung und Raum für alternative Lebensentwürfe. Berlin bietet „Freiraum für bestimmte Gruppen" (GD2, Conrad Fuchs, Z. 518–519), aber wo diese Freiräume verortet sind, muss zum einen gewusst werden, und zum anderen deutet sich in der Erzählung „jeder hat seinen Kiez" eine Konstellation an, in der das Nebeneinander selbstbestimmter Lebensentwürfe in wechselseitige Ignoranz kippt. Auf der Straße, wo sich die Wege der Nischenbewohnenden kreuzen, beklagt Dalia Thomas „Hektik" und Ich-Bezogenheit (GD10, Z. 227–228). Während Astrid Schneider dieses Phänomen noch mit dem Ausdruck „Berliner Wurschtigkeit" (GD2, Z. 114) neben Stofftier-Gemütlichkeit und Inselidylle in die Vitrine stellen möchte, changiert Conrad Fuchs mit der von vielen Teilnehmenden geäußerten „Hassliebe" zwischen einer Idealisierung und einer Verdammung Berlins und deutet damit an, wie sehr beide Tendenzen miteinander zu tun haben könnten:

> *Conrad Fuchs: „Also für mich is Berlin […] so'n bisschen so fast wie so 'ne Hassliebe. Also, es gibt ganz viel, was ich total schön finde, was ich sehr genieße, also auch so diese Freiheit, was Sie so'n bisschen auch beschrieben haben, also nicht nur räumlich, sondern auch so gedanklich […]. Ich würde es total unterstützen, dass Berlin irgendwie nich Deutschland is, also es klingt so'n bisschen komisch, aber's is irgendwie so für mich auch. Ich hasse die Stadt aber auch, also weil sie manchmal eben auch wahnsinnig grausam sein (U: Mhm) kann, glaub ich, und das kann man immer nur so an kleinen Punkten, irgendwie kriegt man das manchmal so'n bisschen mit find' ich. (Astrid Schneider: 'n Beispiel?) […] Ich hab manchmal so das Gefühl diese da herrscht manchmal so 'ne Gleichgültigkeit in dieser Stadt für viele Dinge […]"*
>
> *Astrid Schneider: „Ja, das is diese Berliner Wurschtigkeit, ne." (GD2, Z. 101–114)*

Die Beschreibung Berlins als Hort von Freiheit *und* Grausamkeit wirft die Frage auf, warum Berlin nicht auch mal weder das eine noch das andere, sondern einfach ein bisschen durchschnittlich sein kann. Welche Funktion erfüllt die Stilisierung Berlins sowohl zum idealen als auch verfallenen Objekt für die Sprechenden? Warum bleiben die gegensätzlichen Beschreibungen Berlins unvermittelt nebeneinander stehen? Warum scheint es so schwer zu sein, ambivalente Beschreibungen zu entfalten?

3. Berlin als Visitenkarte

Die Brüche, die Dana Fellner, Daniel Hofman und Dalia Thomas in die idealisierenden Beschreibungen Berlins eingefügt haben, können zum Ausgangspunkt einer dritten Berlin-Erzählung werden, in der „Tiefenunschärfen" und Ambivalenzen sichtbarer sind und Projektionen zugleich auf biografische Erfahrungen und materielle Lebensbedingungen zurückgeführt werden. Eventuell lässt sich so Funktionen, im Hintergrund stehenden Bedürfnissen und Strukturen von Idealisierung und Verdammung auf die Spur kommen.

Interessant hierfür ist der genaue Blick auf Gruppengespräche, in deren Erzählung das überfordernde und das ideale Berlin nicht nebeneinanderstehen, sondern ineinander verwoben sind. Arslan Kaya, Bettina Frank und Carola Aydin (GD10) sind sich einig darüber, dass es sich in Berlin (im Vergleich zu anderen Orten in Deutschland) trotz erfahrenem (antimuslimischem) Rassismus gut leben lässt. Dalia Thomas (GD10) durchkreuzt dieses Narrativ mit ihren Erfahrungen von Anti-Schwarzem Rassismus. Sie sei auch in Berlin immer wieder mit diesen Erfahrungen konfrontiert. Am wohlsten fühle sie sich in der ostdeutschen Provinz, weil die Menschen hier eine freundliche, aufgeschlossene und insgesamt entspannte und weniger gehetzte Lebenseinstellung hätten.

Das Gespräch zwischen Axel Winkler, Benjamin Köhler, Christopher Klein und Dorine Bonnet (GD11) dreht sich um das Spannungsverhältnis von Neuanfängen und Bindungswünschen, Selbstbestimmtheit und Unverbindlichkeit, Kreativität, Spaß und Druck. Axel Winkler ist in den 1980er Jahren nach (West-)Berlin gezogen, die anderen drei leben seit acht bis zehn Jahren in der Stadt. Alle vier haben Bezüge zu Sozial- und Kulturwissenschaften oder Kulturproduktion. Relativ früh wird hier die Idee zweier voneinander isolierter, gesellschaftlicher Gruppen eingebracht. Zum einen gebe es die Flexiblen, Mobilen und Kosmopolitischen, zu denen sie sich selbst zählen, und zum anderen die Sesshaften, Normalen und Provinziell-Spießigen (GD11, Axel Winkler, Z. 194–196). Erstere ziehen international von Großstadt zu Großstadt, die anderen bleiben am Ort ihrer Kindheit. In eine Großstadt gezogen zu sein, wird hier zu einer identitätsstiftenden Entscheidung, Berlin zur Visitenkarte der eigenen Persönlichkeit. Was die Gründe für den Umzug nach Berlin waren, spielt eine Rolle, ist aber nicht ausschlaggebend dafür, zu den innerstädtischen Wahlberlinern zu gehören.[4] Kennenlernen können die beiden Gruppen sich nicht, weil die Alteingesessenen immer schon in ihr Beziehungsgeflecht aus Familie und Schulfreundschaften eingewoben sind, „ihre gesamte Verwandtschaft im Nacken" hätten (GD11, Axel Winkler, Z. 213) und die Neuzugezogenen sich auf der Suche nach neuen Kontakten auch deshalb (nur) gegenseitig fänden (GD11, Axel Winkler, Z. 210–214).

4 Im Gesprächsverlauf deutet sich aber auch an, dass alle vier Gesprächsteilnehmenden bi-, homosexuell bzw. queer leben und der Wunsch, ungestört lieben und sich frei entfalten zu können, bei der Wahl des Wohnortes sicher eine Rolle gespielt hat.

> *Christopher Klein: „Wobei ich sagen muss (Benjamin Köhler: Mhm), wenn's jetzt um Urberliner geht (Benjamin Köhler: Mhm, lacht), WO GIBTS DIE? Schon mal jemand einen getroffen, schon mal jemand (Benjamin Köhler: Das kann) irgendwo ein' gesehn?" (GD11, Z. 155–157)*

Obwohl alle bemüht sind, sich von den „Urberlinern" abzugrenzen, die man zu 60 bis 70 Prozent außerhalb des Rings verortet (GD11, Z. 297–298), wird gleichzeitig moniert, dass es in den eigenen Kreisen „kaum Verbindlichkeiten" gebe (GD11, Z. 224) und der Aufbau enger Freundschaften schwerfalle:

> *Christopher Klein: „Ne Schwierigkeit in Berlin is meiner Meinung nach halt die Sache mit nem Freundeskreis oder sowas zu etablieren, (Benjamin Köhler: Mhm), weil Berlin eigentlich als Stadt so'n Durchlauferhitzer is (Benjamin Köhler: Mhm). Leute komm' hier hin für drei Jahre Bachelor, für zwei Jahre Master, für zwei, drei Jahre austoben (Benjamin Köhler: Mhm), aber die Stadt ist nicht gedacht zum (Benjamin Köhler schmunzelt) sesshaft werden, hab ich das 'n Eindruck, so wird das auch von fast niemanden glaub ich angenommen die Stadt (Dorine Bonnet: Mhm, nee), sondern es is eher so'n großer Freizeit- oder Amusementpark für alle Menschen von überall in der Welt, die grade halt irgendwie was Neues, was Spaßiges, was Unterhaltsames suchen, aber deswegen is es, glaub ich, auch schwer mit irgendwelchen Menschen langfristig irgendwas zu machen." (GD11, Z. 180–185)*

Auch Anselm Mayer, dessen „Spießrutenlauf" in der Herkunftsstadt bereits thematisiert wurde, berichtet vom Konflikt, dass die geschätzte Freiheit, das Sich-amüsiert-herumtreiben-Können, der Aufnahme verbindlicher (Liebes-)Beziehungen entgegenzustehen scheint und dadurch ein Mangel entstehe (GD9, Z. 362–366).

Die Teilhabe am „Amusementpark" ist nur in bestimmten Lebensphasen und unter spezifischen Voraussetzungen zu realisieren. Wie aus der Gruppendiskussion 11 deutlich wird, sind die Teilnehmenden mit der Herausforderung konfrontiert, inmitten eines Umfeldes, in dem kreative Berufe und freizeitorientierte Lebensführung eine Norm darstellen, „erwachsen" zu werden und einer Erwerbsarbeit nachzugehen, für die sie einen geregelten Schlafrhythmus brauchen. Benjamin Köhler erzählt, wie ihm während einer Phase als Lehrer Unverständnis für diesen Job begegnete, „völlige Irritation", dass er als ein Zugezogener die Kinder der Stadt unterrichte und dies „nicht nur irgendwelche böse gesagt langweiligen Urberliner" (GD11, Z. 271 f.) täten:

> *Benjamin Köhler: „Jedes Mal „Lehrer"? Also wirklich, als ob das vollkommen absurd wär, nich im Berghain DJ zu sein (Christopher Klein lacht), sondern Lehrer und jetzt (Christopher Klein: Oder Künstler) eben und Künstler oder böse gesagt was dann immer jeder is Fotograf und DJ ne also auch noch." (GD11, Z. 273–276)*

Und Christopher Klein macht sich darüber lustig, dass „früh aufstehen" zu müssen in seinem Umfeld zehn Uhr bedeuten würde, was als Ausrede gelte, nur „kurz" feiern zu gehen, also um sechs Uhr (morgens) nach Hause zu müssen (GD11, Z. 302 f.). Die Stadt als „Durchlauferhitzer" (GD11, Christopher Klein, Z. 181) sei einerseits energetisierend, stelle sich aber für Lebensentwürfe oder Lebensphasen, die eine stärkere

Verbindlichkeit erfordern, auch als exkludierend heraus. Die Zugehörigkeiten, die man auf seiner Reise selbst wählte, können so zum Kraftakt werden.

Denjenigen, die sich noch häufig in den Berliner Clubs aufhalten oder ein ungeregeltes Einkommen aus dem Kulturbetrieb haben, weil sie sich in ihren Leben aus unterschiedlichen Gründen weniger Sicherheiten oder feste Bezugsorte einrichten, wird von den Diskutierenden Bindungsunfähigkeit unterstellt, die sich darin äußere, keine eigene Wohnung oder „keinen richtigen Job“ (GD11, Z. 263) zu finden oder gar nicht erst zu suchen. Benjamin Köhler äußert Verständnis für einen Freund, der genervt von seinem Untermieter und dessen Freundin ist, die beide etwas mit „Kamera“ oder „Schauspielen“ (GD11, Z. 251–252) machen und aus dem südeuropäischen Ausland kürzlich nach Berlin gekommen sind:

> *Benjamin Köhler: „Ich hab das so'n bisschen verstanden, weil ich das schon im Umfeld öfter erlebt hab von Leuten, wo ich den Eindruck hatte, die wollten sehr konsequenzlos durch die Stadt und dass das zumindest vor fünf Jahren vielleicht noch eher oder vor zehn Jahrn auf jeden Fall auch noch relativ leicht war, in Berlin rumzumäandern, ohne sich ganz viel Verantwortung irgendwie aufzubürden.“ (GD11, Z. 253–258)*

In dieser Erzählung mischen sich Trauer darüber, dass man selbst die Phase des „Rummäanderns“ hinter sich lassen musste, mit der Feststellung, dass diese Freiheit an materielle Voraussetzungen gebunden ist und somit durch die Teuerung der Stadt zunehmend weniger Menschen offensteht. Gleichzeitig wird der Ärger über diesen stadtpolitisch und biografisch verantworteten Wandel offensichtlich auf diejenigen verschoben und personalisiert, die so frei sind, das zu tun, wofür man selber einst nach Berlin gekommen war: „[A]ber wenn die Leute hierher komm'n, bin ich nich dafür verantwortlich, dass die nicht bereit sind böse gesagt, jetzt hier regelmäßig zu arbeiten und sich ne Wohnung zu suchen.“ (GD11, Benjamin Köhler, Z. 247–249). Das ablehnende Motiv ähnelt in seinem Gehalt an transportiertem Frust, Wut und Neid dem Sündenbockressentiment Touristen gegenüber (s.o.).

Die Kluft, die Benjamin Köhler und Christopher Klein zwischen sich und den Ur- und Randberlinern gesehen haben, erscheint zwar nach wie vor unüberbrückbar. Aber der Blick in den Norden Berlins, in dem Benjamin Köhler sich mit Nachhilfe etwas zuverdient hat, ist plötzlich nicht mehr nur abwertend, sondern bekommt Züge von Faszination, wenn nicht gar Sehnsucht hinsichtlich der dort repräsentierten „Normalität“ des Alltags:

> *Benjamin Köhler: „Als ich da so hinkam in dieses sehr kleine Einfamilienhaus, hab ich so gedacht, die könnten auch in jeder andern Stadt wohnen, hab ich mir so gedacht (Christopher Klein: Ja) oder hab ich dann gesagt, für die spielt's keine Rolle, ganz übertrieben, um das noch ma' anzubringn, dass in dieser gleichen Stadt das Berghain steht, weil einfach die fährt zur Arbeit und die fährt nach Hause und die Tochter fährt zur Schule und fährt nach Hause und dann geht die vielleicht noch zum Ballett oder zu ihrm Musikunterricht und da findet nichts anderes statt, was nich in jeder anderen auch Kleinstadt (Christopher Klein: Ja)*

machbar wäre, und da ist mir erst aufgefalln wie groß eben dieser Unterschied is zwischen wahrscheinlich dieser groben Spaltung, die da is (Axel Winkler: Jaja jaja) ja wie Leute mit ner Stadt interagieren und was sie davon nutzen." (GD11, Z. 281–291)

Im gleichen Gespräch bringt Dorine Bonnet eine Gegenperspektive ein, die aufzeigt, dass es nicht nur die Wahl zwischen Berghain und Einfamilienhaus gibt. Für sie ist die Freiheit *von* den alten Bindungen diejenige *zu* selbstgewählten Bindungen und dies macht für sie die „schöne Leichtigkeit" (GD11, Z. 228) des Lebens in Berlin aus. Sie gestaltet mit ihrer Partnerin und gemeinsamem Kind ein Familienleben nach eigenen Vorstellungen. Dass in Berlin so viele Menschen leben, die sich von ihrer Herkunft gelöst haben, ist bei ihr nicht mit einer betrauerten Unverbindlichkeit assoziiert, sondern Grund dafür, sich in Berlin besonders wohlzufühlen.

Wir fragen uns, was es so schwer macht, selbstbestimmte und sichere Bindungen aufzubauen, wann Spaß und Kreativität in Druck umschlagen, warum die Berliner Freiheit zur Belastung werden kann und wie das identitäre Dilemma zu verstehen ist, das sich in der Gegenüberstellung der Haltlosigkeit der Neuberliner und der spießigen Etabliertheit der Urberliner entspinnt. Wir fragen uns auch, ob Beziehungen zugleich begehrt und abgewehrt werden oder es sich vielmehr um eine manifeste Traurigkeit darüber handelt, dass Wohlfühlorte und Bindungen nicht (allen) bedingungslos zur Verfügung stehen. Dazu haben wir die folgenden zwei Deutungshypothesen entwickelt.

These 1: Berlins psychosoziale Funktionen – Stabilisierung[5] im Spannungsbogen zwischen Emanzipation und Flucht

Wir gehen erstens davon aus, dass es sich hier nicht um einen Fall des vom französischen Soziologen Alain Ehrenberg (2004) diagnostizierten depressiv-überforderten Scheiterns an der Freiheit handelt, sondern um ein angesichts traditioneller Herkunftsfamilien oder -orte entstehendes Spannungsverhältnis zwischen dem Wunsch nach Selbstbestimmung und dem Wunsch nach Bindung. Das Dilemma besteht darin, dass die Strukturen, in denen sich für ein „mobiles" Leben entschieden wurde, nicht selbstgewählt waren. Die mit Berlin verbundene Emanzipation war zugleich auch eine Flucht vor einem „Spießrutenlauf" und einer „Familie im Nacken". Sich von familiären Bindungen zu lösen, ist nicht immer eine freie Entscheidung. Wird zum Beispiel die eigene sexuelle Orientierung oder politische Haltung dort nicht anerkannt, kann die Befreiung

---

5 Es wäre darüber nachzudenken, inwiefern hier eine ähnliche Funktion erfüllt wird wie im Fall der von Oliver Decker (2018) unter Rekurs auf Erich Fromm (1936) beschriebenen Prothesensicherheit: Prothesensicherheit beschreibt, wie im Rahmen des Sozialisationsprozesses Angst und Ohnmacht mittels Unterwerfung unter eine Autorität, die scheinbare Sicherheit und Ordnung verspricht, abgewehrt werden können. Die Identifikation mit der Autorität geschieht allerdings zum Preis der Aufgabe anderer Bedürfnisse und eigener Wünsche. Zeitgenössische Konzeptionen der Prothesensicherheit (z. B. Decker, 2018) formulieren, dass Identifikation nicht zwangsläufig an Personen (wie einen Vater oder Führer) gebunden sein muss, sondern auch Strukturen (wie Wirtschaftssysteme) dazu dienen, ausreichend Schutz, aber auch Selbstwerterhöhung zu versprechen.

zur Notwendigkeit werden. Der Schritt nach Berlin ist dann zunächst ein Befreiungsschlag. Werden durch ihn alte, intensive Bindungen gekappt, muss die neue Wahlfamilie aber zugleich auch einen immensen Verlust ersetzen. Berlin als Visitenkarte der Persönlichkeit oder als Markenzeichen der eigenen Identität kann dann dazu beitragen, Stabilität in einer Phase des persönlichen Umbruchs zu garantieren. Je größer der Umbruch, umso wichtiger wird die Glättung von Ambivalenten in Bezug auf das neue Umfeld, etwa der neuen Wahlfamilie, der gewählten Szenen, Beziehungsweisen, Lifestyle- und Wohnformen.

Aber auch in Berlin zu bleiben, ist nicht immer Ausdruck von Selbstbestimmung. Ein sehr entspannt und zufrieden wirkender Teilnehmer ist beispielsweise Dieter Keller, der nach seinen Erfahrungen in WGs und Hausprojekten mittlerweile am Rande der Stadt in einem Häuschen im Grünen wohnt. Wenn er seine Enkelkinder in der Innenstadt besucht, genießt er „den Trubel der Stadt", nach Hause fahren sei aber „wie Urlaub".

> *Dieter Keller: „[…] das is einfach, ich wohn da wirklich sehr schön und eignes Häuschen und da kann man abschalten, das genieß ich. Ich hab so alles, was man so sich wünscht, ne so'n bisschen, den Trubel in der Stadt und dann aber auch wieder die Ruhe da draußen und von daher geht's mir eigentlich hier ganz gut in der Stadt." (GD3, Z. 207–211)*

Seine Situation ist an strukturelle Voraussetzungen gebunden, wie die Mittel zum Kauf eines Eigenheims im Grünen, die Mobilität eines Autos und das Wissen darum, dass die eigene (heterosexuelle) Beziehungsführung auch in einem wohlsituierten Berliner Randbezirk anerkannt sein wird. Anselm Mayer teilt mit Dieter Keller die Erfahrung kollektiven Wohnens jenseits der bürgerlichen Kleinfamilie (GD9, Z. 304–309) und sehnt sich ebenfalls nach einem wohltuenderen, den eigenen Bedürfnissen entsprechenden Wohnumfeld jenseits der Innenstadt (GD9, Z. 597–598). Mit seiner körperlichen Einschränkung, ggf. auch aus finanziellen Gründen, steht ihm diese Option aber nicht gleichermaßen zur Verfügung.

Während die meisten Teilnehmenden von dem großen Begehren nach sozialer Bezogenheit, von bedeutsamen Beziehungen und neuen Wahlfamilien berichten, so scheint die Stadt gleichzeitig eine Form von Offenheit zu repräsentieren, die mit Gleichgültigkeit, Ich-Bezogenheit, Einsamkeit und Ignoranz einhergeht und in der verbindliche solidarische Netzwerke sowie langfristige Wahlfamilien vermisst werden.

Daneben entsteht eine auf begrenzte Räume bezogene Exklusivität auch durch den Ausschluss eines geografisch oder ideologisch abgetrennten „Außen". Parallel zu der beschworenen „Weltoffenheit" Berlins werden also zugleich lebensweltliche Differenzen vermieden. Aus den Berichten wird folgende Angst deutlich: Wer den Anforderungen der eigenen „Bubble" nicht mehr standhält, weil er oder sie aus Kostengründen in ein anderes Viertel ziehen muss oder nicht mehr bis morgens um zehn feiern mag, vielleicht auch alt oder krank wird, kann schnell aus dem erarbeiteten sozialen Netz herausfallen, einsam und verlassen werden. So wird eine Sorge spürbar, ob die Beziehungsmodelle und Lebensentwürfe, welche sich die Teilnehmenden in Berlin aufgebaut haben, tatsächlich auch in kritischen Lebenssituationen die versprochene Sicherheit bieten können. Die Mobilität und Freiheit des individuellen Lebenswegs, die als Motor für Entwicklung und Emanzipation fungierten, können eben auch verhängnisvoll werden und mitunter neue existenzielle Spannungen hervorbringen.

These 2: Veränderung des städtischen Bedingungsgefüges – Kommodifizierung von Freiräumen

Wir möchten die vorangegangene These zur (fraglich) stabilisierenden Funktion Berlins nicht auf individuelle biografische Erfahrungen der Diskutierenden reduzieren, sondern diese im Kontext ihrer ökonomischen Bedingungen betrachten, die wir unter das Thema der „neoliberalen Großstadtentwicklung" fassen. Metropolen und die ihnen eigenen individuellen Möglichkeitsräume stehen seit den 1990er Jahren im Zentrum einer Entwicklung, in der die Prekarisierung der Lebensgrundlage mit Lobreden auf die Flexibilisierung der Lebensführung kaschiert wird. Diese Entwicklungen gehen mit einem Zugriff kapitalistischer Anforderungen nicht nur auf die Arbeitskraft, sondern auf das gesamte Subjekt einher und verändern – so unsere zweite These – das Verhältnis zu Freiräumen und Freiheiten des Großstadtlebens.

Berlin wurde dabei durch seine spezifische Geschichte in besonderer Hinsicht zum Labor neoliberaler Entwicklungsschübe: Die massive Deindustrialisierung, die in Berlin in beiden Stadthälften teils mit der Wende, teils früher einsetzte, schuf sowohl die räumlichen Bedingungen für subkulturelle Selbstorganisation als auch ein Experimentierfeld für Investitionen. Die sich seit den 2000er Jahren entwickelnde Kreativ- und Tech-Branche war aus stadtplanerischer Perspektive ein Hoffnungsschimmer als Antwort auf die hohe Arbeitslosigkeit. Gleichzeitig wurde hier praktisch erprobt, inwiefern Wissen und Kreativität tatsächlich als wertschöpfende Ressourcen des neuen Akkumulationsregimes fungieren (vgl. Krätke, 2004). Vor dem Hintergrund dieses Wirtschaftsmodells können Räume, die eigentlich als Gegenkulturen angelegt sind, tatsächlich zum Bestandteil neuer Formen der Ausbeutung werden. Mindestens aber verschwimmen die Grenzen zwischen einer Kultur, die einer Marktlogik folgen muss, und einer, die diese eigentlich sprengen wollte, für die Subjekte, die sich alltäglich in und zwischen beiden bewegen und deren Wert auf dem Arbeitsmarkt von ihren innovativen Ideen abhängt. Verstärkt wird diese Tendenz dadurch, dass in Berlin in besonderem Maße seit Mitte der 2000er Jahre versucht wurde, die Arbeitslosenquote durch die Förderung der damals als „Ich-AG" bezeichneten Solo-Selbstständigkeiten zu senken. Das von Bröckling (2007) beschriebene „unternehmerische Selbst", in soziologischen Debatten zur Chiffre neoliberaler Subjektivierung geworden, hatte im Berlin der 2000er Jahre also ideale Entwicklungsbedingungen.

Hier könnte der Grund liegen, warum Genuss und Kreativität in einigen Narrativen der Gruppendiskussionen weniger als Möglichkeit, sondern mehr als belastender Druck empfunden zu werden scheinen. Individualität und Selbstdarstellung stellen plötzlich auch in Clubbesuchen und in der Freizeit „hohe Ansprüche" an die „eigene Disziplin und Selbstkontrolle" (GD11, Christopher Klein, Z. 79–81). Was in Berlin einst überraschend und impulsiv entstanden ist, scheint mit und ohne unmittelbare Investitionen zunehmendem Druck der Kommerzialisierung und Optimierung unterworfen zu sein.

Wird aus dem Freiraum die Ideenschmiede für die Start-Up-Branche, die wiederum (einziger) wirtschaftlicher Motor des deindustrialisierten Nachwende-Berlins ist, so sind Kreativität und Freizeit nicht mehr Ausdruck eigensinniger Ideen, sondern werden zum Zweck des Selbst-, Stadt- und Unternehmensmarketings instrumentalisiert. Gleichzeitig überholt die Entwicklung sich selbst – ein Prozess, der am Spreeufer in Stein und Glas gegossen wurde und wird: Eine der größten stadtpolitischen Auseinandersetzungen um die Aufwertung Berlins fand in den 2000er Jahren um das Großprojekt „Mediaspree" statt (vgl. Dohnke, 2013). Wo entlang des alten Mauerstreifens Wagenplätze und die beliebtesten Berliner Clubs entstanden waren, sollten nun Bürogebäude für die „Kreativ- und Unterhaltungsbranche" mit bestem Spreepanorama gebaut werden. In jahrelangen, noch nicht abgeschlossenen Auseinandersetzungen zwischen Stadt, Investoren und Bevölkerung konnten einige Grundstücke für öffentliche Nutzung erhalten werden. Neben der Medienbranche finden sich an der Spree aber mittlerweile auch andere Nachbarn: Der Zalando-Tower steht schon, der Amazon-Tower wächst Stockwerk um Stockwerk. Im Plattformkapitalismus könnte auch das unternehmerische Selbst zum Fossil werden. Falls die „Künstlerkritik" (Boltanski & Chiapello, 1999) mitverantwortlich war für die Transformation der globalen Wirtschafts- und Arbeitswelt, dann entledigt diese sich gerade ihrer Geburtshelfer.

Die Berliner Subkultur versucht, gegen den bestehenden Druck der Normierung, Optimierung und Kommerzialisierung zu protestieren. Im Austausch mit sozialen Bewegungen und internationalen Kunstkollektiven wird ein Fokus auf gesellschaftliche Missstände gelegt und nach einer widerständigen Ästhetik gesucht. Während es zwar auch hier einen hegemonialen Zwang zur Idealisierung Berlins zu geben scheint, liegen hier Potenziale und Versuche, die sozialen Konflikte offenzulegen, Widersprüche gelten zu lassen, Ambivalenzen sichtbar zu machen und Differenzen auszuhandeln.

Dabei wird schnell deutlich, dass entscheidende Faktoren, die die Offenheit Berlins gefährden, in gesellschaftlichen Prozessen zu suchen sind. Dazu zählen die dominanzgesellschaftliche Aneignung und Kommerzialisierung von Subkulturen, eine rechte Offensive, die Berlin ebenso wie den Rest Deutschlands betrifft, oder die Verschärfung des existenziellen Wohnungsnotstands und die Verdrängung aus vertrauten Wohnbezirken.

2.3 Berlin-Hype?

Berlin ist ein Magnet und Ankerpunkt für Menschen, die alternative Lebensentwürfe realisieren wollen. Dass es besonders solche Menschen nach Berlin zieht, verleiht der Stadt eine besondere Atmosphäre. Aber nicht alle finden in Berlin, was sie dort gesucht oder erhofft hatten.

Vorstellungen eines erfüllten Lebens sind in den Berliner Narrativen allgegenwärtig. Sie schließen das Versprechen ein, ein emanzipiertes Leben voller interessanter Begegnungen und kreativer Selbstverwirklichung zu entfalten. In der Analyse der Narrative ließ sich jedoch auch beobachten, dass uns die Wahlfreiheit der Berliner Lebensentwürfe häufig als leere Phrase oder als Zwang begegnete. Dies liegt, wie wir versucht haben zu zeigen, an strukturellen Bedingungen und ihren subjektiven Verarbeitungsformen. Bestimmte Realitäten und Wünsche, die mit der Chiffre „Berlin" verbunden sind, sind tatsächlich bedroht. Aber die Konstruktion des bedrohenden „Außen" ist letztlich auch eine Projektion. Das, was für Berlin aktuell zum Problem werden kann, ist zugleich der innere Entwicklungsmotor der Stadt: die neoliberale Stadtentwicklung sowie der massive Ausschluss von Menschen aus ihren Errungenschaften. Die neoliberalen Leistungs- und Optimierungsanforderungen bedeuten für die Menschen in Berlin Druck und Konkurrenz um Wohnungen, Arbeits- und Lebensnischen. Die nostalgische Idealisierung dessen, was einmal war, sowie die Leugnung von Widersprüchen entlasten ihren Leidensdruck nur kurzfristig. Der Rückzug in dekorierte Vitrinennischen und das Visitenkarten-Selbst können jedoch Solidarität und politische Umgestaltung erschweren. Solidaritätsbeziehungen sind nicht allein innerhalb der Berliner Stadtbevölkerung ausbaufähig, sondern auch weit über die Grenzen Berlins hinaus. Wird die Ambiguität der städtischen Lebensanforderungen erkannt, wird weder die „ideale" noch die „dystopische" Stadt als stabilisierendes Objekt benötigt. Stattdessen kann sich das Subjekt auf die Suche nach einer Sprache machen, in die auch die negativen Anteile der Stadt, das eigene Überforderungserleben, die Gleichzeitigkeit von Freiheit und Zwang integriert werden können. Damit sind intersubjektive Konflikte und sozio-ökonomische Widersprüche nicht gelöst, aber aussichtsreichere Ausgangsbedingungen geschaffen.

Der Grat zwischen autonomer und atomisierter Individualität ist ebenso schmal wie der zwischen „Freiheit und Gleichheit" und „Freiheit und Gleichgültigkeit". In Beschreibungen der Moderne wird dieser Zusammenhang gern als intrinsisch und notwendig skizziert und dem Gemeinschaftsgefühl traditioneller Lebensformen gegenübergestellt. Statt der Wärme des familiären Herdes nachzutrauern, ließe sich allerdings auch über Solidarität als einem Zusammenhalt trotz, wegen und über Differenzen hinweg nachdenken (Jaeggi & Celikates, 2017, S. 39). Die Suche nach einem solchen wird insbesondere aus einer engagierten Perspektive in die Gruppendiskussionen eingebracht. Dabei übt sich ein produktives Verständnis nicht in einer Empörung über atomisierte und gleichgültige Individuen, sondern es geht von einer Kritik der ökonomischen und gesellschaftlichen Verhältnisse aus, in denen Vereinzelung und Gleichgültigkeit hervorgebracht werden.

Sowohl beim Auswerten des Materials als auch beim Schreiben des Kapitels verfingen wir uns immer wieder, ja stritten uns beinahe um die Frage, ab wann Analyse und Kritik der idealisierenden Darstellungen Berlins beginnen, die relative Selbstbestimmtheit des Berliner Alltags (auch für marginalisierte Gruppen) zu verleugnen. Wie viel ist dran am Berlin-Hype? An wie viel Realität kann die Projektion haften bleiben? Damit agierten wir einen Konflikt aus, der nicht nur zwischen den in der Großstadt lebenden, sondern auch in ihnen selbst stattfindet und als „Hassliebe" bezeichnet wurde. Wir als Forschungsteam sind dabei nicht nur qua Gegenübertragung verstrickt in diesen Topoi der Gruppendiskussionen, sondern auch als Bewohnerinnen und Bewohner von Großstädten, die durch Ähnlichkeit und/oder Abgrenzung in einer Beziehung zu Berlin stehen. Für unser Forschungsteam lautete die zentrale Frage daher schlussendlich nicht, ob Berlin mehr dem gehassten oder dem geliebten Objekt entspricht, sondern wie es zu diesem konkreten Ort geworden ist und wer Verantwortung dafür übernimmt, dass Berlin offen, frei und lebenswert bleibt – oder wird.

In den folgenden Kapiteln werden wir die Lesenden des Berichts auf eine solche Suchbewegung mitnehmen. Wir werden den Blick auf ausgewählte Themen richten, die uns in den Gruppendiskussionen der Berliner Stadtbevölkerung begegneten. Mit der Methode der Tiefenhermeneutik sollen auch in den kommenden Kapiteln gezielte *Tiefenbohrungen* vorgenommen werden, um die Konflikte der Großstadt in ihrer Vielschichtigkeit, Widersprüchlichkeit und in ihren *Tiefenunschärfen* zu entfalten. Sie sollen zuletzt vor dem Hintergrund aktueller politischer und gesellschaftlicher Dynamiken bewertet und diskutiert werden.

Literatur

Boltanski, L., & Chiapello, E. (1999). *Le nouvel esprit du capitalisme.* Paris: Gallimard.

Bröckling, U. (2007). *Das unternehmerische Selbst. Soziologie einer Subjektivierungsform.* Frankfurt a. M.: Suhrkamp Verlag.

Decker, O. (2018). Flucht ins Autoritäre. In O. Decker & E. Brähler (Hrsg.), *Flucht ins Autoritäre. Rechtsextreme Dynamiken in der Mitte der Gesellschaft* (S. 15–64). Gießen: Psychosozial-Verlag.

Dohnke, J. (2013). Was bleibt von Mediaspree versenken? In A. Holm (Hrsg.), *Reclaim Berlin. Soziale Kämpfe in der neoliberalen Stadt.* Berlin/Hamburg: Assoziation A.

Ehrenberg, A. (2004). *Das erschöpfte Selbst. Depression und Gesellschaft in der Gegenwart.* Frankfurt a. M.: Campus.

Fromm, E. (1936). Studien über Autorität und Familie. Sozialpsychologischer Teil. In ders. (Hrsg.), *Gesamtausgabe, Bd. 1* (S. 139–187). Stuttgart: DVA.

Jaeggi, R., & Celikates, R. (2017). Sozialphilosophie: Eine Einführung. München: C. H. Beck.

Krätke, S. (2004). City of Talents? Berlin's Regional Economy, Socio-spatial Fabric and „Worst Practice" Urban Governance. *International Journal of Urban and Regional Research 28.3*, 511–529.

Pickel, G., Reimer-Gordinskaya, K., & Decker, O. (2019). *Der Berlin-Monitor 2019: Vernetzte Solidarität – Fragmentierte Demokratie.* Springe: zu Klampen.

Natalie Gittner und Oliver Decker

3 „Die Mauer war gut für die Westberliner"

Historisches Erbe und seine Nachwirkungen in Berlin

3.1 Einleitung

Die Arbeiten am Humboldt-Forum, der Rekonstruktion des Berliner Schlosses, endeten im Sommer 2020 mit der eindrücklichen Montage eines 12 Meter hohen, vergoldeten Kreuzes auf der Spitze der Kuppel. Die detailgetreue Nachbildung mit dem christlichen Kreuz und einer aus der Bibel entlehnten Inschrift löste eine Diskussion um die Symbolik der Wiedererrichtung historischer Bauten im öffentlichen Raum aus. Im Zentrum der Debatte steht unter anderem das Selbstverständnis der deutschen Gesellschaft in Bezug auf christliche Traditionen, das durch die postmigrantische Realität herausgefordert wird. Die Debatte um das Berliner Schloss zeigt deutlich die enge Verbindung von Architektur und Geschichte, Ideologie und Symbolik – der Ort steht paradigmatisch für Kontinuität und Brüche der deutschen Nationalgeschichte. Mit dem Sieg der Alliierten über Nazi-Deutschland hatte auch der preußische Militarismus seine Legitimation verloren. Die mithilfe der Sowjetunion 1949 gegründete DDR setzte den baulichen Denkmalen dieser Tradition ein Ende und sprengte 1950 das Berliner Schloss. An seiner Stelle entstand in den 1970er Jahren der *Palast der Republik*, das Vorzeigegebäude des sozialistischen Staats. Nach dem Ende der DDR und dem Umzug der Bundesregierung wurden umfangreiche bauliche Veränderungen vorgenommen, die Ende der 2000er Jahre zum Abriss des Palastes der Republik führten und die Wiedererrichtung des Stadtschlosses an seinem alten Standort erst ermöglichten.

Das Ineinandergreifen von Stadtplanung, politischen Ideen und ökonomischen Interessen kann kaum besser als in Berlin mit seiner Geschichte nachvollzogen werden: vormals preußische Residenzstadt, während des Nationalsozialismus als *Welthauptstadt Germania* geplant, im Krieg weitgehend zerstört und 1945 unter den Alliierten aufgeteilt. Dieses Erbe sedimentiert sich nicht nur architektonisch und sozialräumlich, die geschichtlichen Ablagerungen in Form der Architektur, Stadtplanung und -gestaltung üben auch Einfluss auf die Menschen aus, die in diesem urbanen Raum leben und wiederum auf ihn einwirken.

So ist vor allem die Bedeutung Berlins als *geteilte* Stadt in den Gruppendiskussionen Ausgangspunkt verschiedenartiger Erzählungen. Die Teilung der Stadt zwischen 1949 und 1989 hat in unterschiedlicher Art und Weise das Leben der Berlinerinnen und Berliner, die ihre Gedanken, Gefühle oder Erfahrungen in den Gruppendiskussionen zum Ausdruck brachten, beeinflusst. Diese Erfahrungsräume werden sowohl von denjenigen gezeichnet, die entweder in der ehemaligen DDR oder der Bundesrepublik Deutschland bzw. West-Berlin aufwuchsen, als auch von denen, die erst nach dem Mauerfall geboren oder nach Berlin gekommen sind. Der jeweilige Erfahrungsraum beeinflusst, wie die Teilnehmenden einander begegnen, wie Themen gesetzt werden und

Diskussionen verlaufen. Im Rahmen der Gruppendiskussionen wurden unterschiedliche Themen besprochen: die Veränderung des Stadtbildes, die Gestaltung des öffentlichen Raumes, Verdrängung, politische Handlungsfähigkeit, das Erstarken der Rechten, der Strukturwandel im Osten, Demokratieverständnis und (Post-)Wendeerfahrungen.

Im vorliegenden Kapitel richten wir den Blick vor allem darauf, wie Berlinerinnen und Berliner die historischen Bezüge der Stadt wahrnehmen und wie die deutsche Geschichte im Gespräch zwischen unseren Teilnehmenden über die heutige Stadt auftaucht. Ziel ist die Rekonstruktion von historisch-politischen Erzählungen, die in den Gruppendiskussionen zur Sprache kamen, sowie zu klären, welche Aktualität diesem geschichtlichen Erbe beigemessen wird. Dabei werden die Aneignung und Gestaltung dieser städtischen Räume und die Bedeutung des Raums wichtig.

3.2 Theoretische Überlegungen

Frühe Überlegungen zur Wirkung des städtischen Raums auf seine Bewohnerinnen und Bewohner finden sich beim Sozialpsychologen und Psychoanalytiker Alexander Mitscherlich. Er verglich die Stadt mit einem „Prägestock" (Mitscherlich, 1965). Mit diesem Bild wies er auf den Umstand hin, dass die Gestaltung des städtischen Raumes auf das menschliche Erleben und Verhalten seiner Bewohnerinnen und Bewohner wirkt. Man muss seinen Befund aber ergänzen, denn Menschen gestalten den vorfindlichen Raum auch neu und geben den Orten neue Bedeutungen. So ist die Diskussion über das Lebensumfeld immer auch eine gemeinsam vollzogene Aneignung von Geschichte (Decker, 2016; Schroer, 2006). Prozesse der Verräumlichung sind bei der Analyse historischer Entwicklungen zu berücksichtigen, hebt der Historiker Karl Schlögel hervor, weil die Vielschichtigkeit von Räumen auch durch die Geschichte geformt wird: „[E]ine Spatialisierung geschichtlicher Wahrnehmung, das scheint unbestreitbar, [hat] Folgen auch für das Narrativ, also für die Geschichtsschreibung." (Schlögel, 2003, S. 51). Landschaften, Städte und Regionen sind nicht nur die Kulisse, vor der sich die Geschichte abspielt, sie sind Ausdruck der Geschichte, vergangener Sinngebung und Techniken der Disziplinierung, der Beschädigung und der anschließenden Versuche der Beseitigung (oder Verleugnung) von Narben. So ragt die Vergangenheit in die Gegenwart und ist damit selbst noch präsent und Teil unserer Wahrnehmung.

Räume sind nicht nur geronnene Geschichte, sondern auch Arenen gegenwärtiger sozialer Konflikte. Beide Aspekte lassen sich nicht ganz voneinander trennen – so wenig sich die Gegenwartsgesellschaft ohne ihre Geschichte verstehen lässt –, sind aber auch nicht deckungsgleich. Betrachten wir also das Sprechen über die Stadt, so sehen wir neben der Verhandlung von Geschichte auch die Projektion von sozialen Konflikten auf den städtischen Raum. Nicht umsonst ist die Stadt heute, was im 19. und 20. Jahrhundert einmal die Fabrik war (Hardt & Negri, 2009; vgl. auch Kapitel 1): prominenter Ort, an dem gesellschaftliche Gegensätze besonders erfahren werden können, weil sie sich in ihnen verdichten. Das Stichwort „Gentrifizierung" bezeichnet die Verdrängung von Mieterinnen und Mietern aus ihren bisherigen Wohnungen und den Widerstand gegen diese Ausgrenzung. Wer mit den hohen Mieten und dem Kampf für den Wohnraum konfrontiert ist, erfährt am eigenen Leib, wie sich Teilhabe oder Ausschluss vom gesellschaftlichen Reichtum allgemein vollzieht – und sieht vielleicht schon einen Stadtteil weiter, wie ungleich verteilt die Möglichkeiten in der Gesellschaft sind.

Beides – gegenwärtige Konflikte und vergangene Gewalt – bleiben den Menschen nichts Äußerliches. Die Präsenz äußerer Räume im Alltag, die innerpsychische Bedeutung von Gebäuden oder die Funktion von Orten werden im psychoanalytischen Kontext mit dem Begriff *spatialisation* oder *Verräumlichung* beschrieben (Wright, 2018). Mit Rückgriff auf psychoanalytische Konzepte von *Containing, Projektion* und *Spaltung* legt Wright die psychischen Mechanismen dar, die dem Prozess der Verräumlichung zugrunde liegen. *Containing* könnte man frei übersetzen als Aufnehmen oder Begrenzen. Der Behälter (engl. *container*) ist selbst bereits eine Raummetapher, verweist auf ein Gefäß, das etwas auffangen und in feste Form bringen kann. Viele Bedürfnisse, Gefühle und Gedanken, die Menschen im Alltag begegnen, sind eigentlich überfordernd. Sie auszuhalten, vielleicht sogar zu verarbeiten und ihnen Bedeutung zu geben, ist Arbeit, psychische Arbeit. Oftmals zu viel, um sie im Alltag zwischen Lohnarbeit und Feierabend noch selbst zu leisten.

Besser versteht man diese Überlegung vielleicht, wenn man weiß, wo dieser Vorgang das erste Mal von Psychoanalytikerinnen und Psychoanalytikern beobachtet worden ist: beim Kleinkind. Es verfügt aus eigener Kraft nicht über die Möglichkeit, seine Bedürfnisse zu befriedigen. Das übernehmen andere für das Kind – am prominentesten die Mutter, aber auch der Vater und jeder, der sich um die Bedürfnisse des Kindes kümmert. Das ist nicht nur einfach eine Beseitigung von Mangel, es ist auch eine Sinnstiftung durch die versorgende Beziehung: Wer ich bin in der Welt und wie sicher ich in ihr leben kann, vermittelt sich in dieser Beziehung – gerade auch durch den Kontrast zur Spannung und zum Mangel. Das ist aber nur die eine Hälfte des Containings: Die Beseitigung des Mangels ist befriedigend – ohne Zweifel. Aber damit der Mangel beseitigt werden kann, muss er erst einmal auftauchen. Und das ist für das Kleinkind lange eine große Qual, viel mehr, als etwa der Hunger vom Erwachsenen erfahren wird. Eltern wissen davon ein Lied zu singen, denn sie sind mit der Wut und Enttäuschung konfrontiert, die der Beseitigung des Mangels vorausgeht und die sie aushalten müssen. Und genau diese beiden Aspekte – die Bedeutung der Bedürfnisse und das Aushalten der kindlichen Aggressionen – nennt die Psychoanalyse „Containing".

Auch der Erwachsene braucht diese Hilfen. Er ist nicht mehr wie ein Kleinkind seinem eigenen Mangel und der Versagung vollständig ausgeliefert. Immerhin kann er das Vermisste in der Fantasie wachrufen und weiß, wann es verfügbar ist. Aber auch für ihn sind die Quellen der Frustration im Alltag groß. Manchmal allzu groß. Die Unsumme an Sinneseindrücken, die den ganzen Tag von außen und innen auf ihn einflutet, muss ausgehalten werden. Nun stellen nicht mehr die Eltern, sondern die Kultur Hilfsmittel zur Verfügung, um zu „containen". Vom Bürgersteig (als Ort sicherer Fortbewegung für Fußgänger) bis zum Toilettenhäuschen im öffentlichen Raum (als Sicherheit, auch der Notdurft nachgehen zu können) schafft Architektur eine Stützstruktur, die nicht nur

Orientierung gibt. Wer einmal gedankenlos auf dem Trottoir spazieren gegangen ist, wird wissen, dass ein plötzlich auftauchender Elektroroller nie ohne einen Moment des Schreckens einhergeht. Die Verlässlichkeit einer gesellschaftlichen Abmachung ist infrage gestellt, auf die wir doch bauen, um ohne Angst durch den Alltag zu gehen. Wer dem dringenden Bedürfnis folgend eine Toilette sucht, findet meist nur eines jener „Stadtmöbel", dessen Türen sich allein gegen den Einwurf einer Münze öffnen. Spätestens hier erfährt man, dass sinnliche Bedürfnisse in der Gesellschaft vor allem geldvermittelt befriedigt werden.

Diese Prozesse erfüllen neben einer Ordnungs- und Strukturfunktion die Aufgabe, Kontrolle über die Welt zu erlangen, wobei physischer Raum dazu genutzt werden kann, Emotionen zu kontrollieren (Wright, 2018). Dabei kann der Raum, wie Wright am Beispiel eines Dorfes ausführt, in gute und böse, sichere und unsichere, heilige oder profane Areale unterschieden werden. Diese Areale dienen der Bewältigung von innersubjektiven Konflikten und dem Schutz des Individuums. Anknüpfend an die Überlegungen der Psychoanalytikerin Melanie Klein entwerfen die britischen Sozialpsychologen Figlio und Richards das Bild von der Gesellschaft als Container für Ängste (Figlio & Richards, 2003): „[T]he material world of a modern civil and industrial society has unique features that affect the forms taken by containment". So stellen sie zum Verhältnis von innerer und äußerer Welt fest: „[T]he external world represents the sum total of individual fantasies of damage and repair, and it contains objects that can be introjected to shore up or undermine the multitude of internal worlds."

3.3 Nationalsozialistisches Erbe und der Wunsch nach dem Schlussstrich

Kennzeichnend für den Umgang der postnationalsozialistischen deutschen Gesellschaft mit der NS-Zeit war zunächst die kollektive und entschlossene Leugnung von Schuld, Scham und Verantwortung. Die erste Nachkriegsgeneration – die später unter dem Schlagwort der 68er-Bewegung subsumiert wurde – erkämpfte eine vorsichtige Thematisierung deutscher Verbrechen, der sich auch die politischen Eliten nur noch bedingt entziehen konnten. Bundespräsident Richard von Weizsäcker prägte 1985 in seiner Rede zum 40. Jahrestag des Kriegsendes die höchst ambivalente Formel von der *Befreiung der Deutschen* durch die Alliierten. Die zumindest teilweise vorhandene Einsicht in die eigene Verantwortung für die NS-Verbrechen kann auch als ein wichtiges Signal gewertet werden, welches eine Voraussetzung für die Zustimmung der Alliierten zur deutschen Einheit war. Nach 1990 hat sich langsam die Erkenntnis durchgesetzt, dass eine Aufarbeitung der deutschen Vergangenheit nicht nur unausweichlich, sondern sogar notwendig ist. Trotzdem kann man bis heute eine große Ambivalenz in der Auseinandersetzung mit der Shoah und dem Erbe des Nationalsozialismus feststellen. Der Historiker Dan Diner verglich die Verleugnungsleistung der Deutschen mit einem Sarkophag (Diner, 2004); in einer vorangegangenen Untersuchung wählten wir das Bild der „Plombe", die auf die Lücke gesetzt wurde (Decker, 2015): Beide Metaphern spielen auf die Unwägbarkeit an, die mit dem Öffnen des Verschlusses einhergeht.

Psychoanalytisch betrachtet ist in diesem Zusammenhang das Fortbestehen sogenannter *nationalsozialistischer Identifizierungen* relevant, die durch Verdrängungsleistungen und Abwehrprozesse ermöglicht werden (Lohl, 2011). Das Vermeiden einer aktiven Auseinandersetzung mit der Vergangenheit fasst der Sozialwissenschaftler Jan Lohl im Begriff des „narzisstischen Berührungstabus": Dieses schützt „die psychisch wertvolle Hoffnung auf eine Wiederholung des kollektiven Narzissmus" (Lohl, 2011). Und auch wenn in der jüngsten Vergangenheit Ministerien und namhafte deutsche Unternehmen Historiker damit beauftragten, ihre Rolle im Nationalsozialismus zu beleuchten, bleiben doch die von Lohl benannten psychischen Hürden der Auseinandersetzung mit der Verantwortung für den Angriffs- und Vernichtungskrieg weiter bestehen.

Im Folgenden wird auf die Inhalte aus den Gruppendiskussionen eingegangen, die einen Bezug zum Nationalsozialismus in manifester und latenter Weise herstellen; dies ist jedoch nicht repräsentativ für alle Gruppendiskussionen. In zwei Diskussionen wird eine *Sonderstellung* Deutschlands thematisiert, wobei die Teilnehmenden das Erstarken der Rechten in Europa reflektieren und dabei auf die besondere Situation Deutschlands eingehen:

> *Benjamin Köhler: „Ich hab immer den Eindruck gehabt, dass wir immer so 'nen sozusagen, also das in Anführungsstrichen das einzig Gute, was aus dem aus unserer aus der deutschen Nazizeit gekommen is, is, dass wir empfindlicher sind bei sowas 'n bisschen (Axel Winkler: Mhm, mhm) als Resteuropa." (GD11, Z. 878–882)*

Der Diskussionsteilnehmer Benjamin Köhler hadert mit seiner eigenen Zugehörigkeit zum *Kollektiv der Deutschen in der Nachfolge der Täter* und korrigiert sich, bleibt aber bei einem integrierenden „wir". Seine Aussage legt außerdem nahe, dass er von einer höheren *Sensibilität* gegenüber rechtsextremen Einstellungen ausgeht, die er als Folge des Nationalsozialismus wertet. Er äußert aber auch, dass diese Einstellungen durch einen *Dämpfer* zurückgehalten wurden. Auffällig ist, dass er lediglich das *moralische Gebot* betont, diese Einstellungen nicht laut zu artikulieren – in diesem Sinn ist das Bild des „Dämpfers" durchaus passend:

> *Benjamin Köhler: „Das war ne Zeitlang war's noch als wie'n Dämpfer da, dass viele gesagt haben, komm aber du weißt doch damals, also das geht nun wirklich nich so ja, selbst die Leute, die sozusagen so teilweise gedacht haben, glaub ich, fühlten sich durch das dritte Reich wirklich gedämpft und haben gesagt, nee das also das geht wirklich nich so, wehret den Anfängen, selbst dann da, das war in andern Ländern gar nicht und jetzt is das eben bricht das total weg." (GD11, Z. 883–888)*

In einer anderen Gruppendiskussion bezieht sich Dieter Keller affirmativ auf die Demokratie und die Meinungsfreiheit als kollektive Errungenschaft der Deutschen. Dabei weist er darauf hin, dass die deutsche Demokratie inzwischen nicht nur gut verankert sei, sondern auch bestens funktioniere:

Dieter Keller: „[…] diese Entscheidungen werden von Politikerinnen und Politikern getroffen, die gewählt worden sind. Das muss man so sagen, also es ist ein demokratischer Prozess und ich bin glücklich, dass ich in einem Land lebe, wo ich sagen kann, was ich denke." (GD3, Z. 548–551)

Der Diskussionsteilnehmer nimmt keinen Bezug auf den Nationalsozialismus, bekräftigt dafür aber seinen Stolz auf die Demokratie, die keinen Vergleich zu scheuen braucht. Dieser vermeintliche Idealzustand wird durch die Wiederholungen und die Erwähnung bestehender Probleme nur noch bekräftigt, dem mehrere andere Teilnehmer auch zustimmen:

Dieter Keller: „[…] ich würde aber auf jeden Fall darauf hinweisen, dass man nicht so tun sollte, als lebten wir nich in einer Demokratie hier, das is eine der, wie ich finde, eine der besten funktionierenden Demokratien (Angelika Roth: Mhm) bei allen Problemen, die wir haben, unbestritten, bei allen Schwierigkeiten, eine der besten funktionierenden Demokratien (U: Mhm) der Welt (Angelika Roth: Ja) (U: Ja, ja)." (GD3, Z. 554–559)

Die hohe Identifikation von Dieter Keller mit dem gesellschaftlichen System offenbart sich hier in der mehrmaligen Verwendung des Superlativs und mit dem Ansprechen eines Kollektives, indem er von einem „wir" spricht. Grundsätzliche Widersprüche, die es auch in demokratisch eingerichteten Gesellschaften gibt, werden damit übergangen. Auch wenn er die Existenz von Problemen anerkennt, wird eine konkrete Auseinandersetzung mit diesen abgewehrt. Dies ist vor allem das Narrativ eines *unvergleichlichen Erfolgs*: Der deutschen Gesellschaft ist es nach der nationalsozialistischen Barbarei gelungen, eine der besten Demokratien der Welt zu werden.

In der Erinnerung von Babette Neumann rufen die für die Westberliner Bevölkerung unzugänglichen U-Bahn-Stationen auf dem Gebiet der DDR überraschend einen KZ-Vergleich hervor. In den Schilderungen werden assoziative Verbindungen sichtbar, nach denen die Bewachung der Haltestelle durch bewaffnete Personen die Teilnehmerin möglicherweise an Gefangenschaft denken lässt; sie bezieht sich auf die Bewachung von Konzentrationslagern, die sie eher beiläufig erwähnt:

Babette Neumann: „[…] dann liefen also da Beamte immer, also Soldaten, an den Bord- Bahnsteigen lang mit ihrer Kalaschnikow und es man kam sich also wirklich vor, so stell ich mir zum Beispiel die die die die Haft- äh Stellen in irgendwelchen KZs vor, genau so. Is also man kann's jetzt immer noch es gibt also 'n paar Videos, die man also im Internet gucken kann, aber dieses Herzklopfen, was ich da gehabt hab, die kommen natürlich nicht da man man man kriegt's nicht mit, also ich kann mir auch KZ-Filme angucken und sage furchtbar und traurig und schade, schrecklich, dass sowas überhaupt mal erdacht worden ist, aber es tut nicht so sehr weh." (GD5, Z. 152–160)

Das Erlebnis war für die Teilnehmerin offenbar sehr prägend, aber die Assoziation bleibt erklärungsbedürftig. Die von ihr erwähnte starke Emotion versucht sie offenbar durch den Vergleich zu verdeutlichen. Dabei zeigt sich ein eigentümlicher Umgang mit der von ihrem konkreten Inhalt weitgehend losgelösten Chiffre „Shoah". Was bleibt, ist das verkürzte, intuitiv abgerufene Symbol KZ: Waffen, Waggons und Wachen – es ist eine leere Metapher für eine schmerzhafte Erfahrung und trägt zur Bagatellisierung der Shoah bei. An anderer Stelle nimmt dieselbe Teilnehmerin ebenfalls Bezug auf den Nationalsozialismus und vermeidet es, den Klarnamen Adolf Hitlers zu nennen, und benutzt eine diminutive Form:

> *Babette Neumann: „ […] der liebe Herr, den wir hier in Ocker in Braunau hatten, eben versucht hat, die ganze Welt niederzumachen, warum sind Menschen so?" (GD5, Z. 328–330)*

Angesichts der nationalsozialistischen Verbrechen scheint diese Formulierung zynisch und die naive Frage offenbart ein bedenkliches Geschichtsbewusstsein. Auch bei anderen Teilnehmenden zeigt sich dieser bemerkenswerte Umgang mit der nationalsozialistischen Vergangenheit, etwa durch die Nennung von Hitlers Vornamen. Die dadurch erzeugte Nähe und Vertrautheit nivelliert nicht nur die nationalsozialistischen Verbrechen, sondern spaltet sie auch von der Person Hitler ab, die hingegen ins familiäre Kollektiv integriert wird. So äußert etwa Carsten Schmitz:

> *Carsten Schmitz: „Ich rede jetzt nur von geschichtlichen Fakten also und um die Vergleiche zu zieh'n, ne, also nich, dass ich sage, Onkel Adolf war der Beste, das glaub ich auch nich dran." (GD12, Z. 617–622)*

Ein anderes Motiv in der Gruppendiskussion ist die Gleichsetzung des Nationalsozialismus mit der DDR. Carsten Schmitz etwa meint hier:

> *Carsten Schmitz: „Adolf sein Staat, nur rot angemalt, weil was anderes war die DDR nich. (Björn Kaiser: Ja, es war 'ne Diktatur.) Ne, das war immer noch Adolf sein Staat, nur dass sie den rot angemalt haben." (GD12, Z. 539–547)*

Eine Differenzierung zwischen dem NS-Staat und der DDR findet nicht statt, vielmehr wird die vermeintliche Wesensähnlichkeit der beiden Regimes betont. Diese Relativierung des Nationalsozialismus hat außerdem eine weitere Funktion: Sie stärkt die Erzählung des *erfolgreichen Wiederaufstiegs*. Demzufolge ist es gelungen, nach dem Zivilisationsbruch Auschwitz eine demokratische Gesellschaft in Westdeutschland zu etablieren und zu konsolidieren. Dieser Prozess hat einige Jahrzehnte nach der Wiedervereinigung ein Ende gefunden: Die gesamtdeutsche diktatorische Vergangenheit ist nun abgeschlossen und kann historisiert werden. Auf diese Art können nicht nur die heiklen Fragen der deutsch-deutschen Nachkriegsgeschichte, sondern vor allem ihre Folgen bis in die Gegenwart aus der politischen Debatte entfernt werden – der Wunsch nach dem Schlussstrich prägt das historische Empfinden der Deutschen (Aly, 1997, S. 7).

3.4 Ummauerte Zufluchtsorte – das geteilte Berlin

Während die DDR sich darum bemühte, den Ostteil Berlins als moderne Hauptstadt eines sozialistischen Staates aufzubauen, litt der Westteil unter der mangelnden Anbindung an die Bundesrepublik. In Ost-Berlin sollte der städtische Raum aktiv neu gestaltet und dabei nicht nur das Erbe des alten Deutschlands beseitigt werden, sondern die neue Architektur und Planung auf die Bedürfnisse der Bevölkerung Rücksicht nehmen. Die als Distinktion von den kapitalistischen Staaten betriebene Raumplanung führte beispielsweise dazu, große Flächen in attraktiven Lagen *nicht* zu bebauen und der Präsenz von Kaufhäusern und Geschäften in der Innenstadt demonstrativ Wohnbebauung entgegenzusetzen. Zum Umbau der Stadt nach sozialistischen Idealen gehörte auch der Aufbau völlig neuer Wohngebiete wie in Marzahn oder Hellersdorf mit großen, in Plattenbauweise errichteten Blöcken. Neben dieser Modernisierung des Lebens durch Warmwasser, Zentralheizung und ähnlichem wurde die alte Bausubstanz vernachlässigt, in der man mit Kohle heizte und die Etagentoilette vorherrschte. In Vierteln wie Mitte, Prenzlauer Berg oder Friedrichshain entstanden „Inseln des Non-Konformismus", in denen Menschen lebten, die sich nicht auf den gesellschaftlichen Konsens einlassen wollten. Der Stadtsoziologe Hartmut Häußermann argumentiert, dass die Differenzen zwischen diesen Quartieren und bestimmten Gebieten auf der anderen Seite der Mauer (allen voran Kreuzberg) als vergleichsweise gering einzuschätzen sind. Das übereinstimmende Merkmal sei die „Insellage": der Reiz bestimmter Freiheiten für non-konformistische Menschen in Ost- und West-Berlin. Seit den 1960er Jahren hatten verschiedene Push-Faktoren dafür gesorgt, dass sich politisch und kulturell Aktive im Westteil der Stadt ansiedelten, die der Enge bundesrepublikanischer Spießigkeit entkommen wollten. Zu diesen Faktoren gehörten niedrige Mieten, vielfältige Subkulturen, ein großes Wohnungsangebot und vor allem die Aussetzung der Wehrpflicht für die Bewohner West-Berlins:

> *Conrad Fuchs: „Wenn man nich zum Bund wollte, war das natürlich ideal in Berlin und auch / U: Genau / Brayan Haddad: Ja, die Mauer war gut für die Westberliner." (GD2, Z. 531–538)*

West-Berlin stach durch seine Lage und die damit einhergehenden Privilegien und Möglichkeiten heraus, wie die Teilnehmerin Babette Neumann bestätigt: „immer so ne klein bisschen Sonderstellung" (GD5, Z. 82–83). Die Wahrnehmung von West-Berlin als Freiraum und geschützter Ort zeigt sich auch in der Begegnung zweier Teilnehmenden, die sich über ihre Herkunft austauschen:

> *Anne Lorenz: „Wo sind Sie groß geworden, in welchem? / Bea Patel: Reinickendorf. / Anne Lorenz: In Westberlin. / Bea Patel: Genau. (Anne Lorenz: Mhm, mhm) Quasi / Anne Lorenz: Und das war doch sicherlich / Bea Patel: Direkt an der Mauer / Anne Lorenz: Also so bisschen Westberlin war doch so idyllisch, ne, die hab'n sich doch alle / Bea Patel: Auf jeden Fall / Anne Lorenz: Wunder- / Bea Patel: Ja." (GD13, Z. 144–152)*

Die Randlage nahe der Mauer, so der Teilnehmer Conrad Fuchs, war „Freiraum für bestimmte Gruppen irgendwie so" (GD2, Z. 518–519). Das Verschwinden der Mauer wird von Babette Neumann als ambivalentes Ereignis gedeutet und die Mauer nachträglich mit Schutz, Ruhe und sogar gewissen Freiheiten assoziiert. Sie wuchs in unmittelbarer Nähe der Mauer auf und erinnert sich an ungestörtes Spielen auf der Straße während ihrer Kindheit:

> *Babette Neumann: „Die Straße, in der ich wohnte, war damals also wirklich die Endstraße, weil dahinter die Mauer war, und da stand man auf der auf der Straße selber und hat eben 20 Minuten lang spielen können, weil dann erst der nächste Bus kam. Jetzt sollte man das tunlichst vermeiden, es sei denn, man möchte gerne unter irgendwelchen Autos liegen." (GD5, Z. 214–220)*

Auf psychischer Ebene erfüllt die Mauer für die Teilnehmerin auch eine Schutzfunktion, dies zeigt sich insbesondere dann, wenn sie ins Wanken gerät:

> *Babette Neumann: „[...] solange ich meine meine Mauer um mich herum gebaut habe, is okay, aber wenn jemand kommt und auch nur ein Steinchen wegnimmt, bin ich Breitseite." (GD5, Z. 476–477)*

Psychodynamisch kann der Mauer eine Containment-Funktion zugeschrieben werden, die es ermöglichte, Sorgen und Ängste zu regulieren und Bedrohliches als *jenseits* der Mauer liegend zu verorten. Der Wegfall der Mauer macht eine Anpassung erforderlich, infolge derer die Neuaufrichtung neuer Begrenzungen denkbar ist. Wie der Soziologe Ulrich Beck ausführt, ist der eigene Raum nicht nur bedeutsam als „räumliche Gliederung des Alltagslebens", sondern auch, um „Rückzug, Selbstkontrolle und Subversion, [...] das Abschütteln von äußeren und inneren Zwängen" zu ermöglichen (Beck, zitiert nach Schroer, 2006, S. 247).

Demgegenüber blieben die DDR und Ost-Berlin die Folie, vor der sich die Bundesrepublik als das lebenswertere Land konstruierte. Der Blick auf den Osten war mitleidig, beinahe schon abstoßend, wie aus den Äußerungen Babette Neumanns hervorgeht:

> *Babette Neumann: „Das war alles sehr trostlos [...] grau in grau in grau, ich wusste gar nicht, dass es so viele verschiedene Grautöne gibt." (GD 5, Z. 184–189)*

Ihr Bericht von einer Exkursion in die DDR ist von der stereotypen Darstellung der ostdeutschen Lebensrealität geprägt. Neben der Omnipräsenz der bezeichnenden Farbe Grau schildert sie Menschen, an deren Bewegungen und Haltung man den Zustand der allgemeinen Überwachung ablesen könne. Hierzu schreibt der Kulturtheoretiker Klaus Theweleit: „Die *Abspaltung des Geschehenen aus dem eigenen* ist die wirkliche Seele, das Herz beider Deutschlands gewesen [...] das Gute daran war, daß man selbst nicht drüben war, daß heißt im jeweils Bösen (Kommunismus/Kapitalismus); die Mauer garantierte die jeweils eigene Art von Erlösung" (Theweleit, 1995, S. 24).

In der Äußerung der Teilnehmerin Agnes Fischer wird aber auch die Ambivalenz der „Insellage" deutlich, nämlich der begrenzte Raum. Die Attraktivität der Stadt sorgte für kontinuierlichen Zuzug, durch den das begrenzte West-Berlin an seine Grenzen stieß:

> *Agnes Fischer: „[…] also das war ja schon alles relativ überlaufen, das Problem war, Berlin war zu der Zeit aber noch 'ne Insel." (GD1, Z. 560–566)*

Die Deutung des besonderen Lebensraums Berlin als Insel der Freiheit und Unabhängigkeit hat sich über den Umbruch 1989/90 hinaus gehalten und verdichtet sich in der scheinbar tautologischen Feststellung über die besondere Qualität Berlins: „Dafür ist Berlin nicht Deutschland. Berlin bleibt Berlin" (GD2, Z. 71–72). Die Kontinuität der Deutung liegt in der Beschreibung Berlins als Lebensraum, der in verschiedener Hinsicht außerhalb der Gesellschaft liege und Möglichkeiten biete, die sich an keinem anderen Ort finden lassen. Diese Entwicklung wurzelt in der Teilung der Stadt und dem besonderen Status von Ost-Berlin als Hauptstadt der DDR und von West-Berlin als vorgeschobenem Brückenkopf der BRD. Das Bemerkenswerte ist hierbei die Dialektik von den im Inneren von Mauern und Begrenzungen entstandenen Freiräumen der Stadt.

3.5 Gewinn, Verlust und Entgrenzung – Hauptstadt Berlin

Der Umbruch 1989/90 verschob nicht nur das Kräfteverhältnis in der Welt grundlegend, sondern gliederte sie auch räumlich neu, wie der Historiker Schlögel bemerkt: „Nicht nur ein Imperium hatte sich aufgelöst, sondern auch der Raum, der Ostblock hieß. Nicht nur eine politische Revolution hatte sich ereignet, sondern eine „Raumrevolution", die keinen Aspekt des Lebens unberührt gelassen hatte" (Schlögel, 2003, S. 25). Diese Eruption veränderte keine Stadt so stark wie das geteilte Berlin. Mit der Mauer verschwand die bereits angesprochene Blaupause, das Jenseitige hatte aufgehört zu existieren: „In die gestern noch gegeneinander abgegrenzten Horizonte des jeweiligen kollektiven Gedächtnisses findet zurück, was gleichsam exterritorialisiert oder vergessen war, abgedrängt in das jeweils jenseits der Mauer gelegene, verteufelte oder verkannte andere Deutschland" (Reichel, 1995, S. 174). Hinzuweisen ist hier auf die enge Wechselwirkung von Geschichte, Raum und Gesellschaft, die sich in Berlin vor allem im ersten Jahrzehnt nach der Wiedervereinigung gut beobachten lässt.

Die unmittelbare Umbruchszeit ruft bei der Teilnehmerin Anne Lorenz positive Erinnerungen hervor, die aber schon den Beigeschmack der heraufziehenden gesellschaftlichen Transformation tragen. In ihrem Bericht wird deutlich, dass die erste Zeit von dem Gefühl der Freiheit, Begeisterung und Spannung begleitet wurde und unbekannte Orte entdeckt werden konnten:

> *Anne Lorenz: „[…] dann kam Mauer weg, dann war'n erstma alle hell begeistert (Bea Patel: Genau) Anne Lorenz: Drei Wochen lang (beide lachen) ja und für uns war's ja erstmal spannend, ne (Bea Patel: Mhm), so schön Hinterhof Prenzlauer Berg und man konnte machen, was man wollte, und der Rest hat uns ja erstmal nich intressiert." (GD13, Z. 154–157)*

Euphorie und spätere Resignation lagen eng beieinander, dies wird vor allem anhand biografischer Brüche deutlich. Eine Teilnehmerin aus der ehemaligen DDR, Birgit Wagner, schildert den Verlust ihres Arbeitsplatzes und das damit einhergehende

Gefühl der Entwertung. Sie verweist dabei auch auf die Schwierigkeit von Alter und Frau-Sein:

> *Birgit Wagner: „So (Eddy Stephan: Mhm) also mussten wir von von ganz von unten anfangen ja, mit über 40. Also auch als Frau viel zu alt ja, keine Chancen mehr in dieser Gesellschaft.“ (GD3, Z. 914)*

In engem Zusammenhang damit stehen auch die Aussagen zur Abwicklung der ostdeutschen Wirtschaft durch die Treuhandanstalt. Die Schließung zahlreicher Werke, Polikliniken, Schulen und Kleinbetrieben nach der Wende bezeichnet Carlheinz Wagner als „Plattmacherei“ (GD3, Z. 1038). Weiter sagt er:

> *Carlheinz Wagner: „[…] die ham das Land platt gemacht und wenn das Land erstmal platt is, dann is es unheimlich schwer, wieder was Neues aufzubaun.“ (GD3, Z. 1012–1013)*

Diese plötzlichen und tiefgreifenden Veränderungen der Lebenswelt waren Ausdruck einer umfassenden räumlich-sozialen Neugliederung der Stadt. Verschwundene Arbeitsstätten und neue Einkaufsmöglichkeiten, wiederbelebte Verkehrswege und abgerissene Altbauten veränderten das Verhältnis der Bewohner zu ihrer Stadt nachhaltig. In den 1990er Jahren gab es eine hohe Fluktuation, sowohl Umzüge über die ehemalige Grenze hinweg als auch Abwanderung in die Außenbezirke und ins Umland. Dieser Trend der *Entdichtung der Innenstadt* verlief zeitgleich mit der *Randwanderung* und *Suburbanisierung* (Häußermann, 2013, S. 130ff.). Infolgedessen entstanden Orte der sozialen Isolation, vornehmlich in den Randbezirken im Osten Berlins. Der Teilnehmer Conrad Fuchs schildert seine Wahrnehmung dieser Orte während seiner Besuche in den Siedlungen:

> *Conrad Fuchs: „Wenn ich da hinfahre, wenn ich sie besuchen fahre in Mahlsdorf in diesen Plattenbausiedlungen und so weiter, das is- da wird was anderes geatmet irgendwie.“ (GD2, Z. 459–460)*

In den Gruppendiskussionen werden die stadträumlichen Entwicklungen der drei Jahrzehnte nach 1990 thematisiert. Insbesondere die sanierungsbedürftigen Altbauviertel entlang der Mauer erfuhren eine Aufwertung, die kritisch reflektiert wird:

> *Babette Neumann: „[…] also in den 70er 80er Jahren war Kreuzberg das letzte Viertel in Berlin, mittlerweile is ja ne Highlight, leben ja nur die die ganz easy Reichen und wunderbar und alles toll und ist schon irgendwie sehr sehr skurril, dass jetzt also alles in ’n Osten gewandert is, und ja es ist irgendwie schon sehr sehr witzig und sehr da ja sehr sehr differenziert.“ (GD5, Z. 208–210)*

Die hier angesprochenen Differenzierungsprozesse im städtischen Raum führen zu Segregation und exklusiven Wohnvierteln, die „nur die die [den] ganz easy Reichen“ zugänglich sind. Eine sogenannte „Entmischung“ der Stadtteile und die Homogenisierung des Stadtzentrums, vor allem Berlin-Mitte, werden durch die Teilnehmenden konstatiert und bedauert:

> *Axel Winkler: „Wobei ich schon das Gefühl habe, dass sich also so das Zentrum von Berlin immer mehr homogenisiert in einer (Benjamin Köhler: Mhm) gewissen Art und Weise. Also wie ich nach Friedrichshain gezogen war, war halt meine Nachbarschaft halb die Hausbesetzerszene und halb die alten Ossis, die da noch wohnten, und das war irgendwie ne sehr coole Mischung." (GD11, Z. 346–350)*

Infolge der Stadtentwicklung veränderten sich nicht nur die Orte. Das Verschwinden dieser Lebensräume führte auch zum Verschwinden ihrer Bewohner und des charakteristischen Lebensstils, wie Axel Winkler sagt: „von den von den Ostberlinern ist wirklich nichts mehr übrig." (GD11, Z. 366–367). Mit dieser Sichtweise verkörperten Personen in bestimmten Räumen ein spezifisches Lebensmodell, dass durch Wegzug gänzlich verschwindet, sodass auch die Personen zu verschwinden scheinen: Von ihnen ist „nichts mehr übrig". Die Meinung, dass die Entmischung und das Entstehen von segregierten Räumen im städtischen Leben eine negative Entwicklung darstellen, findet breite Zustimmung bei den Teilnehmenden:

> *Agnes Fischer: „[...] wenn da mehr Streuung wäre, weiß ich nich, ob's anders is, aber dass das so ne geschlossenen Systeme und solche Mikrokosmen (Beate Peters: Mhm), das is natürlich für die Stadt ganz ganz böse (Claudia Lange: Total)." (GD1, Z. 594–596)*

Auch Beate Peters pflichtet dieser Aussage bei: „dass sich das wirklich komplett mischt und dann is es toll" (GD1, Z. 624–625). Die „Durchmischung" ist bemerkenswert stark normativ aufgeladen: Während die Segregation „ganz ganz böse" ist, wird der durchmischte Zustand als „toll" beschrieben. Gleichzeitig wird aber auch ein Bild von Berlin als Stadt entworfen, in der jeder „sich wohlfühlen kann und seine Ecken (Conrad Fuchs: Ja ja ja) findet (Brayan Haddad: Mhm) und sein sein Kiez hat" (GD2, Astrid Schneider, Z. 588). Diese beiden in einem Spannungsverhältnis stehenden Aspekte sind in den Gruppendiskussionen kennzeichnend für das „ideale" Berlin: Es handelt sich um eine Vielzahl von Orten, die für jede und jeden Rückzugsraum sein können und zwischen denen es dennoch zum regelmäßigen Austausch kommt.

3.6 Ein ambivalenter Schutzraum? Migrantische und jüdische Perspektiven auf 1989/1990

Mit dem Fall der Mauer verschwand nicht nur das Symbol der Teilung, sondern auch eine im Bewusstsein der Deutschen überaus präsente Erinnerung an den verlorenen Krieg. Götz Aly deutet die als „Wende" in das kollektive Gedächtnis eingegangenen Prozesse als den konstruierten Abschluss einer Epoche, mit dem die Deutschen vor allem das Ziel eines „unbeschwerten Neuanfangs" verfolgten (Aly, 1997, S. 7). Die deutsch-deutsche Wiedervereinigung vollzog sich maßgeblich unter dem Vorzeichen der *deutschen Einheit* und damit unter dem Ausschluss jüdischer und migrantischer Stimmen – diese „Marginalisierung und Unsichtbarmachung" deuten Lierke und

Perinelli als „eine Notwendigkeit auf dem (Rück-)Weg zur deutschen Identität" (Lierke & Perinelli, 2020, S. 18). Dabei zeigte sich deutlich die enge Verschränkung von Identität und Exklusion: Dem Wiedererstarken des gesamtdeutschen Kollektivs folgte der Ausschluss all jener, die nicht als zugehörig betrachtet wurden. Vor allem Migrantinnen und Migranten sowie Jüdinnen und Juden beobachteten daher die im Zuge der Einheit um sich greifende nationalistische, rassistische und antisemitische Ideologie mit Sorge. Dass ihre Ängste mehr als berechtigt waren, zeigte sich in den 1990er Jahren in Ost- und Westdeutschland: in Rostock und Mölln, in Hoyerswerda und Solingen. Besonders erschreckend waren der Aktionsradius gewaltbereiter, organisierter Neonazis und der ihnen entgegengebrachte Rückhalt in der Bevölkerung.

Der Umbruch 1989/90 markierte eine qualitativ neue Phase der Gewalt, obwohl in beiden deutschen Teilstaaten eine jeweils eigene Kontinuität von Rassismus und Antisemitismus bestand, die zum Ausgangspunkt tödlicher Gewalt werden konnte. So wird in den Gruppendiskussionen die Wendezeit aus jüdischer und migrantischer Perspektive vor allem mit einer massiven Zunahme von Gefahr in Verbindung gebracht. Die Teilnehmerin Anne Lorenz spricht die Erfahrungen ihres Ehemanns mit anti-schwarzem Rassismus in der DDR an und verweist auf die marginale Position, die schwarzen Menschen in der DDR zukam. Berlin war dabei aber immer noch ein sichererer Ort als das umgebende Brandenburg:

> *Anne Lorenz: „Mein Mann wollte gar nich raus aus Berlin. (Bea Patel: Mhm, warum?) Es is, also es liegt an seiner Hautfarbe, der wollte nich nach Brandenburg [...] unschöne Erlebnisse, sagen wir ma so (Bea Patel: Mhm, setzt zum Sprechen an). In den 90er Jahre [...], wenn Sie da als Einziger sag ich ma Farbiger auf ner Strecke, weiß ich nich, im Radius von so viele es gab in der DDR niemanden." (GD13, Z. 826–838)*

Auffällig ist, dass sie die Schilderung der rassistischen Vorfälle selbst meidet und sie nur als „unschöne Erlebnisse" andeutet. Dieselbe Formulierung verwendet auch ihre Gesprächspartnerin Bea Patel, die deutlich jünger als Anne Lorenz ist und die Situation auch für Berlin deutlich anders bewertet:

> *Bea Patel: „Mein Vater hat ja auch ne dunkle Hautfarbe (Anne Lorenz: Mhm), der is Pakistani und der sagt, also die Ausländerfeindlichkeit hätte schon zugenommen, also er erlebt da schon immer wieder blöde Sprüche oder unschöne Situationen." (GD13, Z. 842–844)*

Die Formulierung „unschön", hinter der sich sehr wahrscheinlich gewaltsame Erfahrungen verbergen, verweist vielmehr auf ein gesellschaftliches als ein individuelles Problem der Auseinandersetzung. Der Mangel an offener Thematisierung korrespondiert mit dem zumindest subjektiv empfundenen Desinteresse der Mehrheitsbevölkerung an der Gefährdung von als „nicht-deutsch" klassifizierten Menschen.

Die Teilnehmerin Carola Aydin, die mit ihrer Familie seit über 30 Jahren in Berlin lebt, schildert die Kontinuität rassistischer Erfahrungen und erlebte die Zeit nach 1989 als tiefgreifende Zäsur:

> *Carola Aydin: „[…] ich bin wachgeworden und ich hab gedacht, ich muss was unternehm', weil ich hab sehr viel durchgemacht in den 70er Jahren, in den 80ern is es besser geworden (Arslan Kaya: Mhm), dann kam die Wende, dann is es extrem wieder schlimmer geworden." (GD10, Z. 1096–1099)*

Die Schilderungen von Carola Aydin belegen nicht nur die Häufigkeit, sondern vor allem die Alltäglichkeit rassistischer Vorfälle. Entscheidend ist dabei, dass die politischen Kräfteverhältnisse von den marginalisierten Personen eine beständige Neubewertung ihrer Gefährdungslage verlangen und dass die ultima ratio, nämlich das Land zu verlassen, jederzeit eine denkbare Option ist:

> *Carola Aydin: „[…] ich und meine Tochter und ihr Mann, wir reden öfters darüber. Wenn das mit dem Rassismus nicht besser wird, ist die Überlegung, obwohl wir Berlin lieben, es zu verlassen, also ins Ausland zu gehen, beispielsweise Türkei." (GD10, Z. 63–66)*

Bemerkenswert ist, dass Frau Aydin offenbar schon so lange in Deutschland lebt, dass sie *nicht* darüber nachdenkt, in *ein Herkunftsland zurückzukehren*, sondern *ins Ausland zu gehen*. Die offenbar sehr lose Beziehung zum potenziellen Exil Türkei wird durch die Relativierung „beispielsweise" nochmals unterstrichen. Das distanzierte Verhältnis steht in starkem Kontrast zu ihrem Wohnort Berlin, den sie „liebt". Diese Erfahrung – die Alltäglichkeit der Ausgrenzung, die jederzeit gewaltförmig werden kann – teilen Migrantinnen und Migranten mit Jüdinnen und Juden. Auch die jüdische Berlinerin Dana Fellner trägt sich zeitweise mit dem Gedanken wegzugehen: „Manchmal denk ich guck ich mein Koffer an und denk, okay geh doch woanders hin." (GD8, Z. 476–477; für weitere Ausführungen zu Antisemitismus aus Betroffenenperspektive siehe Kapitel 7). Die Möglichkeit, gegebenenfalls Deutschland zu verlassen, ist nicht nur dauerhaft präsent, sondern zeigt auch die grundlegende Differenz zwischen der Mehrheitsgesellschaft und den von ihr Ausgeschlossenen – das Fehlen der Selbstverständlichkeit, auf Dauer ohne Angst um die eigene Sicherheit Teil der Gesellschaft sein zu können. Dana Fellner setzt sich dafür ein, dass Berlin eine „offene Stadt" ist und bleiben soll. Für sie steht fest, dass dieser Zustand nicht selbstverständlich ist und erkämpft werden muss:

> *Dana Fellner: „[…] das heißt, ich muss mich einsetzen und vernetzen und also zum Beispiel mit den Frauen vom deutschen arabischen Zentrum hat mein Frauenverband auch ne Kooperation. Also wir machen sehr viel religionsübergreifend (Bertha Schulze: Mhm) zu Frauenthemen oder (U: Mhm) also einfachs-einmal zusammen zuwachsen und zusammenzusteh'n." (GD8, Z. 436–438)*

Für Dana Fellner ist es wichtig, Allianzen zu bilden: Die gemeinsame Betroffenheit wird zum Ausgangspunkt einer Zusammenarbeit. Trotz religionsbezogener Differenzen ist es ihr wichtig zu betonen, dass diese Zusammenarbeit auch den Charakter der gegenseitigen Solidarität trägt. Zu der Alltäglichkeit der Bedrohung, die Migrantinnen und Migranten sowie Jüdinnen und Juden erleben, gehört das Meiden bestimmter Räume, wie Dana Fellner schildert:

> *Dana Fellner: „Ja genau, da fing das an, dass plötzlich hieß, wie unsichere unsafe areas gäbe es (Bertha Schulze: Mhm) und dann gab (Bertha Schulze: Ja ja) es ne riesenweite stadtweite Diskussion und natürlich es gibt ein Straße quasi da um Magdalenenstraße in Lichtenberg (U & Bertha Schulze: Mhm) hinterm Bahnhof, also da sind ja nach der Wende ganz viele Nazis in Woh- in WGs reingezogen." (GD8, Z. 380–384)*

Deutlich wird hier, wie sich die persönliche Freizügigkeit anhand von mitunter auch ungewollter Gruppenzugehörigkeit und dem Potenzial der gewaltbereiten Rechten orientiert. Bemerkenswerter ist aber die Differenzierung zwischen den verschiedenen Perspektiven, die sich unter dem Schlagwort „ambivalenter Schutzraum" zusammenfassen lassen. Während für den in der DDR geborenen Schwarzen Ehemann der Diskussionsteilnehmerin Anne Lorenz Berlin der lebenswerte Ort ist, der Schutz verspricht, teilen andere diese Ansicht nur bedingt. Die deutlich jüngere Diskussionsteilnehmerin Bea Patel thematisiert die anhaltend hohe Gefährdung in der gesamten Stadt, wichtig dürfte hierbei vor allem der Erfahrungshintergrund der befragten Personen sein. Unter dem Gesichtspunkt der gewaltsamen Übergriffe spielen vor allem die 1990er Jahre und die No-go-Areas eine große Rolle. Dabei ist der Unterschied zwischen rassistischer und antisemitischer Diskriminierung nicht entscheidend, wie Dana Fellner bestätigt:

> *Dana Fellner: „[…] da gibts auch bestimmte drei vier fünf Läden, die die haben, das ganz klar, dass da niemand reingeht, und da hat auch schon 'n Dönertyp zugemacht, 'n Kurde zugemacht." (GD8, Z. 386–388)*

Die geteilte Bedrohungssituation schafft Aufmerksamkeit – nicht nur für die erwähnte Ladenschließung im Zusammenhang mit den unsicheren Räumen, sondern auch für die Herkunft des Inhabers. Unter dem Gesichtspunkt der Diskriminierung wird vornehmlich die gesamte Stadt als problematisch gesehen, wobei diese Deutungen immer stark von den gemachten Erfahrungen abhängen. Am deutlichsten tritt aber die Differenz zur Mehrheitsbevölkerung hervor, von der Berlin oftmals als „Insel der Glücklichen" (GD11, Z. 850) oder „ruhige Insel" (GD8, Z. 400) beschrieben wird. Dana Fellner hingegen sagt, sie habe „noch nie auf 'ner ruhigen Insel gelebt" (GD8, Z. 402).

3.7 Gegenwärtige Perspektiven: Die Insel Berlin im rechten Osten?

In keiner anderen deutschen Stadt können die politisch-geografischen Veränderungen im öffentlichen Raum besser nachvollzogen werden als in Berlin. Die Trennung hat sich aber nicht nur in die Stadt, sondern auch in ihre Bewohner eingeschrieben. Über 30 Jahre nach dem Ende der DDR zeigen sich nicht nur Auflösungserscheinungen der Ost-West-Dichotomie, sondern auch die Persistenz dieser jahrzehntelangen Realität im Alltag der Menschen.

Bei der Rezeption des Materials stellt sich die Auseinandersetzung mit der deutschen Teilung als wiederkehrendes Motiv heraus. Sowohl auf manifester Ebene – worüber gesprochen wird – als auch in der Interaktion der Teilnehmenden gibt es Verweise zu Herkunft und Erfahrungen, die einen Ost-/West-Bezug haben und eine Differenz zwischen den Teilnehmenden markieren. Einige Teilnehmer beurteilen den teleologisch gedachten Prozess nach 1989 als bereits abgeschlossen: „aber in meiner Generation empfind ich das als verschmolzen" (GD2, Astrid Schneider, Z. 887). Die Metapher des „Verschmelzens" betont den organischen Charakter des Vorgangs, an dessen Ende die vorherigen Unterschiede verschwunden sind. Berlin nimmt in dieser Hinsicht eine Vorreiterrolle ein, weil es wie keine andere deutsche Stadt durch Ost- und Westdeutsche bzw. ihre Nachkommen geprägt ist. Entscheidend ist dabei auch, dass das „Verschmelzen" eine neue Qualität hervorbringt, wie an der Etymologie der Metapher „melting pot" nachvollzogen werden kann.

Der ehemalige Grenzverlauf scheint bei der aktiven Stadtaneignung der Teilnehmerin Angelika Roth nicht mehr handlungsleitend zu sein. Diese konkrete Aneignung des Raumes vollzieht sich unabhängig von der Ost-West-Dichotomie, die keinen unmittelbaren Einfluss mehr auf die Nutzung des Stadtgebietes hat:

> *Angelika Roth: „[…] nämlich ich benutze diese Stadt, glaub ich, einmal komplett, seit seit diese Teilung weg ist, wunderbar, ich guck mir alles im Osten an, ich guck mir alles im Westen an." (GD3, Z. 1348–1350)*

Im Kontrast dazu sprechen andere Teilnehmende von ihrem Unbehagen gegenüber anderen Stadtbezirken, die außerhalb des eigenen Wohnumfelds liegen. Die ehemaligen Grenzen scheinen inkorporiert: Sie verursachen Gefühle von Fremdheit und Unwohlsein und prägen die Wahrnehmung des *Anderen*. Während die Teilnehmerin Angelika Roth die erlangte Freizügigkeit schätzt und lustvoll die Stadt erkundet, liegt dies für Brigit Wagner im Bereich des Unvorstellbaren:

> *Birgit Wagner: „[…] es is wirklich äußerst spannend, mal wieder hier zu sein, und ich muss sagen, ich hab immer noch Probleme, wenn wir mal unsern unsern Bereich, sag ich mal, unsern Kiez verlassen und dann in den sogenannten Westen fahrn, ja also das ist für mich immer noch irgendwie (Carlheinz Wagner: räuspert sich) was völlig anderes, völlig abwegig irgendwie für mich." (GD3, Z. 82–86)*

Dabei dürfte für den größten Teil der alteingesessenen Berliner die aktiv erlebte Zeit nach dem Mauerfall größer sein als die Episode der geteilten Stadt. Dennoch betonen ebenso vehement auch Bewohner des ehemaligen West-Berlins die große Differenz zum anderen Teil der Stadt, die inzwischen schon über 30 Jahre eine gemeinsame ist:

> *Agnes Fischer: „Ich mein, ich werd ja als alter Wessi auch nich in 'n Ostbezirk ziehen, is einfach so (lachen), da komm ich mir heut noch fremd vor." (GD1, Z. 572–573)*

Die von den Teilnehmenden reproduzierte Differenz beruht darauf, dass ihre eigene Identität maßgeblich durch ihr Aufwachsen im Ost- bzw. Westteil der Stadt geprägt wurde: „ich bin nu 'n Westberliner durch und durch" (GD12, Carsten Schmitz, Z. 526). In dieser Wahrnehmung stehen sich zwei Kulturen gegenüber, deren kollektive Charakterzüge sich mehr oder minder stark an jedem einzelnen Mitglied finden lassen.

Es handelt sich um eine *imagined community* (Anderson). Ein Teilnehmer berichtet von seinen unterschiedlichen Erfahrungen mit der zentralen Kategorie „Arbeit":

> *Benjamin Köhler: „[…] es wurde im Osten immer eher gefragt, hast du 'n Job, und in Nürnberg war immer die Frage, was machst du? Es war ganz klar, (U: Mhm) dass du arbeitest, aber es musste was ganz Aufregendes oder super Bezahltes sein, und im Osten war das viel wichtiger, dass eben so Lebensgrundlagen gesichert war'n." (GD11, Z. 571–575)*

Die Deutung von Benjamin Köhler beruht auf der Assoziation des Westdeutschen mit Karrierestreben, Erfolg und Repräsentanz. Demgegenüber steht die ostdeutsche Vorstellung der Arbeit, die von Genügsamkeit und Stabilität geprägt ist. Die Schilderung verweist auch auf die materiell deutlich besseren Bedingungen im ehemaligen Westdeutschland und die im Osten stark verankerte Erinnerung an die Folgen der Transformation nach 1989.

Vor allem bei dem Themenkomplex „Herausforderungen für die Demokratie/Aufstieg des Rechtsradikalismus" wird die räumliche Deutung herangezogen und politische Probleme „verortet", dabei spielt die Ost-West-Achse eine bemerkenswerte Rolle. Auch innerhalb der Stadtgrenzen von Berlin werden Grenzen gezogen, die stellvertretend verschiedene politische Milieus kennzeichnen. Ausdruck davon ist hierbei beispielsweise die *Ringbahngrenze*, hinter der vor allem ostwärts die Rechten lauern (GD11, Z. 740). Berlin wird aber auch in Kontrast zu seiner Umgebung gesetzt. Wie der Teilnehmer Axel Winkler beschreibt, wird Berlin als idealer Ort gedacht, der im Vergleich zum restlichen Land von den politischen Entwicklungen scheinbar verschont bleibt:

> *Axel Winkler: „Es gibt natürlich ein gewisses Gefühl der allgemeinen politischen Situation, wo man so da zunehmend das Gefühl hat, dass man in Berlin halt auf so in so einer Insel der Glücklichen lebt (Christopher Klein: Ja) (Benjamin Köhler: Mhm) und das rundrum in Deutschland allmählich (U: allmählich) die Sache den (Benjamin Köhler: Mhm) Bach hinuntergeht." (GD11, Z. 848)*

Durch die imaginäre Grenzziehung wird das politische Problem an den Rand und über ihn hinweg verortet. Dazu schreibt Schroer: „Schlimmer noch wird es, wenn der Rand nicht bleibt, wo er ist, sondern sich ausdehnt und hineinragt, in das Zentrum, dieses schützenswerte Gut, zu dem es geworden zu sein scheint" (Schroer, 2006, S. 242). Neben der Verortung am Rand spielt vor allem die Verschiebung des politischen Problems in den realen oder konstruierten „Osten" bzw. auf seine Bewohner eine Rolle. Damit kann das Plattenbauviertel im Osten der Stadt ebenso gemeint sein wie die Bürger der ehemaligen DDR. Diese Verlagerung erfüllt vor allem die Funktion, das Problem vom eigenen Lebensumfeld fernzuhalten und die eigene Involvierung zu relativieren. So wird das Gebiet „Richtung Osten" von der Teilnehmerin Astrid Schneider nicht nur als spießig charakterisiert, sondern sie sieht sich auch veranlasst, diese Verortung von Rassismus und Homophobie indirekt zu bestätigen:

Astrid Schneider: „Nee, aber du hast natürlich grade also Richtung Osten haste dann Spießigkeit – Natürlich natürlich im Osten (Conrad Fuchs: Mhm), das hat, das hat schon ein andere ein andere Flux- ein andere Flow da, das is (Conrad Fuchs: Mhm) das is klar, aber es gibt auch Leute da, die überhaupt nicht rassistisch sind oder (Conrad Fuchs: Ja, das stimmt) schwul- äh feindlich sind oder so. Sind im Plattenbau nur scheiße?" (GD2, Z. 484–488)

Es wird eine assoziative Verbindung sichtbar, die *den Osten* mit Plattenbauten und vornehmlich antidemokratisch eingestellten Bewohnern verknüpft. So ergibt sich zwischen Astrid Schneider und Brayan Haddad ein kurzer, aufschlussreicher Wortwechsel über die Verortung dieses „rechten Ostens":

Astrid Schneider: „Aber Marzahn-Hellersdorf (Brayan Haddad: Ja, aber das is nicht, das ist nicht in Berlin) is natürlich das is ja nu auch 'n Schwerpunkt russische Spätsiedler und dass die sind alle stramm AfD, die finden das ganz toll (Brayan Haddad: Ja ja) Ja." (GD2, Z. 543–552)

Bemerkenswert ist hierbei die doppelte Exklusion: Der versuchten Etikettierung von Marzahn-Hellersdorf als *nicht zu Berlin gehörig* wird von einem anderen Teilnehmer widersprochen, woraufhin Astrid Schneider das politische Problem des erstarkenden Rechtsextremismus *Menschen aus dem Osten* anlastet. In ähnlicher Art identifiziert der Teilnehmer Arslan Kaya die Wähler der AfD mit denjenigen DDR-Bürgern, die sich an die neuen Bedingungen nicht anpassen konnten:

Arslan Kaya: „[…] im Grunde sind das ziemlich dieselben Leute, die, wie sie sagt, sich missverstanden gefühlt haben (U: Mhm), die aus der DDR kommen, die nich den Anschluss gefunden haben, in der Arbeitswelt." (GD10, Z. 707–713)

Die Soziologin Katharina Warda hat für diese Dynamik den Begriff „Dunkeldeutschland" aufgegriffen, der mit mangelhafter Entwicklung und politischer Instabilität in Verbindung gebracht wird. Diese dichotome Konstruktion erfüllt die Funktion der Entlastung, indem Unliebsames und Störendes in der „Dunkelheit des Ostens" verschwinden soll, von dem sich das helle Deutschland abgrenzen kann.[1] Ein bemerkenswertes Beispiel hierfür ist die Bemerkung von Astrid Schneider:

Astrid Schneider: „Wir als Westberliner mögen säs- sächsisch nicht so gerne (U: Mhm / U: lacht leise), weil die VoPos halt, die die Grenzkontrollen gemacht ham', alle aus Sachsen kamen (U: Mhm) und wenn Sie also einem Westberliner sächsisch kommen, da stell'n sich einem die Nackenhaare." (GD2, Z. 90–93)

Die historische Erfahrung der Teilung Berlins schlägt sich in dem unangenehmen Erlebnis der Grenzkontrolle nieder, die vermeintlich ausschließlich von Polizisten aus Sachsen durchgeführt wurde. Diese erscheinen als tragende Stütze des DDR-Grenz-

---

1 Kritik an dieser Metapher verweist auf die Engführung des Begriffs, indem beispielsweise die Benennung von Rassismus und seiner Kontinuität oder die Analyse autoritärer Dynamiken vor einer generalisierten Abwertung (Katharina Warda) des Ostens in den Hintergrund rückt.

regimes und erinnern bis heute an dieses Ärgernis, das stellvertretend für die komplexe deutsch-deutsche Geschichte steht. Der Umgang mit dem Problem ist wiederum der bereits skizzierte: Das politische Problem wird *ent-fernt* bzw. weit weg, das heißt *im Osten* verortet.

3.8 Fazit

In der Analyse der Gruppendiskussionen sind verschiedene Erfahrungsräume sichtbar geworden, in denen die enge Verschränkung von biografischen Erzählungen, historischen Ereignissen und urbanem Raum deutlich wurde.

Die rahmende historisch-politische Narration ist die des *erfolgreichen deutschen Wiederaufstiegs*, hinter der nicht nur die nationalsozialistische Barbarei, sondern auch die DDR-Geschichte zu verschwimmen droht. Kritisch zu sehen ist in diesem Zusammenhang die Wiederaufnahme architektonischer Traditionen, die historisch eng mit dem deutschen Imperialismus verbunden sind, wie etwa das Berliner Schloss.

Die Zeit der Teilung hat sowohl den Ost- als auch den Westteil Berlins zu einem besonderen Ort gemacht, der für viele Teilnehmende Freiraum, Kreativität, und Anderssein bedeutete. Diese Aspekte werden mit der räumlichen Metapher der „Insel" verbildlicht, die immer noch die Gegenwartsbeschreibungen Berlins prägt. Dieses Bild scheint angesichts der massiven Veränderungen der letzten Jahrzehnte bemerkenswert ungebrochen. Berlin gilt wie keine andere deutsche Stadt als Raum für utopische Ideen und Experimentierfeld für vielfältige Subkulturen. Von diesem Image profitiert die Stadt bis heute immens, obwohl die realen Möglichkeitsräume zunehmend eingeschränkt werden – diesem Prozess sollte eine konsequente Politik der allgemeinen Zugänglichkeit entgegengesetzt werden.

Die Auswirkungen der tiefgreifenden Umwälzung 1989/90 wurden zwar unterschiedlich beschrieben, es zeigte sich aber eine weitgehend einhellige und kritische Beurteilung der sozialräumlichen Veränderungen in der gesamten Stadt. In demselben Zusammenhang scheint aber auch ein utopisches Narrativ auf, nämlich eine Balance der individuellen Rückzugs- und kollektiven Begegnungsorte. Voraussetzung dafür wäre nicht nur eine entschlossene sozialpolitische Regulierung des Wohnungs-, sondern auch des Arbeitsmarkts.

Im Narrativ der deutschen Mehrheitsgesellschaft über den politischen Umbruch 1989/90 gibt es eine Repräsentationslücke von migrantischen und jüdischen Erfahrungen. Diese stehen in deutlichem Gegensatz zur Erinnerung des deutschen Normkollektivs, weil sie sich vor allem auf eine zunehmende Gefahr in den 1990er Jahren beziehen. Die Gemeinsamkeit der jüdischen und migrantischen Perspektiven ist das unbestimmte Gefühl stetiger Bedrohung, aber auch der Sicherheit im Verhältnis zu anderen Orten: Berlin ist ein *ambivalenter Schutzraum*. Teil dieser Erfahrungen ist der nur lückenhafte Schutz des Staates, der sich in der permanent präsenten Option der Flucht ausdrückt. Eine glaubwürdige Alternative müsste nicht nur den weitreichenden Schutz von als nicht-deutsch gelesenen Menschen garantieren, sondern auch die konsequente Aufklärung rassistischer und antisemitischer Verbrechen einfordern.

Die im letzten Kapitel reflektierte *Territorialisierung von Politik* zeigt ein dialektisches Verhältnis der Auflösung und Persistenz von Ost-West-Stereotypen. Besonders stark wurde auf diese als Erklärungsansatz zurückgegriffen, um das politische Problem des Rechtsradikalismus zu verorten. Der Abbau der Identitätskategorien Ost und West wird sich nicht von allein vollziehen, sondern erfordert politisches Vorgehen. Dieses müsste vor allem in der allgemeinen und glaubwürdigen Versicherung bestehen, dass die eigenen Karrierechancen nicht von der Herkunft abhängig sind.

Die geschilderten Probleme eint, dass politisches Handeln nicht nur geboten ist, sondern auch sehr vielfältig sein kann. Fortschritte kann es vor allem geben, wenn Bewohnerinnen und Bewohner in die Lage versetzt werden, sich den urbanen Raum aktiv aneignen zu können.

Literatur

Aly, G. (1997). *Macht, Geist, Wahn. Kontinuitäten deutschen Denkens.* Berlin: Argon.

Decker, O. (2015). Narzisstische Plombe und sekundärer Autoritarismus. In O. Decker, J. Kiess & E. Brähler (Hrsg.), *Rechtsextremismus der Mitte und sekundärer Autoritarismus.* Gießen: Psychosozial-Verlag.

Decker, O. (2016). Siedlungen. In O. Decker, F. Berger & F. Haberkorn (Hrsg.), *Vom KZ zum Eigenheim. Bilder einer Mustersiedlung.* Springe: zu Klampen.

Diner, D. (2002). *Feindbild Amerika. Über die Beständigkeit eines Ressentiments.* Berlin: Propyläen.

Diner, D. (2004). Der Sarkophag zeigt Risse. Über Israel, Palästina und die Frage eines „neuen Antisemitismus". In D. Rabinovici, U. Speck & N. Sznaider (Hrsg.), *Neuer Antisemitismus? Eine globale Debatte* (S. 310–329). Frankfurt a.M.: Suhrkamp.

Figlio, K., & Richards, B. (2003). The Containing Matrix of the Social. *American Imago*, 60, 407–428.

Häußermann, H. (2013). *Berlin: Von der geteilten zur gespaltenen Stadt? Sozialräumlicher Wandel seit 1990.* Wiesbaden: VS Verlag für Sozialwissenschaften.

Lappin, E., & Schneider, B. (Hrsg.) (2001). *Die Lebendigkeit der Geschichte. (Dis-)Kontinuitäten in Diskursen über den Nationalsozialismus.* St. Ingbert: Röhrig.

Lierke, L., & Perinelli, M. (2020). *Erinnern Stören: Der Mauerfall aus migrantischer und jüdischer Perspektive.* Berlin: Verbrecher Verlag.

Lohl, J. (2011). Das psychische Erbe des Nationalsozialismus. Ein psychoanalytischer Beitrag zur Generationenforschung. In M. Brunner, J. Lohl, R. Pohl & S. Winter (Hrsg.), *Volksgemeinschaft, Täterschaft und Antisemitismus. Beiträge zur psychoanalytischen Sozialpsychologie des Nationalsozialismus und seiner Nachwirkungen* (S. 195–226). Gießen: Psychosozial-Verlag.

Mitscherlich, A. (1965). *Die Unwirtlichkeit unserer Städte.* Frankfurt a.M.: Suhrkamp.

Reichel, P. (1995). *Politik mit der Erinnerung. Gedächtnisorte im Streit um die nationalsozialistische Vergangenheit.* München: Hanser.

Schlögel, K. (2003). *Im Raume lesen wir die Zeit. Über Zivilisationsgeschichte und Geopolitik.* München: Hanser.

Schroer, M. (2006). *Räume, Orte, Grenzen. Auf dem Weg zu einer Soziologie des Raums.* Frankfurt a. M.: Suhrkamp.

Theweleit, K. (1995). *Das Land, das Ausland heißt: Essays, Reden, Interviews zu Politik und Kunst.* München: Deutscher Taschenbuch Verlag.

Wright, D. L. S. (2018). Spatialisation and the Fomenting of Political Violence. In S. Krüger, K. Figlio, B. Richards (Eds.), *Fomenting Political Violence* (S. 167–187). Cham: Palgrave Macmillan.

Julia Schuler, Henriette Rodemerk, Kazim Celik und Kim Hesch

4 „Das geht alles am Volk vorbei"

Motive und Widersprüche in plebiszitären Forderungen

Versuche, Handlungsfähigkeit herzustellen, und Fragen nach Teilhabe oder Ausschluss tauchen als wiederkehrende Themen in den verschiedenen Kapiteln dieses Berichtbandes auf. Von den befragten Berlinerinnen und Berlinern wurden vielfältige Perspektiven geteilt, wie das politische Miteinander gestaltet werden sollte, und es wurde berichtet, in welcher Form die Teilnehmenden selbst politisch und zivilgesellschaftlich aktiv werden. In diesem Kapitel beschäftigen wir uns mit Forderungen nach direktdemokratischen Elementen und der Wahrnehmung eines fehlenden Einbezugs des „Volks"[1] in politische Entscheidungsprozesse. Dabei wurde von den Teilnehmenden eine Reihe verschiedener Forderungen thematisiert: von einzelnen plebiszitären Elementen bei einer Beibehaltung der repräsentativen Demokratie bis hin zu weiter reichenden Vorstellungen von direkter Demokratie als Herrschaftsform, bei welcher statt eines Repräsentativsystems die politische Macht direkt durch das Volk ausgeübt werden soll. Die direktdemokratischen Forderungen umfassten dabei konkrete Vorstellungen wie Volksabstimmungen, Volksentscheide, Volksbegehren oder etwa eine Demokratie nach Schweizer Vorbild wie auch unspezifische Forderungen, die sich auf eine Entmachtung der politischen Repräsentantinnen und Repräsentanten beziehen. Sowohl in den Gruppendiskussionen selbst als auch in den anschließenden Interpretationsgruppen kam es in diesem Zusammenhang zu Auseinandersetzungen um „legitime" und „unangebrachte" Forderungen sowie um „demokratisierende" und „antidemokratische" Tendenzen. Die Verhandlungen lösten unter den Teilnehmenden Irritationen aus und waren von Reaktionen des Misstrauens und Widerspruchs begleitet. Wenn Forderungen nach Elementen direkter Demokratie in den Diskussionsrunden eingebracht wurden, führte dies nicht selten zu Versuchen anderer Gesprächsteilnehmender, eben jene Forderungen sogleich abzuwehren, als illegitim zu bewerten oder das demokratische System – in seiner bestehenden Form – gegen die plebiszitären Forderungen zu verteidigen. In den Interpretationsgruppen, die das Material diskutierten, wiederholten sich sowohl das Misstrauen gegenüber diesen Forderungen wie auch Tendenzen, die Teilnehmenden

---

1 Am Begriff des Volks zeigt sich bereits ein Spannungsfeld dieses Kapitels. So kann er auf „Demos" als Souverän bezogen werden und meint dann „die verfassungsrechtlich bestimmte heterogene Ansammlung von Individuen, die in dem geopolitischen Raum einer Staatsnation zusammenleben" (Lohl et al., 2019, S. 5). Demgegenüber stehen Vorstellungen eines „Ethnos", wie sie sich in einigen der Ausführungen der Teilnehmenden zeigten und in denen sich der Rekurs des Volksbegriffs auf ein homogen-imaginiertes Kollektiv gleicher Ethnie vollzieht, der mit einer Markierung anderer als „Fremde" und deren Exklusion aus der „Volksgemeinschaft" einhergeht (ebd.). In den Diskussionen fand sich das Sprechen von den „Bürgern", dem „Volk", der „Bevölkerung", aber auch den „kleinen" oder „einfachen Leuten" in der Gegenüberstellung zu den politischen Vertretern und „der Politik".

mit ihren Forderungen ernst zu nehmen und die Legitimation dieser Forderungen zu bekräftigen. Es wiederholten sich Dynamiken der Legitimierung und Delegitimierung der politischen Forderungen, wie wir sie auch in den Diskussionsrunden selbst vorfanden. Hierbei zeigte sich, dass insbesondere Identifizierungen und Zugehörigkeiten, die mit den Diskussionsteilnehmenden geteilt wurden (ost- bzw. westdeutscher Sozialisationshintergrund, Geschlechtszugehörigkeit sowie eigene Migrationsgeschichten), einen wesentlichen Einfluss darauf ausübten, ob im Rahmen der Interpretationsrunden für die Positionen der Diskussionsteilnehmenden Partei ergriffen wurde oder diese abgelehnt wurden.[2] Nicht immer waren diese Positionierungen dabei konkordant. So zeigte sich etwa, dass eine Teilnehmerin der Interpretationsgruppe während der Auswertung einer Gruppendiskussion die Forderungen eines ostdeutschen Teilnehmers in dieser Runde, Carlheinz Wagner, gerade vor dem Hintergrund ihrer eigenen Erfahrungen in der DDR kritisch hinterfragte. An anderer Stelle fielen geteilte Erfahrungsräume wiederum zusammen, etwa im Hinblick auf die wahrgenommene Verbindung von Emotionalität und Weiblichkeit und illegitim erlebten Zurückweisungen der Forderungen von Birgit Wagner und Carola Aydin. In dieser Dynamik deuten sich zugleich zwei Elemente an, welche auch in den Diskussionsrunden der Kontroverse um plebiszitäre Forderungen latent zugrunde lagen: Erstens, die Bestimmung dessen, wer im Rahmen plebiszitärer Forderungen eigentlich als der stimmberechtigten Gruppe zugehörig erlebt wird und wer nicht. Sowie zweitens, die Bedeutung von Wut, Zorn und Enttäuschung als emotionale Triebkräfte der plebiszitären Forderungen.

Ausgehend von dieser Beobachtung möchten wir im vorliegenden Kapitel der Frage nachgehen, was in den plebiszitären Forderungen manifest und latent enthalten ist und was mit ihnen assoziiert wurde, sodass es zu den genannten Widersprüchen diesen gegenüber kam. Dabei rücken zunächst zwei Gruppendiskussionen in den Fokus, in welchen plebiszitäre Forderungen und die Wahrnehmung einer Entkoppelung „der Politik" von den „einfachen Leuten" stark durch einzelne Teilnehmende eingebracht wurden und intensivierte Auseinandersetzungen und Positionierungen der weiteren Mitdiskutierenden auslösten.

Wir wollen betrachten, welche Motive und Vorstellungen von Gesellschaft hinter den Forderungen nach plebiszitären Elementen, aber auch dem Wunsch nach Abstrafung der „politischen Eliten" ausgemacht werden können. Es wird dabei nicht darum gehen können, die Angemessenheit oder Implementierbarkeit plebiszitärer Forderungen im Allgemeinen oder die der jeweils konkret eingebrachten Forderungen zu diskutieren. Stattdessen geht es um die psychosoziale Dynamik dieser Forderungen. Es wird ein Verständnis für die Ursprünge eben jener Forderungen entwickelt, und für dieses Verständnis ist es zentral, dass sie von anderen Teilnehmenden als Bedrohung der Demokratie erlebt wurden und Widerspruch hervorriefen. Die Forderungen sollen als Ausdruck von Partizipationswünschen ernst genommen werden, ohne dabei aus dem Blick zu verlieren, dass sie nicht widerspruchsfrei sind. In diesen beiden ersten

2 Die Wahrnehmung und Reflektion eigener Positionen und auch emotionaler Involviertheit aufseiten der Interpretierenden ist ein wesentliches Element der tiefenhermeneutischen Vorgehensweise (siehe Kapitel 1).

Diskussionsrunden zeigte sich deutlich, dass das Misstrauen den eingebrachten Forderungen gegenüber vor allem aus den oben bereits angeführten zwei Quellen rührt: Zum einen zeigte sich eine Ablehnung aufgrund der starken Affektiertheit, mit welcher die Forderungen eingebracht wurden. Zum anderen rief insbesondere die Konstruktion homogener Kollektive Misstrauen hervor, die mit dichotomen Gegenüberstellungen eines „Demos" und der „politischen Elite" sowie der personifizierten Zuschreibung von Schuld und Identifikation von „Sündenböcken" einherging. Diese Elemente, welche in den beiden Diskussionen noch weitgehend in der Latenz lagen und dennoch zu Widerspruch führten, zeigten sich weitaus ungebrochener in einem Interview und einer Diskussionsrunde, auf die im zweiten Teil dieses Kapitels eingegangen wird. Anders als in den erstgenannnten Diskussionsrunden kam es in der letztgenannten jedoch nicht zu Widerrede oder Versuchen der Einhegung von Empörung, was auch die manifeste Äußerung von Ressentiments und Vorurteilen in dieser Diskussionsgruppe ermöglichte. Was in den ersten Diskussionen in der Latenz angelegt ist, fand in dieser Diskussionsgruppe und dem Einzelinterview eine manifeste Äußerung. Innerhalb dieser Gespräche wurde ein antidemokratisches Potenzial deutlich, welches mit völkischen Vorstellungen und aggressiven Impulsen einherging. Schließlich zeigte sich in diesen Gesprächen, dass es vornehmlich nicht um „Volksherrschaft" im Sinne einer Selbstermächtigung des „Volkes" als politischen Akteur geht, sondern in den Forderungen vielmehr eine Dynamik von Inklusion und Exklusion ihren Ausdruck findet.

4.1 Partizipationswünsche und Demokratiedebatte

In den ersten beiden Gruppendiskussionen, die näher betrachtet werden, finden sich jeweils Teilnehmende, die selbst politisch aktiv sind und Forderungen nach direktdemokratischen Abstimmungsprozessen in Bezug auf ihr jeweiliges Anliegen vorbringen. Im Fall von Carola Aydin (GD10) treten die Forderungen nach Volksabstimmungen in Reaktion auf ein erlebtes Tatenlosbleiben der Politik hinsichtlich Rassismus und Volksverhetzung auf. Als „Kind der 70er" (Z. 60) mit Migrationsgeschichte erlebte sie von klein auf Rassismus in Deutschland, mit der Wende habe der „ganze Mist von vorne" angefangen (Z. 62–63). Dass „die AfD und ähnliche Parteien ihre Meinung frei äußern dürfen" (Z. 67–68), erlebt sie trotz bestehender Gesetze als tolerierte Volksverhetzung und fühlt sich von der Politik im Stich gelassen. Die „Politik greift da auch nicht wirklich ein, die lassen die einfach zu" (Z. 74). Sie selbst sei „wach geworden" (Z. 1097), habe „die Nase voll davon" (Z. 1105), dass so wenig gegen Rechtsextremismus unternommen werde, und engagiere sich nun selbst, damit ihre Kinder und Enkelkinder „sowas" nicht mehr durchmachen müssen (Z. 1004).

Im zweiten Fall (GD3) werden direktdemokratische Verfahren von dem teilnehmenden Ehepaar Wagner eingebracht. Carlheinz und Birgit Wagner engagieren sich gegen die Umsetzung eines großflächigen Infrastrukturprojektes in Berlin. Im Rahmen von Großdemonstrationen habe sich immer wieder gezeigt, wie viele Menschen gegen die Umsetzung dieses Projektes seien. „Die Politik" habe darauf aber nicht reagiert (Z. 576 ff.). Ausreichend Stimmen für einen Antrag auf ein Volksbegehren wurden gesammelt, das Abgeordnetenhaus habe das Anliegen selbst jedoch nicht angenommen, und in dem sich anschließenden Volksbegehren kamen letztlich nicht ausreichend Stimmen zusammen.

Enttäuscht über die Folgenlosigkeit des eigenen Engagements spricht Carlheinz Wagner über den „hohen Nachholbedarf" (Z. 576) der Politik. Aus seiner Sicht wurde das Projekt „gegen alle Widerstände" (Z. 474) durchgesetzt:

> *Carlheinz Wagner: „[…] und da muss ich sagen, das empfind' ich als wirklich misslich, weil es hat so viel Widerstand gegeben, dass kann man sich nich vorstell'n, wir beschäftigen uns jetzt seit 2012 damit ja, also wenn man sieht, wie Demokratie eigentlich funktionieren müsste und wie sie in Wahrheit funktioniert hat, da kann ich nur sagen, dann is das keine Demokratie." (GD3, Z. 474–478)*

Auf diese Ausführungen von Carlheinz Wagner über das Versagen der Demokratie folgt sofort eine deutliche Gegenrede durch den Mitdiskutierenden Dieter Keller, welche durch die anderen Teilnehmenden kräftig bestätigt wird:

> *Dieter Keller: „Also ich versteh das schon, nur was ich auf keinen Fall finde, was man sagen darf, is „wir haben keine Demokratie" (Eddy Stephan: Mhm). Also, das is blanker Unfug. Also wir haben diese-"*
>
> *Carlheinz Wagner: „Na, das hab ich ja nich gesagt."*
>
> *Dieter Keller: „Doch, Sie haben (Angelika Roth: Doch) […]*
> *Das is eine der, wie ich finde, eine der besten funktionierenden Demokratien (Angelika Roth: Mhm) bei allen Problemen, die wir haben, unbestritten, bei allen Schwierigkeiten, eine der besten funktionierenden Demokratien (U: Mhm) der Welt (Angelika Roth: Ja) (U: Ja, ja)." (GD3, Z. 539–559)*

Als Demokratiefeind möchte sich Carlheinz Wagner nicht verstanden wissen und versucht sich sogleich zu korrigieren:

> *Carlheinz Wagner: „Wenn ich das in der Richtung so verstanden worden bin (Dieter Keller: Mhm) dann bitt' ich das (Dieter Keller: Okay) zurückzuzieh'n, weil das stimmt (Angelika Roth: Mhm) auch nich (Dieter Keller: Mhm), das is richtig." (GD3, Z. 563–565)*

Gleichwohl ist diese Stelle eine Zäsur in der Diskussion, welche im weiteren Verlauf immer wieder zu Rede und Gegenrede zwischen dem Ehepaar Wagner und den restlichen Teilnehmenden über das Für und Wider verschiedenster politischer Entscheidungen und Prozesse führt. Immer wieder geraten die Wagners dabei auch in die Position, sich und ihr politisches Anliegen verteidigen zu müssen, etwa als Eddy Stephan die Frage nach dem Erstarken der AfD in den Raum stellt. Birgit Wagner, neben ihrem Mann die einzige Ostdeutsche der Runde, fühlt sich adressiert und markiert sofort ihre Distanz zur AfD: „Weil ich- äh ich bin kein AfD Wähler, um Gottes Willen nein" (GD3, Z. 906–907). In der Herstellung der Nähe zur AfD durch Eddy Stephan deutet sich an, dass die plebiszitären Forderungen von Birgit und Carlheinz Wagner in der Latenz des Gesprächs eine Einordnung vor dem Hintergrund rechtspopulistischer

Forderungen erfahren.[3] Eine ähnliche Dynamik entspannt sich zwischen Arslan Kaya und Carola Aydin in der Gruppendiskussion 10. Auch hier stellt Arslan Kaya eine Nähe zwischen Carola Aydins Forderungen und der Position von AfD-Wählenden her:

> *Arslan Kaya: „Du sagst, aus ner anderen Perspektive, (Carola Aydin: Ja) aber du sagst vieles, was die AfD-Wähler sagen, halt, zum Beispiel: die machen, was sie woll'n." (GD3, Z. 836–838)*

In dem Zitat von Arslan Kaya wird deutlich, was in den Gruppendiskussionen für Misstrauen sorgt: die von Carola Aydin wie auch dem Ehepaar Wagner hervorgebrachte Kritik an den politischen Entscheidungsträgerinnen und -trägern. Dabei zeigt sich, dass diese Kritik emotional begleitet ist von Empörung, Ärger, Wut und Enttäuschung:[4]

> *Carola Aydin: „[…] bei Amtsantritt müssen die Politiker auch 'n Eid leisten (Bettina Frank: Hm), der heißt zum Wohl des Volkes, nach bestem Gewissen. (Bettina Frank: Ja, ja.) IST DAS NACH BESTEM GEWISSEN, WAS HIER HERRSCHT? Dann versteh' ich die Welt nich mehr (lacht). (Arslan Kaya: Äh, aber …) Die brechen ihren Eid damit." (GD10, Z. 259–263)*

Auch bei dem Ehepaar Wagner wird die starke emotionale Involviertheit deutlich und zeigt sich in einer allgemein aufgeladenen, bildhaften Sprache[5] und dem Schimpfen über „diese verdammten Provinzpolitiker" (Carlheinz Wagner, GD3, Z. 446). Die so deutlich mit Wut und Enttäuschung eingebrachte Kritik an den politischen Vertretern stößt auf Widerspruch und Zurückweisung durch die anderen Teilnehmenden der beiden Diskussionsrunden, obgleich sie sich im Hinblick auf ihre politischen Positionen im Grunde nahestehen. So gibt etwa Arslan Kaya eindeutig zu verstehen, dass er Carola Aydins anhaltenden Kampf gegen Rechtsextremismus und Rassismus bewundert, weist ihre konkreten Forderungen aber als zu stark ab. Und in der Gruppendiskussion, in welcher das Ehepaar Wagner seine Forderungen einbringt, herrscht ein allgemeines Einverständnis über die Ablehnung unnötiger Großbauprojekte. In ihrem Engagement gegen das konkrete Projekt werden Carlheinz und Birgit Wagner dennoch zurückgewiesen. Auf die emotionalen Ausführungen reagieren die anderen Teilnehmenden sachlich argumentierend und belehrend. Statt sich von Emotionen leiten zu lassen, wird auf Ratio in Argument und Politik verwiesen. So fordert etwa Arslan Kaya, politische Meinungsverschiedenheiten auszuhalten (Z. 574 f.) und „zu emotionale" Reaktionen

---

3 In der Tat hat beispielsweise die AfD Forderungen nach direkter Demokratie früh in die Parteiprogrammatik aufgenommen. So findet sich bereits im Grundsatzprogramm 2016 eine entsprechende thematische Schwerpunktsetzung (vgl. Hornig 2017).

4 Wut richtet sich bei Carola Aydin nicht ausschließlich gegen Politikerinnen und Politiker, sondern darüber hinaus auch gegen die Urheberinnen und Urheber von Rassismus und Menschenfeindlichkeit.

5 So spricht Birgit Wagner etwa von dem Infrastrukturprojekt, das sich wie „ein Krebsgeschwür in die Landschaft fressen" wird (GD3, Z. 326), und meint, es wird „verdreckt, versaut, äh verlärmt, es wird schrecklich werden" (GD3, Z. 107).

aus Debatten herauszuhalten. Stattdessen plädiert er dafür, im Gespräch zu bleiben, selbst mit Personen, die sich etwa migrationsfeindlich zeigen:

> *Arslan Kaya: „Wenn du damit sachlich umgehst und wenn du damit einfach, sag ich mal, einfach wirklich sachlich, emotionslos umgehst, nich ganz, aber so die Emotion versuchen rauszuziehen, kannst du damit besser umgehen, du kannst mit den Leuten reden." (GD3, Z. 581–584)*

Wie lässt sich dieses Verhandeln um die Angemessenheit der Emotionen in der politischen Auseinandersetzung einordnen? Denn insbesondere die Gleichsetzung von Emotionalität und Irrationalität droht im politischen Diskurs dazu genutzt zu werden, politische Gegner nicht ernst nehmen zu müssen oder sich ihnen gegenüber in eine „bemuttern[de]" Position zu begeben (Jensen, 2017, S. 164), um letztlich somit auch politische Forderungen zurückweisen zu können.

Auf der anderen Seite verweist die Forschung auf die Bedeutung feindseliger Affekte wie Verbitterung, Misstrauen und Ressentiment als Kernelemente kollektiver Mobilisierungen, die mit der (Re-)Produktion von Feindbildern und Abgrenzung von anderen einhergehen (Wirth, 2019). Dass die Mobilisierung eben jener feindseligen Affekte ein zentrales Moment demokratiefeindlicher Bewegungen darstellt, arbeitete Löwenthal (1982) für die faschistische Propaganda des vergangenen Jahrhunderts heraus und findet heute in der Forschung von Rensmann (2020) und Lohl (2017) zur gegenwärtigen Agitation rechtspopulistischer Akteurinnen und Akteure Beachtung. In den angeführten Gruppendiskussionen zeigt sich insbesondere die Wendung feindseliger Affekte gegen Politikerinnen und Politiker, verbunden mit Neigungen zur Personifizierung komplexer politischer Vorgänge. So wird erlebt, dass Abgeordnete in der Politik nur entsprechend ihrer eigenen Interessen handeln und sich dem Willen der Wählerinnen und Wähler nicht verpflichtet fühlen, wie es etwa Carlheinz Wagner beklagt: „Ja:a der is gewählt worden und macht, was er will" (GD3, Z. 593–600). Und auch Carola Aydin fühlt sich von den politischen Amtsträgerinnen und -trägern betrogen und ist wütend über uneingelöste Wahlversprechen:

> *Carola Aydin: „Weil ich merke, also ich gehöre nicht zu den Dummen, ich sehe seit 30 Jahren, werden uns paar Krümel vor der Wahl hingeschmissen (Arslan Kaya: Ja (lacht) ja lacht) und danach machen sie wieder, was sie woll'n, ohne zu berücksichtigen, was der m-m-Bürger möchte. Obwohl wir Sozialstaat sind, obwohl wir ne Demokratie sind, das geht so nich, und deswegen, um denen irgendwie (atmet ein) die Kraft zu entnehmen, sollte man viel mehr Volksentscheide machen." (GD10, Z. 210–215)*

Es wird deutlich, dass die Forderungen nach Volksentscheiden mit fehlendem Vertrauen in Politikerinnen und Politiker begründet werden.

> *Carola Aydin: „Damit die nich mehr immer wieder aus ihrem Eigenempfinden oder eigener Meinung entscheiden, bin ich dafür, dass wir viel mehr Volksentscheide haben soll'n, weil das für mich einfach gerechter und demokratischer is." (GD10, Z. 817–820)*

Mit einer solchen Vorstellung von Volksentscheiden ist nicht nur der Wunsch nach politischer Selbstermächtigung verbunden, sondern auch nach der Entmachtung bis hin zur Sanktionierung der Abgeordneten. Im Zentrum steht die Wahrnehmung, dass die „eigentlichen" Interessen von Bürgerinnen und Bürgern nicht ausreichend repräsentiert oder berücksichtig werden. Die damit verbundene Einschätzung, dass die gewählten Politikerinnen und Politiker stattdessen partikularen oder wirtschaftlichen Interessen den Vorrang geben, liefert die Begründung und hat mehrere Implikationen. Vor dem Hintergrund erlebter politischer Ohnmacht und Nichtrepräsentation erscheint sowohl die Enttäuschung als auch die Wut, aus welcher heraus Kritik oder Misstrauen gegenüber dem politischen System und seiner Vertretung formuliert werden, zunächst nachvollziehbar. Gleichwohl stellen die Ausführungen einen Dualismus her zwischen der Auffassung von einer abgehobenen politischen Elite auf der einen Seite – „die machen was sie woll'n" (Carola Aydin, Z. 838), statt umzusetzen, „was der Bürger möchte" (Carola Aydin, Z. 212–213) – und einer wahrgenommenen geeinigten Bürgerschaft oder Volksgemeinschaft auf der anderen Seite. Es ist eine Vorstellung grundsätzlicher Interessensgegensätze, in deren Folge direktdemokratische Formen als den repräsentativen Entscheidungen überlegen und gerechter wahrgenommen werden (Hornig, 2017). Innerhalb des wahrgenommenen Dualismus muss entsprechend das Volk an die Macht, da es im Gegensatz zu Parteien und dem aktuellen politischen Personal als unkorrumpierbar imaginiert wird. Darüber hinaus deutet sich in den Ausführungen über Politikerinnen und Politiker ein weiteres projektives Moment der Anti-Establishment-Positionen an: Die Personalisierung ermöglicht es, sowohl das Gefühl eigener Ohnmacht zu lösen als auch ein Ventil für Wut und Enttäuschung zu finden. Durch die Annahme, es gäbe zwischen Bürgerschaft und politischer Vertretung grundsätzliche Interessensgegensätze, kann eine Ursache für die Ohnmachtserfahrung („die Politiker") gefunden und können jene gleichzeitig für diesen „Verrat" legitim gehasst werden. Wenn real erfahrenes Leid oder Ohnmachtserleben den Machenschaften von Einzelnen zugeschrieben werden, kann sich dies bis hin zu Momenten von Verschwörungsglauben entwickeln (vgl. z. B. Lohl, 2017). Mit der personifizierenden Zuweisung von gesellschaftlichen Konflikten zu einzelnen Politikerinnen oder Politikern geht eine Simplifizierung komplexer Zusammenhänge einher, die in den Gruppendiskussionen nicht unhinterfragt stehen gelassen wird. So entspinnt sich in der Gruppendiskussion 3 etwa auch der Streit darüber, welche Rolle ein einzelner Politiker im Rahmen des Projektes eingenommen hat, und schließlich entkräften die anderen Teilnehmenden Carlheinz Wagners Argumente mit dem Verweis darauf, dass dieser Politiker ja auch durch seine Wahl in seinen Entscheidungen legitimiert wurde:

> *Angelika Roth: „Aber es gibt ganz viele Leute, die fanden den gut, (Eddy Stephan: Ja) die haben den gewählt und denn kann man nur erstaunt davor steh'n und feststell'n, aha, dann is das so." (GD3, Z. 607–609)*

Hierin wird deutlich, dass der wahrgenommene geeinigte Bürgerinnen- und Bürgerwille, auf den die Wagners verweisen, in Bezug auf das konkrete Anliegen gar nicht vorliegt.[6] Auch in der Diskussion zwischen Arslan Kaya und Carola Aydin findet sich die Frage nach dem Vorliegen eines kollektiven Willens wieder. Denn bei Carola Aydin zeigt sich, dass mit der Hoffnung, plebiszitäre Elemente würden politische Entscheidungsprozesse in Bezug auf Rassismus und Menschenfeindlichkeit erleichtern und gerechter machen, auch die Vorstellung einhergeht, die eigenen Interessen seien mindestens mehrheitsfähig. Sie erhofft sich, dass durch Volksentscheide migrantische Minderheiten besser geschützt werden, als dies gegenwärtig im Rahmen repräsentativ-demokratischer Prozesse gewährleistet ist. Sie fordert Volksentscheide in der Überzeugung, in der Mehrheitsgesellschaft einen Rückhalt gegen Rechtsextremismus zu finden. Arslan Kaya hingegen ist weniger optimistisch, erlebt die mehrheitsdeutsche Gesellschaft als Bedrohung und fürchtet, ein Volksentscheid würde Minderheitenrechte eher unterminieren.

> *Arslan Kaya: „[…] ich will jetz nich sagen, dass ich die Bevölkerung für dumm halte, tu ich aber. (Carola Aydin und weitere lachen) Und ich denke, dass im Laufe der Geschichte die Bevölkerung nicht oft wusste, was gut war für das Land – sei es der zweite Weltkrieg, sei es in (schnipst dreimal) Ruanda, der Genozid." (GD10, Z. 184–188)*

In seinem Zitat wird mit dem Verweis auf den Zweiten Weltkrieg und den Genozid in Ruanda die Angst vor Gewalt und Vernichtung aufgrund wahrgenommener Andersartigkeit deutlich. Es deutet sich auch die Angst vor Volksentscheiden an, die nicht revidiert werden können, weil der „Volkswille" nicht irren kann.[7] Auch Carola Aydin fürchtet zwar die Manipulierbarkeit der Wählerschaft und meint an anderer Stelle, dass diese wie zu Caesars Zeiten durch „Wein, Weiber, Spiele" (Z. 1083) ruhiggehalten wird. Sie kommt jedoch zu einem anderen Schluss. Gerade weil sie annimmt, dass die Politikerinnen und Politiker die Manipulierbarkeit und Ablenkbarkeit der Wählerinnen und Wähler ausnutzen, um sich zu bereichern, fordert sie Volksentscheide, um Politikerinnen und Politiker zu entmachten. Hier zeigt sich ein Spannungsverhältnis zwischen gefühlten Mehrheiten auf der Seite derjenigen, welche direktdemokratische Entscheidungen fordern, und der Angst vor der Entscheidung der Mehrheit auf der Seite derer, die sich durch die repräsentative Demokratie vor exkludierenden, völkischen oder autoritären Auslegungen ebendieses Mehrheitsprinzips geschützt erleben. Denn der Gedanke der direkten Wahl ist zumeist von Absolutheit geprägt. Die

---

6 Unter Umständen zeigt sich in den Forderungen nach direkter Demokratie hier auch die Hoffnung, mittels direktdemokratischer Verfahren die eigenen Interessen unmittelbarer durchzusetzen, als dies im Rahmen aktueller repräsentativ-demokratischer Prozesse möglich wäre. So liegt den Vorstellungen von direkter Demokratie auch die vermeintliche Loslösung von langwierigen parlamentarischen Entscheidungsprozessen zugrunde, die letztlich häufig auch Kompromisslösungen notwendig machen.

7 Im Gegensatz zu gewählten Abgeordneten, welche durch ihre Wahl bzw. Abwahl den Konsequenzen ihres politischen Handelns Rechnung tragen müssen, muss sich der „Volkswille" dieser Verantwortung nicht stellen. Der Blick über Berliner Stadtgrenzen, aber auch die Bundesgrenzen hinaus zeigt weiterhin, dass plebiszitäre Verfahren „offenkundig nicht nur progressive Anliegen befördern" (Decker, 2016, S. 18), wie etwa die Hamburger Schulrechtsreform oder die gesetzliche Einschränkung von Einwanderungsmöglichkeiten und Minderheitenrechten in der Schweiz (ebd.) erkennen lassen.

Mehrheit gewinnt, die Minderheit verliert. Dies meint eben auch, dass sich (einfache) Mehrheiten gegen die Interessen von Minderheiten durchsetzen können, insbesondere bei Ja-oder-Nein-Entscheidungen. Umso bedrohlicher erscheinen für Arslan Kaya die Forderungen Carola Aydins, mittels Volksentscheiden den Schutz von Minderheitenrechten zu bekräftigen.

Die Forderungen von Carola Aydin und dem Ehepaar Wagner nach plebiszitären Abstimmungen sind Ausdruck ganz konkreter politischer Ohnmachtserfahrungen und Repräsentationsdefizite (siehe ebenfalls Abschnitt 4.3). Sie sind nachvollziehbar als Resultat tatsächlicher struktureller Ausschlüsse sowie marginalisierter Positionen. Die Vertrauensverluste in die politischen Institutionen und deren Repräsentantinnen und Repräsentanten resultieren aus der Wahrnehmung, im Hinblick auf die eigene Betroffenheit im Stich gelassen und mit ihren politischen Anliegen nicht gehört zu werden. Aus dem Gespräch wird der Wunsch nach Erweiterung und Versicherung von Partizipationsmöglichkeiten deutlich.[8] Gleichzeitig stößt ihre emotionale Involviertheit, die eingebrachte Anti-Establishment-Haltung samt vorgenommener Personifizierungen sowie die Wahrnehmung geeinigter Bürgerinnen- und Bürgerinteressen auf Widerspruch und wird von den anderen Gesprächsteilnehmenden misstrauisch abgewehrt. In der Abwehr deutet sich an, dass diese Elemente von den weiteren Teilnehmenden der Gruppendiskussionen auch als Bedrohungen des demokratischen Systems und des Schutzes von Minderheitenrechten wahrgenommen werden.

Die Vorstellungen eines homogenen „Volks" – diesmal jedoch aus ethnozentrischer Perspektive – und personifizierende Anti-Establishment-Positionen finden sich auch in zwei weiteren Diskussionsrunden wieder (GD7 und GD12). In diesen tritt deutlich das antidemokratische Potenzial dieser Vorstellungen zutage, wie im Folgenden aufgezeigt werden soll.

4.2 Autoritäre Revolte und völkische Fantasie

Ähnlich wie bei den Forderungen von Carola Aydin und dem Ehepaar Wagner zeigt sich in der Diskussionsrunde 12 und dem Interview 7 eine starke affektive Involviertheit der Teilnehmenden. Auch hier manifestieren sich emotionale Empörung über empfundene politische Missstände, die Dringlichkeit, mit welcher über sie berichtet wird, und der Wunsch nach unmittelbarer und einfacher Lösung gesellschaftlicher Spannungszustände. Auch scheinen sich die Teilnehmenden dieser Gespräche politisch in der demokratischen „Mitte"[9] zu verorten und möchten sich von Populistinnen und Populisten abgrenzen. Kam es in den zuvor analysierten Gesprächen jedoch zur Widerrede gegenüber

---

8 Insofern spiegeln die gemachten plebiszitären Forderungen die Annahmen politikwissenschaftlicher Theorien wider, welche plebiszitäre Forderungen als Folge eines Partizipations- und Repräsentationsbedürfnisses verstehen (u. a. Decker, 2019).

9 Zur Schwierigkeit des „Mitte"-Begriffs als Bereich gesellschaftlicher und politischer Verortung vgl. Decker (2018).

affektgeladenen Vereinfachungen und personalisierenden Anklagen, so wird in der Gruppendiskussion 12 die drängende Unzufriedenheit mit gesellschaftlichen Zuständen kaum aktiv ausgehandelt. Die Geringschätzung des politischen Systems löst keine Kontroverse aus, sondern wird in der Gesprächsdynamik affirmativ aufgenommen und verstärkt, wie schon in der Vorstellungsrunde von Albrecht Berger, Björn Kaiser und Carsten Schmitz erkennbar wird:[10]

> *Carsten Schmitz: „[…] das geht alles am Volk vorbei. Ob da ne Volksabstimmung oder sonst irgendwas – das Volk sagt ‚Nee' und was machen die Politiker? Politiker machen das doch. Also, wofür geh ich überhaupt wähl'n oder sonst irgendwas, frag ich mich.“*
>
> *Björn Kaiser: „Naja, um den Schein einer Wahl auszufüll'n.“*
>
> *Carsten Schmitz: „Ja! Eine Scheindemokratie […].“ (GD12, Z. 83–90)*

Neben der mit wahrgenommener Einflusslosigkeit verbundenen Wut werden Beschimpfungen wie auch manifeste Ressentiments nahezu ungebrochen geäußert. Mit den Gruppendiskussionen 3 und 10 teilen diese Gespräche die Gegenüberstellung eines homogenen „Volkswillens“ und die Vorstellung eines politischen Establishments, das entgegen diesem Willen politische Entscheidungen trifft. Anders als bei Carola Aydin und dem Ehepaar Wagner bleibt es hier jedoch nicht bei einem Dualismus zwischen Volk und Elite, sondern es wird eine triadische Struktur deutlich. Ergänzend sind dem Volk neben dem politischen Establishment nun unlängst als fremd oder feindlich konstruierte Andere (Gruppen) entgegengestellt. Vertikal betrachtet, sehen sich die Teilnehmenden mit einer Elite konfrontiert, auf horizontaler Ebene grenzen sie sich von „konstruierten Outgroups“ (Lohl et al., 2019, S. 5) ab. Personifizierende Zuschreibungen bleiben in der Folge nicht nur auf Politikerinnen und Politiker beschränkt, sondern richten sich auch gegen als fremd wahrgenommene Gruppen, die abgewertet und als Sündenböcke für gesellschaftliche Probleme ausgemacht werden.

> *Albrecht Berger: „[…] dass man da bestimmte Leute aus Nordafrika, Tunesien, Marokko und solchen Ländern hier als Flüchtlinge akzeptiert, die eigentlich hier wahrscheinlich gar kein Flüchtlingsstatus verdient haben. Das is jetzt von mir Spekulation. Was ich glaube, dass man da nich ausreichend untersucht hat und daraus resultierend jetzt eben, weil so ne Gruppen zum Teil eben ja auch durchaus kriminell sind, wie sich hier auch an diesen – na, wie nennt sich das – diesen Clan-Geschichten gezeigt hat, und dadurch 'n Frust in der Bevölkerung entstanden ist, der nich hätte sein müssen.“ (GD12, Z. 283–290)*

Obwohl die Gruppendiskussion 12 als eine Diskussionsrunde, an welcher ausschließlich Männer teilnahmen, von Auseinandersetzungen um Deutungshoheiten und der Markierung von Differenzen untereinander geprägt war, scheint auf einer latenten Ebene Einigkeit zwischen den Teilnehmenden hergestellt. Dies kann für ein mögliches

---

10 Bei der Diskussion 7 handelt es sich um ein Einzelinterview. Hier gab es allein durch das Gesprächssetting keinen Widerspruch zu den Ausführungen.

psychosoziales Wirken des Ressentiments und der antipluralistischen Positionen in dieser Gruppe aufschlussreich sein. Im Gegensatz zu den kontroversen Auseinandersetzungen um Demokratie, welche die Diskussionen über Infrastrukturprojekte und die Interessenvertretungen marginalisierter Positionen in den anderen Gesprächsrunden auslösten, scheinen es hier gerade der ausbleibende Widerspruch gegen abwertende, ausgrenzende oder antidemokratische Aussagen und das Geteilte im Ressentiment zu sein, die in der Latenz den „sozialen Kitt" dieser Gesprächsrunde herstellen und die Teilnehmer über Klassengrenzen, soziale Milieus und divergierende Erfahrungsräume verbinden und die Gruppe homogenisieren.

Dabei zeigt sich, dass die miteinander geteilten Vorstellungen vom eigenen „Volk" keineswegs glorifizierend sind. Von Carsten Schmitz und seinen Mitdiskutierenden wird von der deutschen Gesellschaft im Verhältnis zur Politik das Bild eines zugerichteten Volkes entworfen. Dieses laufe mit Tunnelblick wie „ein Esel der Möhre vor der Nase hinterher" (Z. 697), habe sich in Revolutionsversuchen von der Obrigkeit zusammenschießen lassen (Z. 690) und sei mittlerweile mit Seifenopern ruhiggestellt (Z. 701 ff.). Der Interviewpartner aus dem Gespräch 7 spricht gar von einer doppelten „Traumatisierung" des deutschen Volks unter Ausblendung der Verantwortung der Deutschen für die beiden Weltkriege. Vor dem Hintergrund dieser „Traumatisierungen" und der erworbenen Bildung sei es nun aber nicht mehr möglich, „uns in [den] Krieg zu schicken":

> *Bernd Weber: „[…] Die Leute sind hier gebildet, is schwer, uns in den Krieg zu schicken, das is schon mal sehr gut. Also, wir haben so viel hinter uns, als Volk auch, so traumatisiert durch diese zwei Erfahrungen im letzten Jahrhundert. Aber, wir sollten uns dringend angucken, wo wir mitspielen, weil das kommt alles, sind wir als Volk auch für alles verantwortlich." (GD7, Z. 287–291)*

Auffällig ist, wie dabei die Vorstellung kollektiver Ohnmacht und kollektiver Verantwortung in eins fällt, sodass Staat und Volk ohne weitere Vermittlung zu einem „großen Ganzen" (Z. 286) verschmolzen erscheinen und gleichwohl in Rückblick auf die Weltkriege nur die Aufrufung der „Traumatisierung" erfolgt. Der Teilnehmer hegt die Hoffnung, würde Deutschland – als nicht mehr kriegstreibende Kraft – zukünftig statt Rüstung Ökologie exportieren und in Zukunftsideen investieren, „wir ja auch wieder ne schöne Rolle einnehmen, wenn wir schlau sind" (Z. 499–500). Da aber die Ressourcen zur Erfüllung von Grundbedürfnissen gesellschaftlich ungleich verteilt seien und sozialer Zusammenhalt fehle, verweist er auf die Befürchtung, als nationales Kollektiv „schaffen wir uns selber ab" (Z. 565). Hier finden sich sowohl Hoffnungen und Vorstellungen von Größe wie auch Ängste des Untergangs „als Volk". Und obgleich der Teilnehmer sich in vielen seiner Äußerungen sozialen und ökologischen Zielen verpflichtet sieht, wird deutlich, wie sich diese Motive für ihn auch mit völkischen Idealen verbinden lassen.

Die manifesten Narrative der Beschädigung des Volks durchkreuzen und brechen auf dieser Ebene klassisch chauvinistische Vorstellungen von Überlegenheit und imaginierter Grandiosität. Dass dies aber latent die Empfänglichkeit für völkische Agitation erhöht, beschreibt auch Lohl (2017) mit Blick auf die Agitation von Björn Höcke.

Dieser inszeniert ebenfalls „in apokalyptischer Intensität" (ebd., S. 23) einen nationalen Notstand, welcher durch das selbstzerstörerische Agieren von Politikerinnen und Politikern sowie „Gutmenschen" herbeigeführt werde. Das deutsche Volk sei „nicht nur geschwächt, sondern fast verschwunden" (ebd.). Dabei werden ambivalente Vorstellungen des Kollektivs geschaffen, auf welche auch Löwenthal (1982) schon aufmerksam machte. Die „irreführende Vorstellung von Kraft und Ohnmacht zugleich" (ebd., S. 113) bietet „ein narzisstisch begehrenswertes kollektives Objekt an und stört oder erschwert gleichzeitig dessen positive Besetzung" (Lohl, 2017, S. 26). Als Lösung aus dieser ambivalenten Besetzung können dann wiederum Projektionen auf Feindbilder dienen, welche die Spaltung und Projektion eigener negativer Anteile ermöglichen. Real erlebte Angst kann bis hin zu „einer paranoiden Beziehung zur Außenwelt" (ebd., S. 27) gesteigert werden. Projektionen als Zuschreibungen an ein Gegenüber erweisen sich insbesondere deshalb als problematisch, weil sie die zugrunde liegenden Erfahrungen von Ohnmacht oder Angst verdecken und verstärken (Rensmann, 2020, S. 44), während der Zugang zu der Ergründung der realen Ursachen durch die Verortung der Verantwortung im Außen erschwert ist. So droht gerade diese wahrgenommene Zugerichtetheit des Volkes als Legitimationsgrundlage für eine „Gegenwehr" ausgemacht zu werden – gegen all jene, welche nicht als Teil des „Volkes" gelten und diesem zu schaden scheinen.

Im Kontrast zu Carola Aydin, die eine Ausweitung der Partizipationsrechte für weite Bevölkerungsgruppen fordert, zeigen sich in diesen Diskussionsrunden vielgestaltig exkludierende Vorstellungen vom Volk und wahlberechtigter Bevölkerung, die in ihrem manifesten oder latenten Gehalt oftmals rassistisch oder (strukturell) antisemitisch konnotiert sind. Das ethnozentrische Volksverständnis und die Anti-Eliten-Haltung gehen zudem mit autoritär-aggressiven Forderungen gegen Politikerinnen und Politiker sowie marginalisierte Gruppen einher. Deutlich wird, dass es sich um eine Form konformistischer Revolte handelt: Die Wut gegen „die da oben" erscheint „rebellisch" und „konformistisch" zugleich (Dörre, 2019, S. 174). Für diese konformistische Rebellion ist kennzeichnend, dass das aktuelle politische Personal provozierend abgewertet wird, um gleichzeitig von ihm oder einer besser geeigneten Führung ein hartes Durchgreifen einzufordern.

> *Carsten Schmitz: „[…] Warum so viele von diesen sogenannten alten Volkspartei'n abhaun? Weil sie einfach die Schnauze voll haben, […], weil keiner sagt, wir machen'. Das is' es. Wenn da wirklich einer, 'n Turner kommt, der sagt, wir machen das jetzt so und so, kannste glauben, die haben ein Zuspruch ohne Ende, wenn sie auch zeigen, (Björn Kaiser: Mhm) dass sie was bewegen." (GD12, Z. 652–656)*

In diesem Sinne vorgebrachte Forderungen nach Volkssouveränität beziehen sich letztlich nicht auf eine demokratische Souveränität des Volks, sondern lassen sich im Sinne eines „totalitären Plebiszit" (Löwenthal, 1982, S. 142) verstehen, welches statt eigener Souveränität vielmehr nach Implementierung einer Autorität strebt, welche die derzeitigen, als unfähig erlebten Autoritäten abzulösen vermag. Oder wie es Carsten Schmitz fasst: einem „Turner […], der sagt, wir machen das jetzt so und so" (Z. 654 f.). Die Vox populi würde in einer solchen Vorstellung dann nicht mehr für die Selbstermächtigung des Volks stehen, sondern ihr kommt vor allem die Funktion zu, die Autoritätsfigur mit Legitimität auszustatten. Die Unterlegenheit des Volks wird dabei geradezu verfestigt, wenn die Autoritätsfigur es auf seine „kulturelle Identität und die Existenz als „kleine Männer" reduziert" (Rensmann, 2020, S. 37).

Zentrales Thema der Forderungen nach plebiszitären Elementen sind dabei in den von uns geführten Diskussionen und Interviews nicht zufällig Migration und Integration Geflüchteter in Deutschland. Während sich die Politik und ihre aktuellen Repräsentantinnen und Repräsentanten durch unzureichend reglementierenden und somit verfehlten Umgang mit der Migrationsbewegung des Sommers 2015 letztlich disqualifiziert hätten, wird der Wunsch nach autoritären und teils gewalttätigen Konfliktlösungen laut. So fordert Carsten Schmitz, man müsse eine „absolute Kehrtwende machen um 180 Grad und wirklich mit'm Knüppel reinhau'n, um das ma' jetzt bildlich zu bringen" (GD12, Z. 298 ff.). Beispielsweise durch die Assoziation von Menschen mit (tatsächlichem oder zugeschriebenem) Migrationshintergrund mit Kriminalität wird das Bild des bedrohlichen Anderen konstruiert. Statt gegen diese „bedrohlichen Anderen" vorzugehen, gebe die Politik den Geflüchteten sogar noch die Versorgung, welche den Teilnehmenden selbst verwehrt bliebe. Erlebt wird eine Konkurrenz um materielle Versorgung:

> *Carsten Schmitz: „Und wenn ich was haben will: ‚Sie sind nicht hilfsbedürftig'. Top. Ich sag, gut, wofür hab ich'n hier gearbeitet? Um mir dann sowas anzuhör'n – ich bin nich hilfsbedürftig. Ich sag, prima, Herr, ich weiß, woran das liegt, ich hab 'n verkehrten Pass in 'ner Tasche. Ich sag, eigenartiger Weise, alles was wohl hierher angeschissen kommt, ham ihr'n Pass verlor'n. Aber, 'n Handy, das ham sie. Das ham sie nich verlor'n bei der Flucht. Ich sag, ganz edel. Ich sag, was is'n das Mumpe. Ich sag, wollt ihr mich hier verscheißern oder was?" (GD12, Z. 325–332)*

Mit der Unzufriedenheit darüber, die eigenen Privilegien als unsicher zu erleben, gehen aggressive Drohgebärden – „Den hätt' ich am Arsch und Kragen genommen und zurückgefeuert", GD12, Z. 319) –, Wünsche nach kultureller Einheitlichkeit und Assimilationsforderungen einher. Attraktiv scheinen dabei Modelle anderer Länder, bei denen Geflüchtete, die sich „nicht anpassen", das Land wieder verlassen müssen:

> *Carsten Schmitz: „[…] Die, die hier ankommen als Flüchtlinge, die werden kurzfristig geduldet und dann, mit dem Moment, wenn die Leute merken, die woll'n nich sich anpassen, sind sie wieder raus. Ganz einfach. Und das ist das, was hier nich passiert." (GD12, Z. 357–360)*

Während in der Gruppendiskussion 12 noch von Möglichkeiten der Assimilation gesprochen wird,[11] nimmt Bernd Weber (7) hingegen eine ethnopluralistische Eingrenzung vor, um zu verdeutlichen, wer zum Volk gehört und insbesondere wer nicht. Dabei zieht er unter anderem die vermeintliche biologische Angepasstheit an bestimmte

11 Zur Problematik solcher Assimilationsforderungen vgl. auch Kapitel 5.

klimatische Regionen als Grundlage heran, um zu erklären, weshalb nicht alle Personen in einer Stadt wie Berlin „gesund" leben könnten. Bei der Verortung von Menschen auf der Welt sollten wieder zunehmend „Herkunft, Ethnie" (Z. 403) eine Rolle spielen, wobei sich der völkische Grundtenor hier am deutlichsten zeigt:

> *Bernd Weber: „[...] Weil ich halt weiß, dass, wenn man braune Augen hat oder dunkle Augen und nicht blaue, wie die meisten hier oben halt, dass man auch andere klimatische Verhältnisse braucht, um sich gut und gesund und so weiter zu fühlen. Deshalb glaub ich auch, dass Herkunft, Ethnie und so all das, im positivsten Sinne auch wieder 'ne Rolle spielen darf. Leute gehören irgendwo hin und du kannst nicht Leute überall...Und Stadt tut immer so, als könnten alle das – an dieses Konzept glaub ich überhaupt nich." (GD7, Z. 400–406)*

Weiterhin zeigt sich auch dieser Teilnehmer „elitenkritisch" und fordert Sanktionen gegen die politische „Führung", welche aus „komplett Verrückten" (Z. 168) bestehe. Das politische System wird dabei, von „innen geguckt", als „schadhaft" (Z. 99 f.) erlebt. Explizit fordert Bernd Weber eine direkte Bürgerinnen- und Bürgerbeteiligung nach Schweizer Modell.

> *Bernd Weber: „[...] Ich würde einfach auch vorschlagen, einfach mal den Kapitalismus zu entschärfen und wieder mit mehr sozialem Beigeschmack, sozialem Würzmittel zu versehen. Das würde viel Vertrauen in die jetzige Regierungsstruktur – und ich bin natürlich gar nich für diese Reg-, ich bin natürlich für'n Schweizer Modell. Wir sind alle so intelligent, dass es uns zuzutrauen is, viele Fragen gemeinschaftlich zu entscheiden und dass wir diese Elite damit auch aushebeln." (GD7, Z. 254–259)*

Direkte Demokratie soll der Entmachtung des Volks durch die unfähigen und gewissenlosen Eliten Einhalt gebieten.[12] In diesem Gespräch begegneten unserer Interpretationsgruppe zahlreiche Vorstellungen von Steuerung und Macht, die sich – deutlicher als in anderen Gesprächen – in entsprechenden Verschwörungsideen manifestieren und mit den völkischen Motiven verschränken. Darin werden urbane und diverse Gesellschaften als entfremdete, zu individualisierte und konflikthafte Lebensformen beschrieben, deren heterogene Zusammensetzung von den „Mächtigen" forciert wurde, da sie als leichter beherrschbar fantasiert wird (Z. 132–137).

> *Bernd Weber: „Am liebsten multikulturell, kann man am besten beherrschen. Weil, viele Gruppen, da kann man immer über politische Meinungsmache – die Presse wird ja auch von dort gesteuert – die Gruppen intern auf'nanderhetzen. Weil, man hat keine Homogenität mehr in der Multi-, da gibt's viele Gruppen, die verschiedene Dinge wollen, die verschiedene Traditionen mitbringen, die alle schon ma' religiös unter einen Hut gebracht werden müssen." (GD7, Z. 133–138)*

12 Verdeutlichen lässt sich hier, wie rechte Parteien die Forderungen nach „direkter Demokratie" vereinnahmen können. Im Zentrum steht dabei die Annahme, mittels direkter Demokratie einem „authentischen" Volkswillen gegenüber „abgehobenen" Eliten zum Durchbruch zu verhelfen.

Daneben stehen geäußerte Ideen und Wünsche, die auf eine von innerem Zusammenhalt geprägte Volksgemeinschaft verweisen, die harmonisch, von den Widersprüchen moderner Gesellschaften und neoliberalen Verwertbarkeitsmotiven bereinigt, in dorfähnlichen Strukturen naturnah und „gesund" zusammenlebt. Verbunden wird diese Vision mit rassistischen Vorstellungen vorbestimmter Sozialräume:

> *Bernd Weber: „Dass wir als Kollektiv, dass wir intelligenter handeln, mehr für'nander, mehr mit'nander, und drauf achten, dass die Grundbedürfnisse, die Würde damit von allen gewahrt bleibt. Und, da ham wir 'n weiten Weg. Weil, anfangen tut's mit sauberer Luft. Dann kommt sauberes Wasser, kommt saubere Ernährung, Kleidung, Wohnen, BILDUNG, soziale Bildung. Und darauf kann man dann andere Gesellschaft bauen, die irgendwann wahrscheinlich einsehen wird, dass es besser is in dörflichen Strukturen zu leben, von 'ner bestimmten Personenanzahl. Und, die irgendwie einsehen wird, dass es halt 'n Grund macht, warum halt Schwarzafrikaner auf'm schwarzafrikanischen Kontinent mit dem Klima leben, weil's da einfach passt für sie." (GD7, Z. 390–399)*

Die ethnopluralistische Eingrenzung, die rassistischen Vorstellungen von „Natürlichkeit", wer wie leben sollte, machen deutlich, wer aus Perspektive des Teilnehmers als Teil des „Volkes" und damit auch Teil der Abstimmungsgemeinschaft wahrgenommen wird, etwa in dem von ihm vorgeschlagenen System nach Schweizer Modell.

Auch in Diskussionsrunde 12 erfolgen ethnozentrische Abgrenzungen, werden die fehlende gemeinschaftliche Rücksichtnahme auf die eigene Bedürftigkeit sowie eine zunehmende Unüberschaubarkeit urbaner Gesellschaft beklagt. Hier werden die Reaktionen auf das geschilderte subjektive Mangel- und Ohnmachtserleben aber vielmehr mit Rückzug von konkreten Partizipationsmöglichkeiten und individuellem Privilegien- und Statuserhalt assoziiert, während die Verantwortung delegiert wird. So schätzen Albrecht Berger, Björn Kaiser und Carsten Schmitz im Gespräch die Grundstruktur der politischen Verfasstheit als akzeptabel ein, allerdings wird diese in ihrer Umsetzung als mangelhaft angesehen (Z. 1044 ff., Z. 1051 ff.). Gefordert wird unter anderem eine stärkere Responsivität für den „Volkswillen". Auch soll in law-and-order-Manier neben Migrantinnen und Migranten auch korruptes und untätiges politisches Personal (Z. 260 f.) sanktioniert werden. Für die politischen Missstände werden neben der bequemen und durch „Lobbyisten" (Z. 1041) beeinflussten politischen Elite auch deren vermeintliche Verklüngelung mit der Presse und ihr egoistisches Macht- und Geldstreben verantwortlich gemacht (Z. 1223 ff.), wodurch die „kleinen Leute" getäuscht und ausgenommen würden (Z. 1287). Das Bild von Politik als ein „schmutziges", durch finanzielle Interessen geleitetes Geschäft korrespondiert dabei auch mit rechtspopulistischen Erzählungen und bedient zusätzlich häufig ein (latent) antisemitisches Narrativ. Die Konstruktion einer boshaften und kontrollierenden Elite, auf welche sich einige der Äußerungen aus den Diskussionen beziehen, entspricht dabei dem tradierten Antisemitismus (siehe Kapitel 7).

In diesen beiden Diskussionen wird im Unterschied zu den Diskussionen im ersten Teil die triadische Struktur der doppelten Abgrenzung des „Volks" erkennbar: vertikal zu den „korrupten Eliten" sowie horizontal zu den als „fremd" markierten und abgewerteten

Anderen. Es zeigt sich deutlich die Homogenisierung zu einem Kollektiv mit völkischen Elementen. Die Abwertung von feindlich konstruierten Anderen erfüllt dabei die Funktion einer Projektionsfläche, die mit den ungewünschten negativen Eigenschaften des eigenen Kollektivs aufgeladen wird, um das positive Selbstbild aufrechterhalten zu können (Brunner, 2015).

4.3 Nicht-Repräsentation

Was die hier ausgeführten Diskussionsrunden und das Interview verbindet, ist die Wahrnehmung der Teilnehmenden, dass sie und ihre jeweiligen Positionen von der Politik nicht vertreten werden. In der Folge entwickelt sich bei einigen der Teilnehmenden ein Gefühl, wie es Carola Aydin formuliert: „Du musst darum kämpfen, dass du kriegst, worauf du ein Anrecht hast" (GD10, Z. 1234–1235).

Als geteilte Elemente in den Gesprächen ließen sich zudem Erfahrungen subjektiver und politischer Ohnmachtsgefühle und Aspekte starker emotionaler Involviertheit beim Vorbringen der Forderungen nach Volksentscheiden rekonstruieren. In der Folge zeigten sich in allen Gesprächen wütende Positionen gegenüber Politikerinnen und Politikern. Als zentraler Unterschied der beschriebenen Gruppen wurde jedoch deutlich, dass in den beiden letztgenannten Gesprächen Aspekte antidemokratischer Einstellungen und Elemente extrem rechter Motive manifest werden, die mit Ausgrenzung und Abwertung von als „fremd" wahrgenommenen Anderen einhergehen. Zudem zeigte sich insbesondere in der Diskussionsrunde 12, dass hinter dem Wunsch nach Entmachtung bisheriger Autoritäten weniger die Perspektive einer Volkssouveränität auszumachen war als vielmehr der Wunsch nach starken Autoritäten, die sich als fähig erweisen, das Volk zu schützen. Mit Blick auf die Forderungen nach Volkssouveränität zeigten sich entsprechend auch unterschiedliche Motive: Wurden bei allen Teilnehmenden auch Wünsche nach Absetzung und Sanktionierung von Politikerinnen und Politikern laut, so fanden diese Wünsche in dem Interview 7 und der Gruppendiskussion 12 doch einen deutlich aggressiveren Ausdruck („mit'm Knüppel reinhauen", GD12, Z. 298). Ging es in den Diskussionen 3 und 10 um sehr spezifische Anliegen, für welche sich die Teilnehmenden eine weitreichendere Beteiligung der Bürgerinnen und Bürger wünschten, war für die Teilnehmenden in den Gesprächen 7 und 12 das politische System in seiner jetzigen Form als Ganzes schon nicht mehr haltbar. Schließlich zeigte sich, dass in der erlebten Unzufriedenheit die Teilnehmenden in den Diskussionen 7 und 12 (anders als bei dem Ehepaar Wagner und Carola Aydin in GD3 und GD10) ihre Wut nicht nur gegen „die da oben" zu richten suchten, sondern auch eine klare Abgrenzung zu „Fremden" vornahmen. Hier fanden auch manifeste Ressentiments ihren Ausdruck. Damit einhergehend, wurden Wünsche nach Verfestigung bestehender Machtverhältnisse und autoritäre (Abgrenzungs-)Wünsche gegenüber anderen Bevölkerungsteilen deutlich. So bewegen sich die Forderungen im Spannungsfeld von vermeintlichen Wünschen nach mehr Volkssouveränität und dem Ruf nach einem starken Staat, der einerseits für Abgrenzung gegenüber als „fremd" wahrgenommenen Anderen eintreten und gleichzeitig unmittelbar schützend und versorgend zur Verfügung stehen soll. Mit Blick auf die geäußerten Erfahrungen von politischer Ohnmacht, Nicht-Repräsentation und Wünschen danach, gesehen, gehört und versorgt zu werden, versuchen wir in diesem letzten Abschnitt ein wenig näher zu betrachten, wie es zu diesen unterschiedlichen Haltungen in den Diskussionsrunden kommt.

Die Forderungen Carola Aydins und des Ehepaars Wagner nach mehr Mitbestimmung im Politischen werden unter der Prämisse eines zunehmenden Demokratisierungsprozesses laut, welcher mit der Erwartung der Ausweitung von Partizipationsmöglichkeiten für *alle* Bevölkerungsanteile verbunden ist. Gleichzeitig erfahren die Teilnehmenden sehr konkret Einschränkungen politischer Handlungsfähigkeit in Bezug auf für sie persönlich relevante Bereiche. So gelingt es dem Ehepaar Wagner mit ihrem Engagement in der Bürgerinitiative nicht, das geplante Infrastrukturprojekt zu verhindern. Und Carola Aydin erlebt, dass sie durch die Politik nicht ausreichend vor rassistischer Diskriminierung und Ausschluss geschützt wird, und erfährt sich als doppelt ausgeschlossen: Denn obgleich sie in Berlin geboren ist und die deutsche Staatsbürgerschaft besitzt, fühlt sie sich aufgrund rassistischer Zuschreibungen auch von Mitbürgerinnen und Mitbürgern nicht als gleichwertige bzw. gleichberechtigte Bürgerin anerkannt (vgl. Kapitel 5).

Diese Erwartung an politische Mitbestimmung und Responsivität der repräsentativen Demokratie ist auch Ausdruck der historischen Entwicklung ebendieser. Denn die Geschichte der repräsentativen Demokratie kann als die Geschichte einer zunehmenden Inklusion von immer größeren Bevölkerungsanteilen in den demokratischen Prozess verstanden werden (Manow, 2020), die nun ihrerseits die Einhaltung gleichberechtigter Teilhabe fordern.[13] Das mit dieser Entwicklung assoziierte Teilhabeversprechen bleibt jedoch vor dem Hintergrund eines zeitgleich stattfindenden Prozesses der Entdemokratisierung unerfüllt. Manow (2020) weist darauf hin, dass zu dem Zeitpunkt, an dem die repräsentative Demokratie so weite Bevölkerungsteile wie noch nie zuvor repräsentiere und somit der Grad der Volkssouveränität am weitesten fortgeschritten sei, die Macht von Demokratien gegenüber ökonomischen, transnationalen Akteuren gleichzeitig so eingeschränkt sei wie noch nie zuvor.

13 So wurden in den frühen demokratischen Systemen noch weite Bevölkerungsteile vom Prozess der politischen Entscheidungsfindung ausgeschlossen, etwa aufgrund ihres Geschlechts oder gesellschaftlichen Stands. Dies bedeutete nicht zuletzt, dass ganze Bevölkerungsgruppen und deren Positionen nicht repräsentiert wurden. Auch heute gibt es weiterhin Kriterien, auf deren Grundlage Bevölkerungsgruppen auf den unterschiedlichen Ebenen des repräsentativen Systems ausgeschlossen sind, etwa Kinder und Jugendliche unter 18 Jahren oder Personen ohne deutsche Staatsangehörigkeit. Insbesondere Verfahren für Bürgerinnen- und Bürgerbeteiligung weiten in Bezug auf diese Personengruppen Partizipationsmöglichkeiten teilweise aus. So dürfen in Berlin beispielsweise bei Bürgerentscheiden Deutsche und Staatsangehörige der EU ab 16 Jahren partizipieren. Einwohneranträge können von allen Einwohnern ab 16 Jahren gestellt werden, unabhängig von ihrer Staatsangehörigkeit. Vgl. https://www.berlin.de/sen/inneres/buerger-und-staat/wahlen-und-abstimmungen/einwohnerantrag-buergerbegehren-und-buergerentscheid/, zuletzt abgerufen am 18.03.2022).

Auf einer intrapsychischen Ebene scheint jedoch noch ein weiteres Missverhältnis relevant: Auch innerhalb der repräsentativen Demokratie wird niemals alles repräsentiert, das „Nicht-Repräsentierbare“ bleibt als Eigenschaft bestehen (Manow, 2020). Dabei argumentiert Manow zunächst historisch und fasst die vorherrschende Meinung der Begründer der repräsentativen Demokratien und deren Skepsis gegenüber dem Volk als Souverän wie folgt zusammen: „Die Menge – flatterhaft in ihrem Urteil, unbeständig in ihren Haltungen, niedrig in ihren Begierden, einfach zu verführen und zu manipulieren […] – erschien völlig unfähig zur Herrschaft“ (ebd., S. 31). Die Einführung des Repräsentationsprinzips als Kern der modernen Demokratien hatte so zunächst also auch den Ausschluss eines Teils der Repräsentierten von der Machtausübung zum Ziel, inklusive des Ausschlusses der ihnen zugeschriebenen Affekte und politischer Interessen, die als nicht-repräsentierbar galten. Auch wenn immer weitere Bevölkerungsteile in demokratische Entscheidungen eingebunden werden und immer mehr politische Positionen sich in den politischen Prozess einschließen lassen, wird dieses Missverhältnis nicht aufgehoben und behält weiterhin eine normierende Funktion. Diese kann sowohl gegen ressentimentgeladene wie auch emanzipatorische Positionen wirken. In diesem gesellschaftlichen Ideal von „Maß und Mäßig“ werden (weiterhin) Erfahrungen und politische Positionen aus dem Diskurs ausgeschlossen.

Die plebiszitären Forderungen von dem Ehepaar Wagner und Carola Aydin lassen sich als Versuche verstehen, auf die unmittelbare Einlösung des demokratischen Partizipationsversprechen hinzuwirken. Sie können als Ausdruck einer Enttäuschung über die Politik verstanden werden, welche das Versprechen der gleichberechtigten Teilhabe nicht einlösen konnte. Dem repräsentativen politischen System wird die Volkssouveränität als Ideal gegenübergestellt und hoffnungsvoll aufgeladen. Wir haben zu Beginn des Kapitels die Frage aufgeworfen, weshalb die in den Gruppendiskussionen geäußerten Wünsche nach mehr Volksabstimmungen und anderen plebiszitären Elementen sowohl in den Gruppendiskussionen vor Ort als auch in den daran anschließenden Interpretationsrunden Widerspruch hervorgerufen haben. Und insbesondere mit Blick auf die Forderungen des Ehepaars Wagner sowie Carola Aydins mögen der Widerspruch und die Gegenwehr zunächst verwundern. Aber auch in ihren Forderungen nach direktdemokratischen Mitteln zeigten sich Simplifizierungen und Personifizierungen als Lösungsversuche politischer Ohnmacht. Während sich hier bei einigen Gesprächsteilnehmenden ein Misstrauen zeigte, wird das bedrohliche Moment dieser unmittelbaren Repräsentation in den letzten beiden Gruppendiskussionen manifest: Dort dienen die Forderungen eben nicht der Ausweitung von Partizipationsmöglichkeiten für die gesellschaftliche Breite und für marginalisierte Positionen, sondern sie sind antiplural und ethnozentrisch motiviert. Die dort formulierten politischen Partizipationswünsche geben sich gesellschafts- und regierungskritisch aus und sind zugleich antidemokratisch. Auch in diesen Diskussionen bringen die Teilnehmenden ihre Forderungen und Kritik vor dem Hintergrund einer vermeintlichen Demokratisierung ein und verstehen sich nicht als Feinde der Demokratie. Auch sie berichten vom Erleben politischer Ohnmacht und machen teilweise die Erfahrung sozialer Exklusion oder Prekarität. Gleichwohl lassen sich hinter den Vorstellungen von „Volkswillen“ und direkter Demokratie eben auch Anti-Establishment-Positionen, Feindbildzuschreibungen und Verschwörungsideen ausmachen, die Ausdruck projektiver Zuschreibungen sind. In der Vorstellung vom „eigenen Volk", der kollektiven Identifizierung, werden negative Selbstanteile ins Äußere projiziert und am Anderen markiert.

Dass sich die Grenze zwischen Kritik an politischen Institutionen und projektiven Zuschreibungen gegenüber einer politischen Elite oder „Fremden" fließend bewegt, zeigt sich im Vergleich der hier vorgestellten Gruppen. So fand sich bei allen idiosynkratischen als auch gruppendynamischen Unterschieden als verbindendes Element die Vorstellung einer Gesellschaft von „die da oben" und „wir hier unten", worin die geteilten Eindrücke vom politischen Establishment des Ehepaars Wagner oder Carola Aydins sich anschlussfähig an die Vorstellungen der Teilnehmenden der beiden weiteren Diskussionsrunden zeigten. Der geteilte Zorn auf „die da oben" hat das Potenzial, zum verbindenden Element politischer Mobilisierung zu werden (vgl. auch Jensen, 2017). Und hierin mag ein Teil des Misstrauens begründet sein, welches sich in den Gruppendiskussionen unter den Teilnehmenden zeigte: Es ist die Furcht vor einer antidemokratischen Wendung der Forderungen nach Volkssouveränität.

Literatur

Brunner, M. (2015). Vom Ressentiment zum Massenwahn. In C. Busch, M. Gehrlein & T. D. Uhlig (Hrsg.), *Schiefheilungen: Zeitgenössische Betrachtungen über Antisemitismus* (S. 13–35). Wiesbaden: Springer VS.

Decker, F. (2016). *Der Irrweg der Volksgesetzgebung. Eine Streitschrift.* Bonn.

Decker, F. (2019). Mythos direkte Demokratie. Lässt sich das Repräsentativsystem durch plebiszitäre Verfahren verbessern? In V. Kronenberg & J. Horneber (Hrsg.), *Die repräsentative Demokratie in Anfechtung und Bewährung. Studien der Bonner Akademie für Forschung und Lehre praktischer Politik* (S. 59–66). Wiesbaden: Springer VS.

Decker, O. (2018). Flucht ins Autoritäre. In O. Decker & E. Brähler (Hrsg.), *Flucht ins Autoritäre. Rechtsextreme Dynamiken in der Mitte der Gesellschaft. Leipziger Autoritarismus-Studie 2018* (S. 15–64). Gießen: Psychosozial-Verlag.

Dörre, K. (2019). „Land zurück!" Arbeiter, Abwertung, AfD. *WSI-Mitteilungen, 72*(3), 168–176.

Hornig, E. C. (2017). *Mythos direkte Demokratie: Praxis und Potentiale in Zeiten des Populismus.* Opladen: Verlag Barbara Budrich.

Jensen, U. (2017). *Zornpolitik.* Berlin: Suhrkamp.

Lohl, J. (2017). „Hass gegen das eigene Volk" – Tiefenhermeneutische Analysen rechtspopulistischer Propaganda. *Psychologie und Gesellschaftskritik,* 41(3/4), 9–40.

Lohl, J., Brunner, M., & Wirth, H.-J. (2019). Editorial. *Psychosozial, 156 (02)*, 5–9.

Löwenthal, L. (1982). Falsche Propheten. Studien zur faschistischen Agitation. In *Schriften, Bd. 3* (S. 11–159). Frankfurt a.M.: Suhrkamp.

Manow, P. (2020). *(Ent-)Demokratisierung der Demokratie: Ein Essay.* Berlin: Suhrkamp.

Rensmann, L. (2020). Die Rückkehr der falschen Propheten. Leo Löwenthals Beitrag zu einer kritischen Theorie des autoritären Populismus in der Gegenwart. In K. Henkelmann et al. (Hrsg.), *Konformistische Rebellen. Zur Aktualität des Autoritären Charakters* (S. 21–52). Berlin: Verbrecher Verlag.

Wirth, H.-J. (2019). Ressentiments, Verbitterung und die Unfähigkeit zu vertrauen als emotionale Bausteine des Populismus. *Psychosozial, 156 (02)*, 10–25.

Kazim Celik, Nabila Essongri, Julia Schuler und Franka Grella-Schmidt

5 „Ausländer bin ich, aber Berliner seit dem ersten Tag"

Migration, Zugehörigkeit und Anerkennung

5.1 Einleitung

„Was alle ahnten, aber nicht zu sagen wagten – Bundeskanzlerin Merkel hat es jetzt gesagt: Deutschland ist ein Einwanderungsland." Diese Formulierung der *Frankfurter Allgemeinen* Zeitung aus dem Jahr 2015 zeigte, wie schwer sich einige Teile Deutschlands weiterhin mit dem Selbstverständnis als Einwanderungsland tun. Dabei ist Deutschland in jeder Hinsicht und bereits seit Jahrzehnten ein Einwanderungsland. Etwa ein Viertel der Bevölkerung hat einen Migrationshintergrund[1] (Statistisches Bundesamt, 2020). Berlin als Hauptstadt und sinnbildliches Herz des Landes spiegelt dieses Charakteristikum der Bundesrepublik in besonderem Maße wider. Das Motto der „Einwanderungsstadt Berlin" schmückte bereits 2004 die Publikationen des Berliner Senatsbeauftragten für Migration und Integration (Lanz, 2007, S. 9). Fast ein Drittel der in Berlin Lebenden hat einen Migrationshintergrund (ebd.). Jenseits der konkreten Zahlen findet sich dies aber auch im Selbstverständnis vieler Berlinerinnen und Berliner wieder, eine weltoffene und tolerante Stadtgesellschaft zu sein. Die Berliner Stadtgesellschaft befindet sich inmitten von Aushandlungsprozessen über Zugehörigkeiten im Sinne nationaler, kultureller, geschlechtlicher, politischer und anderer Identitäten sowie über Partizipation und Chancengerechtigkeit und damit in einer Phase von Vorgängen, die durch abgeschlossene wie durch noch fortbestehende Migrationsprozesse geprägt ist. Kennzeichnend für eine solche Migrationsgesellschaft ist dabei unter anderem, dass Ein- und Auswanderung konstitutiv für sie ist und reguliert, ausgehandelt, aber nicht rückgängig gemacht werden kann (vgl. Foroutan, 2019). In der Auseinandersetzung um Migration und Integration stoßen gegensätzliche Positionen in der öffentlichen Debatte aufeinander: Eine Seite fordert mehr Rechte für Migrantinnen und Migranten und ihre Anerkennung als Bürger, andere wollen genau das verwehren oder abbauen. Die Folge daraus sind die Entstehung neuer Allianzen und Antagonismen sowie eine Spaltung der Gesellschaft entlang der politischen Fronten zur Migrationsfrage. In den Gruppendiskussionen kamen diesbezüglich in ihren Meinungen, Perspektiven und Erfahrungen sehr unterschiedliche, aber teilweise auch einander ähnelnde Berlinerinnen und Berliner zu Wort. Diese darzustellen und verstehend aufeinander zu beziehen, ist Ziel dieses Kapitels. Zentral ist dabei die Beleuchtung sowohl der Aushandlungs-

---

1 Laut Statistischem Bundesamt ist dann von einem Migrationshintergrund die Rede, wenn für eine Person zutrifft, dass „sie selbst oder mindestens ein Elternteil nicht mit deutscher Staatsangehörigkeit geboren wurde." (Statistisches Bundesamt)

prozesse von Anerkennung und Identität als auch der bestehenden Abwertung und Diskriminierung sowie des Umgangs mit selbigen. Während Berlin in seiner Vielfalt und Offenheit vielen Menschen als Zufluchtsort und „Heimat der Heimatlosen" dient, ist es doch auch ein großstädtischer Raum, der unter den Teilnehmenden der Gruppendiskussionen immer wieder Assoziationen von Überfüllung, knappen Ressourcen und Konkurrenzbeziehungen hervorruft (vgl. Kapitel 2.3).

Die Auswertung der Gespräche zeigt Spannungsfelder auf, die sich im Alltag von Berlinerinnen und Berlinern mit und ohne Migrationsgeschichte in der Interaktion miteinander ergeben. In den folgenden Teilen dieses Kapitels sollen einige dieser Spannungsfelder überblickt und diskutiert werden. Von Interesse sind hierbei Motive, Verschränkungen und Perspektiven, die im Großen und Ganzen Aufschluss über die Rolle der Identifikation und Anerkennung als Berlinerin und Berliner, Interaktionen zwischen Berlinerinnen und Berlinern mit und ohne Migrationsgeschichte und Umgangsformen mit sowie Erscheinungsformen von Abwertung und Diskriminierung innerhalb der Berliner Stadtgesellschaft geben.

5.2 Miteinander, gegeneinander oder nebeneinanderher – ein Blick auf das migrantische Berlin

Ein möglichst breites Verständnis der sozialen Dynamik und der interaktionellen Rahmenbedingungen in der Stadtgesellschaft setzt die Betrachtung verschiedener Perspektiven voraus. Zunächst setzen wir den Fokus auf eine mehrheitsgesellschaftliche Perspektive. Hier wurde in den Gruppendiskussionen die von Migration stark geprägte Stadtgesellschaft unterschiedlich bewertet: Einerseits fiel die Beschreibung Berlins als multikulturelle Stadt in einigen Fällen positiv und regelrecht euphemistisch aus (z. B. GD1, GD2; vgl. Kapitel 2.3), andererseits traten auch ambivalente Haltungen auf. Auf die Frage danach, was ihr an Berlin gefällt, antwortete die Teilnehmerin Angelika Roth, dass sie ein solch „buntes Konglomerat" nur aus Berlin kennt und „total interessant" (GD3, Z. 1355–1366) findet. Zugleich sei es aber auch unheimlich anstrengend, inmitten dessen zu sein: „Ich bin in dieser Stadt, weil die mir genau dieses Bunte bietet, was ich auf der andern Seite auch wahnsinnig anstrengend finde, wenn ich mittendrin sitze." (GD3, Z. 1358–1360).

Mehr oder minder ambivalente Haltungen werden auch durch andere Teilnehmende beschrieben. Es wird deutlich, dass Unterschiede zwischen Menschen mit und ohne Migrationsgeschichte häufig im Zentrum der Perspektiven stehen – unabhängig davon, ob diese Unterschiede nun erkannt, beschrieben, im Alltag wertgeschätzt oder verachtet werden. So fühlt sich beispielsweise Agnes Fischer im türkischen Supermarkt wie beim „Urlaub machen […] mit passender Musik" (GD1, Z. 611). Zugleich ist die Differenz für sie auch ein wichtiges Moment des Alltags.

Während Agnes Fischer ein „Urlaubsgefühl" mit bestimmten, für sie als primär migrantisch geltenden Räumen verbindet, wird im Rahmen derselben Gruppendiskussion ein Zusammenhang solcher Räume mit der alltäglich-räumlichen Sicherheitswahrnehmung thematisiert. Für Claudia Lange geht von für sie als arabisch geltenden Räumen, Läden und Männern bzw. Männergruppen eine gewisse Bedrohlichkeit aus:

> *Claudia Lange: „[…] für mich wichtig wäre […] 'nen Gegensteuern einer gewissen Ghettoisierung, die man hier zum Beispiel in Neukölln […] sieht, wenn man hier die Sonnenallee lang geht, ein arabischer Laden am andern, man traut sich als Deutscher, vor allem als Frau eigentlich fast gar nich' rein in diese Läden. Ich kenn' viele Türken, ich kenn auch Araber, sowohl erste, zweite, dritte Zuwanderungsgeneration, und ich weiß aber auch, dass die sich untereinander abkapseln […] Und das seh' ich als Problem, das auch zu vielen Vorurteilen führt und zu vielen Problemen in dieser Stadt." (GD1, Z. 512–523)*

An anderer Stelle wägt sie das Bedrohungsempfinden durch für sie als deutsch und arabisch perzipierte Männer gegeneinander ab und gibt an, sie glaube, kein Problem damit zu haben, „durch 'ne Straße zu laufen, die von deutschen Männern bevölkert ist" (GD1, Z. 692–693). Eine „Ghettoisierung" verschiedener Gruppen wird von Claudia Lange beklagt und als Ursache für die von ihr wahrgenommene Isoliertheit und für die Vorurteile gegenüber der genannten Gruppe empfunden. An diesen beiden Stellen wird deutlich, wie sich Ressentiments verschränken mit Erfahrungen bzw. Ängsten vor eigener sexistischer Diskriminierung und sich so ein spezifisches Bedrohungserleben konstituiert (zur Ethnisierung von Sexismus und Gewalt vgl. Kapitel 6).

Ein weiteres Spannungsfeld wird in einer anderen Gruppendiskussion deutlich. Während sich einer der Teilnehmer klar gegen rechts positioniert, zeigt ein anderer Teilnehmer Sympathien für die AfD und schätzt migrantische und insbesondere muslimische Männer als große Bedrohung für Homosexuelle ein. Die betroffenen Teilnehmenden setzen sich mit der Frage auseinander, ob die vermeintliche „Islamisierung" oder doch eher der Rechtsruck die größere Gefahr darstellen würde. Als homosexuelle Männer werden sich Christopher Klein und Benjamin Köhler darüber nicht gleich einig.

> *Benjamin Köhler: „Hier sind so viele Sachen, und dann so nach'm Motto, wenn man's ganz übertrieben sagt, muss ich mir vor den Rechten Angst machen und noch vor dem, was ja gerne immer behauptet wird, von den ganzen Flüchtlingen oder so, weil die sind ja genauso. Und mir geht's aber eigentlich nich' so. Ich hab immer noch tatsächlich persönlich, was mein' Lebensstil angeht, tatsächlich mehr Angst vor den Rechten, also dem, was du gesagt hast, was so hinter der Ringbahngrenze nach Osten raus dann gefühlt so (Christopher Klein: lauert) lauert, laut Wahlergebnissen." (GD11, Z. 733–741)*

Christopher Klein hingegen betont, „den Großteil der Diskriminierungserfahrung […] durch Menschen […] mit Migrationshintergrund […] also zumindest physisch sichtbarem […] Migrationshintergrund erlebt" zu haben (GD11, Z. 775–777). Benjamin Köhler begegnet dem, indem er hervorhebt, dass eine Verbindung mit rechtsextremen Gruppierungen einen „Teufelsdeal" (GD11, Z. 768) darstellt, weil sich ebenjene rechtsextremen Kreise auch gegen die Rechte der Homosexuellen stellen würden.

Migrantisch wahrgenommene Räume in Berlin werden ganz unterschiedlich bewertet – ob nun als „Urlaubsort" imaginiert, der etwas Spannendes und Exotisches an sich hat, als „buntes" und „total interessantes", aber auch anstrengendes „Konglomerat" oder als bedrohliche Orte für diejenigen, die nicht dazugehören. All diese Fälle haben jedoch gemein, dass das Migrantische, welches zumeist mit muslimischen Minderheiten gleichgesetzt zu werden scheint, etwas Fremdes ist und somit in Abgrenzung zur nicht-migrantischen Gesellschaft steht.

Auch in der Gruppendiskussion 12 werden diese vermeintlich migrantischen Räume aufgegriffen. So beklagt sich Carsten Schmitz etwa folgendermaßen:

> *Carsten Schmitz: „Und denn alle drei Meter 'ne Dönerbude, gibt's hier keine Currywurscht, wo find'ste hier noch 'ne Currywurscht?" (GD12, Z. 138–139)*

Symbolisch wird die Verdrängung dessen, was als deutsche Kultur wahrgenommen wird, durch etwas Fremdes in das Bild einer Berliner Straße gebracht, in der nur noch „fremde" Küche serviert wird. Weiterhin wird von Versäumnissen der Migrationspolitik und über den Umgang mit Geflüchteten und Menschen „anderer Kulturkreise" gesprochen:

> *Albrecht Berger: „[…] denn wenn man da bestimmte Grenzen gesetzt hätte, bloß ma' jetzt als Beispiel, dass man von vornherein einfach an Schulen anders hätte durchgreifen müssen, dass sich junge Männer aus ander'n Kulturkreisen der weiblichen Lehrerschaft anders zu verhalten haben, ja, das hat dann und so 'ne Sachen, die sind meiner Meinung nach versäumt worden, ja, und denn, dass man eben bestimmte Gruppen als Flüchtlinge akzeptiert, wo sich meiner Meinung nach auch der diplomatische Dienst überhaupt nich richtig mit diesen Ländern beschäftigt hat, ja, dass man da bestimmte Leute aus Nordafrika Tunesien, Marokko und solchen Ländern hier als Flüchtlinge akzeptiert, die eigentlich hier wahrscheinlich gar keinen Flüchtlingsstatus verdient haben […]." (GD12, Z. 276–285)*

Im Gegensatz zu Albrecht Berger formuliert der wegen einer körperlichen Einschränkung berentete Carsten Schmitz allerdings deutlich radikalere Vorschläge, um vermeintliche Probleme zu lösen. Er plädiert für einen aggressiven Umgang, wenn auch nur bildlich:

> *Carsten Schmitz: „Nee, das kriegst du nich mehr in Griff, weil das is so losgetreten, da müsstest du wirklich 'ne absolute Kehrtwende machen um 180 Grad und wirklich mit'm Knüppel reinhau'n, um das ma' jetzt bildlich zu bringen." (GD12, Z. 298–300)*

Carsten Schmitz wirkt auf die Interpretationsgruppe emotional geladen und steigert sich in eine gewisse Wut hinein – etwa so, als sähe er sich in die Enge getrieben. Eine Sorge um den eigenen Status findet sich in den immer hilfloser und enttäuschter klingenden und zugleich wütenden Klagen. Er betont hierbei seine Position als Deutscher mit deutschem Pass, der gearbeitet hat, der einen Beitrag geleistet hat:

> *Carsten Schmitz: „Und wenn ich was haben will: ‚Sie sind nicht hilfsbedürftig'. Top. Ich sag, gut, wofür hab ich'n hier gearbeitet? Um mir dann sowas anzuhör'n – ich bin nich hilfsbedürftig. Ich sag, prima, Herr, ich weiß, woran das*

> *liegt, ich hab 'n verkehrten Pass in 'ner Tasche. Ich sag, eigenartiger Weise, alles was wohl hierher angeschissen kommt, ham ihr'n Pass verlor'n. Aber, 'n Handy, das ham sie. Das ham sie nich verlor'n bei der Flucht. Ich sag, ganz edel. Ich sag, was is'n das Mumpe. Ich sag, wollt ihr mich hier verscheißern oder was?" (GD12, Z. 325–332)*

Hierin wird ein weiteres Spannungsfeld deutlich – die empfundene Verdrängung und Bedrohung der eigenen (Vor-)Rechte durch vermeintlich migrantische Räume. Gerade vor dem Hintergrund des Wohnungsmangels und knapper Ressourcen in Berlin sind diese Perspektiven auf vermeintlich migrantische Räume ein Hinweis auf eine Problematik, die unter Umständen auch ein Potenzial zur Aggression und Radikalisierung in sich birgt.

5.3 Die alltägliche Erfahrung von Diffamierung und verweigerter Anerkennung

Die Berliner Stadtgesellschaft vereint Menschen mit unterschiedlichsten Lebenswegen und Perspektiven und immer mehr von ihnen verfügen über eine nationale und kulturelle Mehrfachzugehörigkeit. Im Folgenden liegt der Fokus auf ihren Perspektiven und ihren alltäglichen Diskriminierungserfahrungen. Entsprechend der multikulturellen und multinationalen Stadtgesellschaft Berlins nehmen Fragen nach Identität und Zugehörigkeit eine besondere Rolle im innerstädtischen Diskurs ein. In den Gruppendiskussionen entfaltet sich diese Dynamik, indem für einige Teilnehmende insbesondere die Identifikation mit Deutschland mit Hindernissen verbunden ist. Immer wieder würde man durch das Umfeld daran erinnert werden, dass man aufgrund der eigenen oder familiären Migrationsgeschichte keine vollwertige deutsche Identität für sich beanspruchen könne (GD10, Z. 1115–1116). So berichtet etwa der in Deutschland geborene Arslan Kaya:

> *Arslan Kaya: „[…] is so 'ne Hassliebe bei mir, ich seh' mich als Deutschen, aber au- in Deutschland in Berlin aufzuwachsen werd' ich immer dran erinnert, dass ich kein Deutscher bin und dass ich kein Teil der Gesellschaft bin, grob gesagt, ganz banal gesagt und deswegen is bei mir wirklich- ich hab' viele Jahre in Neuseeland und Irland gelebt und der einzige Grund, warum ich zurück bin, is das Studium, weil ich hier umsonst studieren kann und danach will ich auch wieder weitergeh'n. Ich lieb' die Stadt, aber ich kann hier auf Dauer nich leben." (GD10, Z. 43–50)*

Arslan Kaya betont zudem, dass für ihn die Voraussetzungen für eine Identifikation mit der elterlichen Herkunft – auch wenn ihm diese seitens der deutschen Mehrheitsgesellschaft nahegelegt wird – gar nicht erfüllt sind:

> *Arslan Kaya: „Die Südländer sagen, nee, du bist Türke. Ich fühl mich nich als Türken (Bettina Frank: Mhm), die Deutschen sagen mir, du bist Türke, ich fühl mich nich als Türken." (GD10, Z. 1115–1116)*

Wenn aber Selbstbezeichnung und erlebte Zugehörigkeit nicht mit Fremdzuschreibungen zusammenfallen und die Erfahrung fragloser Zugehörigkeit und Anerkennung durch die Mehrheitsgesellschaft ausbleibt, kann es eine Möglichkeit sein, sich statt mit Deutschland mit einer Stadt oder Region zu identifizieren. Dies gilt in besonderem Maße auch für Personen, die als Erwachsene nach Deutschland immigriert sind, so etwa auch Brayan Haddad: „Ausländer bin ich, aber Berliner seit dem ersten Tag" (GD2, Z. 76).

Damit bringt Brayan Haddad ein weiteres wesentliches Moment der Identifikation als Berliner zum Ausdruck – anders als die deutsche ist die Berliner Identität informell und deshalb für die Teilnehmenden einfacher annehmbar sowie auch erreichbar. Das Image der weltoffenen „Salad Bowl" Berlin wird so zur Gelegenheit der gesicherten Zugehörigkeit. Jenseits der jeweiligen Selbst- und Fremdbezeichnung stehen Menschen mit Migrationsgeschichte oftmals auch zwischen Erwartungshaltungen der migrantischen bzw. familiären und mehrheitsgesellschaftlichen Umgebung, die nicht immer miteinander vereinbar sind und nicht ohne Konflikte bleiben (GD2, GD10). Entsprechend scheint der Teilnehmer Arslan Kaya, dessen Eltern aus der Türkei einwanderten, in einem Zwiespalt zwischen der Zugehörigkeit zu seiner Familie auf der einen Seite und der Zugehörigkeit zu einer deutschen Mehrheitsgesellschaft auf der anderen Seite zu stehen. Dieses „Hin- und Hergerissen"-Sein findet seinen Zenit in der Diskriminierung durch die deutsche Mehrheitsgesellschaft einerseits und die Diskriminierung durch Menschen im jeweiligen familiären Herkunftsland andererseits. In Deutschland werden die Teilnehmenden nicht als vollwertige Deutsche akzeptiert, während sie aber in den elterlichen Herkunftsländern durch ihr Leben in Deutschland auch nicht als vollwertige Mitbürgerinnen und -bürger akzeptiert werden:

> *Carola Aydin: „Du zum Beispiel sagst, […] wegen deiner Sprache fühlst du dich oft zur Türkei hingezogen. Was diese dummen Menschen, die rassistisch sind, für mich sind das dumme Menschen, weil man kann sich nicht aussuchen, wo man reingeboren wird (Bettina Frank: Mhm), das passiert einfach, wenn du in die Türkei gehst, dann heißt das nich, unser Landsmann, dann heißt das, der aus Deutschland. […] dumme Menschen machen uns staatenlos." (GD10, Z. 287–296)*

Diese Erfahrungen erweisen sich als doppelt problematisch. Aufgrund der Diskrepanzen, die der Teilnehmer Arslan Kaya durch seine Sozialisation und Bildung in Deutschland im Zusammenhang mit seiner Familie einerseits und der Diskriminierung aufgrund der elterlichen Herkunft andererseits erlebt, verfestigt sich der Eindruck eines Zustands des ständigen Zwiespalts, in dem viele, gerade auch jüngere Nachfahren von Menschen mit Migrationsgeschichte leben:

> *Arslan Kaya: „Ich will nich immer mit mein' Eltern, aber die sind so'n gutes Beispiel (Bettina Frank lacht), die seh'n mich als'n Unruhestifter (Bettina Frank: Mhm), weil ich denen so oft […] meine Kommentare sage (Carola Aydin: Mhm), du denkst, du bist besser, du denkst, […] du bist arrogant, du bist so gebildet blablabla." (GD10, Z. 911–915)*

Diese zwiespältige Lage führt sich auch an anderer Stelle fort. Wiederholt grenzt er sich über Aussagen zu seiner Intelligenz und akademischen Bildung von anderen Diskussionsteilnehmenden bzw. von Teilen der Bevölkerung ab. Die Meinung „ungebildeter" Menschen wird dabei implizit in ihrer Wertigkeit herabgesetzt. Ungebildete Menschen verdienen zunächst Verständnis, so könnte man Arslan Kayas Sicht zusammenfassen, bevor man sie dann aufklärt. Er interveniert, wenn Wählerinnen und Wähler der AfD angegriffen werden, obgleich er selbst Diffamierung durch diese Gruppe erfährt. So wird die Diffamierung für Arslan Kaya zum Ausdruck von fehlender Bildung, von „Ungebildeten". Das bietet ihm die Möglichkeit, dem Ressentiment den Stachel zu nehmen sowie seiner Enttäuschung und Wut jenseits seiner verständnisvollen Haltung für solcherart intellektuell Unterlegene Raum zu geben. Die offen und emotional formulierte Betroffenheit von Carola Aydin stellt daher auch keine Möglichkeit dar, über unterschiedliche Perspektiven gemeinsame Erfahrungen auszutauschen. Die Enttäuschung der Älteren über die biografisch immer wieder erneuerte Erfahrung verweigerter Anerkennung eröffnet einen Blick auf seine eigene Zukunft: Trotz seines eigenen Bemühens um Teilhabe kann es auch ihm so ergehen, dass er genau diese in der bundesdeutschen Gesellschaft nicht erhält. Aus dieser Ambivalenz heraus betont er sein eigenes Wohlergehen, fordert mehr Dankbarkeit für das Vorhandene, gibt sich verständnisvoll gegenüber den Wählerinnen und Wählern der AfD und versucht, die Emotionalität einzuhegen:

> *Arslan Kaya: „Die Leute, die AfD wähl'n, hab'n genauso ihre Ängste und deren Probleme und was die machen, is aufhetzen, und ich würd' jetz nich sagen äh di- […] meiner Meinung nach sagen die das Extremste, was mir einfällt zu Volksverhetzung […] is nich mal Volksverhetzung, aber was mir am nahsten gegangen is, war, als der Gauland gesagt hat, die eine von der SPD müsst' man Anatolien (Bettina Frank: Mhm) wie hat er gesagt? Müsst' man in Anatolien entsorgen, hat er gesagt, glaub' ich." (GD10, Z. 105–117)*

Die Unsicherheit seiner eigenen Position und die Ambivalenz schaffen sich dennoch auch in der Gruppendiskussion Raum. Arslan Kaya gibt sich letzten Endes aber keineswegs gelassen. Unter den Forscherinnen und Forschern der Auswertungsgruppe erweckt er den Eindruck, „unter Druck" zu stehen, etwas „loswerden" und auf gewisse Weise „abrechnen" zu wollen mit Carola Aydin und an ihr etwas einzuhegen und zurückzuweisen, was Arslan Kaya im Sinne einer gesamtgesellschaftlichen Erfahrung als bedrohlich erlebt. In einer späteren Phase der Diskussion vergleicht er die gesellschaftliche Stigmatisierung von Jüdinnen und Juden mit der von Musliminnen und Muslimen:

> *Arslan Kaya: „Was ich schade finde, man hat überhaupt nichts von der Geschichte gelernt (Bettina Frank: Mhm), man hat einfach das Wort Jude mit Moslem ersetzt […]." (GD10, Z. 563–564)*

Ausdrücklich wird von ihm zwar die Vernichtungspolitik Nazideutschlands nicht erwähnt, aber der Verweis auf die „Geschichte", aus der „nicht gelernt" wurde, eröffnet einen gesellschaftlichen Horizont von der Diffamierung über die gesellschaftliche Ausgrenzung bis hin zur Shoah – wenn auch letztere nur assoziativ mit eingeschlossen ist.

Durch Arslan Kayas Assoziationsraum und mit der Formulierung, „nichts gelernt" zu haben, wird eine bis heute existente migrantische Realität in der postnationalsozialistischen Bundesrepublik sichtbar: Die alltägliche Diffamierung und Ausgrenzung wird in der öffentlichen Wahrnehmung oftmals nur dann zu einem Problem, wenn sie Jüdinnen und Juden betrifft. Wenn der Vergleich von Arslan Kaya in einer Parallelisierung oder Opferkonkurrenz mündet, dann ist das vielmehr eine Spiegelung der Unfähigkeit der bundesdeutschen Gesellschaft, auch mehr als siebzig Jahre nach dem Ende der Shoah sowohl Schuld- als auch Scham auszuhalten. Der Vorwurf, dass die eigene Opferposition mit der von Jüdinnen und Juden identisch ist, kann seine volle Kraft nur deshalb entfalten, weil das rituelle Gedenken der Beleg sein soll, „aus der Geschichte gelernt" zu haben. Wendet Arslan Kaya diese Formulierung in einen Vorwurf, dann kann er sich der Empörung und Abwehr sicher sein: Denn ein Vergleich kann nur zu dem Ergebnis kommen, dass es ihnen nicht so ergeht wie Jüdinnen und Juden in der deutschen Geschichte. Aber nur wenn dieses Ergebnis behauptet wird, scheint auch der Protest gegen die eigene Diffamierungserfahrung überhaupt Legitimation zu haben.

Und durch die von den Diskussionsteilnehmenden aus verschiedenen Lebenszusammenhängen heraus berichteten Formen der Diffamierung und teils physischer Gewalt wird die Dringlichkeit nachvollziehbar, auch Aufmerksamkeit und Solidarität zu erhalten. Carola Aydin beschreibt eindrücklich die Folgen solcher Zuschreibungen für das eigene Selbstverständnis:

> *Carola Aydin: „Dann kamen von den deutschen Kindern die Eltern, was spielt ihr hier mit den Ausländerkindern. Ich selber hab das nich registriert, wir Kinder hab'n das nich registriert, aber wegen dieser Aussage hab ich mich umgeguckt, hab auch meinen Bruder angeguckt, hab gesagt, stimmt wir seh'n nich deutsch aus, nur durch diese Aussage is mir das überhaupt aufgefallen." (GD10, Z. 428–433)*

In Bezug auf Rechtsextremismus und Rassismus in Deutschland seien laut der Einschätzung von Carola Aydin die 1970er Jahre schlimm gewesen, in den 1980er Jahren sei es besser geworden und „nach der Wende fing der- tut mir leid, wenn ich das so formuliere (Arslan Kaya lacht), der ganze Mist von vorne an" (GD10, Z. 60–63). Dieser Zeitverlauf, den Carola Aydin beobachtet hat, ist Teil ihrer Biografie, sie hat diese Jahre selbst durchlebt. Neben diesen ausdrücklich benannten Phasen wird implizit durch ihre Erfahrung im Kontrast mit denen des jüngeren Arslan Kaya auch noch eine Verschiebung deutlich: Die Perspektive hat sich verändert. Während die Auseinandersetzung heute um Identität (als Deutscher, Türke, Berliner) geht, war ihr früher die Anerkennung als Staatsbürgerin ein wichtiges Ziel. So spricht sie von einem ursprünglichen, „wahren Gesetz", das ihr als Bürgerin Rechte zusagt, die sie nicht erfüllt sieht. Aus ihrer Sicht sei es notwendig, für diese Rechte zu „kämpfen":

> *Carola Aydin: „Nach'm wahren Gesetz sind wir ja vor Gesetz alle gleich und wir haben eigentlich das Gesetz, wenn einer finanziell benachteiligt wird, muss es vom Staat ausgeglichen werden, aber wie's jetzt is, du musst darum kämpfen, dass du kriegst, worauf du 'nen Anrecht hast." (GD10, Z. 1231–1235)*

Obwohl Migrantinnen und Migranten über die Zeit in allen Belangen staatsbürgerliche Pflichten erfüllten, wie das Zahlen von Steuern, seien sogar in Aussicht gestellte Rechte und Teilhabe, wie die Möglichkeit zur Erlangung einer zweiten, für sie also der deutschen, Staatsangehörigkeit, nicht durchgesetzt worden:

> *Carola Aydin: „Schröder (Arslan Kaya: Ja) hat geworben mit Zweitstaatsbürgerschaft (Arslan Kaya: Mhm), damit diese Bürger auch endlich 'ne Wahlstimme bekommen (Arslan Kaya: Mhm), aber bis heute wurde das nich umgesetzt, die haben das Recht zu zahl'n, aber sie haben nich das Recht zu wähl'n." (GD10, Z. 600–604)*

5.4 Strategien im Umgang mit Stigmatisierung und Diffamierung

In unseren Gesprächen berichtet eine Vielzahl von Berlinerinnen und Berlinern davon, von anderen Menschen als Migrantinnen und Migranten nicht nur angesprochen zu werden, sondern in ihrem täglichen Leben auch aufgrund dieser Zuschreibung häufig Ressentiments zu begegnen. Dabei verfügen die Diskussionsteilnehmenden über unterschiedliche Merkmale, die in jeweils unterschiedlichen Ursachen für Diffamierung resultieren. Einige haben persönliche Migrationserfahrungen gemacht, aber viele sind auch in Deutschland geboren worden. Dennoch werden sie in ihrem Alltag etwa aufgrund ihrer äußeren Erscheinung, ihrer Religionszugehörigkeit oder ihres familiären Hintergrunds als fremd wahrgenommen. Mit den Berichten über diese Besonderungen werden auch gleichzeitig unterschiedliche Versuche deutlich, mit den psychischen und sozialen Belastungen umzugehen. Orte in Berlin, die als besonders problematisch erlebt werden, werden in der Folge gemieden:

> *Dana Fellner: „[...] und natürlich es gibt eine Straße quasi da um Magdalenenstraße in Lichtenberg hinterm Bahnhof, also da sind ja nach der Wende ganz viele Nazis in Woh- in WGs reingezogen (Elisa Schäfer: Mhm), das wusste man sch- die hängen ja auch ihre Fahnen ran, das kann man richtig seh'n und da gibt's auch bestimmte drei vier fünf Läden, die die haben, das ganz klar, dass da niemand reingeht und da hat auch schon'n Dönertyp zugemacht, 'nen Kurde zugemacht da hab- so und also da war'n immer Auseinandersetzungen drei Straßen weiter [...]." (GD8, Z. 362–368)*

Zusätzlich zur Meidung von Plätzen und Orten in der Stadt wurden in anderen Gruppendiskussionen weitere Strategien sichtbar, um mit Täterinnen und Tätern oder Menschen, die sie diffamieren und abwerten, umzugehen. So wird von Dalia Thomas eine Beleidigung relativiert, indem sie sagt, dass die Person vielleicht nur situativ so gehandelt habe:

> *Dalia Thomas: „[...] und ich meine, erstens muss ich denken, das is nich so klipp und klar, es is nich schwarz auf weiß, wo ich kann sagen, dass diese Person, die etwas zu mir gesagt hat, rassistisch is, weil es is nich klar ihr Hintergrund, ich weiß nich, ob sie nur diesen Tag ein bisschen schlechter Morgen gehabt,*

> *kein Kaffee getrunken, keine Ahnung, oder ist das wirklich, wie die Person ist." (GD10, Z. 965–969)*

Ein weiteres entschuldigendes bzw. versöhnliches Moment findet sich, wie im letzten Unterkapitel beschrieben, auch bei Arslan Kaya wieder, der die Notwendigkeit betont, auch Verbindungen zu Wählerinnen und Wählern der AfD aufrechtzuerhalten. Er zeigt sich jedoch nicht nur gesprächsoffen für diejenigen, die sich ablehnend gegenüber Menschen mit Migrationshintergrund positionieren, sondern auch für Mitmenschen mit derselben Herkunftsgeschichte, die ihn aufgrund seiner sexuellen Orientierung oder politischen Meinung denunzieren – und fordert mehr Rationalität sowie auch hier weniger Emotionalität in politischen Diskussionen:

> *Arslan Kaya: „[…] will halt bloß aufpassen, […] dass man noch Verständnis hat, und dass man halt, wie sie sagt, ein Teil, wir sind alle zusammen und nich dieses halt wir gegen euch (Bettina Frank: Mhm), wir gegen die AfD." (GD10, Z. 1110–1113)*

Das gemeinsame Sprechen über die geteilte Erfahrung der Diskriminierung schien hierbei manchmal auch humorvoll und unterhaltsam für die Teilnehmenden zu sein. Viel Gelächter und Scherze im Kontext von Diskriminierungserfahrungen führten zu Irritationen bei der auswertenden Forschergruppe. Die Teilnehmenden zählen in kurzer Zeit und aufeinanderfolgend Beleidigungen auf, die ihnen im Alltag begegnet sind. Dieser lustvollen Reproduktion von Ressentiments in der Gruppe liegt ein Moment der Selbstermächtigung inne, welches zwar den Teilnehmenden dabei hilft, sich über die gemachten Erfahrungen der Diffamierung zu stellen, zugleich aber auch eine Bagatellisierung dieser zur Folge hat:

> *Arslan Kaya: „[…] was bei der Arbeit- zum Beispiel, wenn die Leute irgendwie so'n Scheißsatz sagen, ich sag hey sag ma', ich find das nich okay, dass du das sagst, ich re- ich erklär denen in fünf Minuten, warum ich das nich okay finde, aus meiner Perspektive, Microaggressions, ich muss das jeden Tag hör'n, die hör'n es einmal im Monat, oh, ich wurde auch mal rassistisch angemacht, es ist nicht äquivalent zu dem, was ich lerne (Dalia Thomas lacht). Wenn ich seit 20 Jahren- Kanake (Bettina Frank: Mhm), du gehörst nich hierher, hör / Carola Aydin: Kameltreiber (lacht) / Genau, äh, Dönerfresser / Bettina Frank: (grinst) Affenmädchen (Carola Aydin lacht) / Ja (Carola Aydin lacht) Echt? / Bettina Frank: Ja (lacht leicht, Carola Aydin lacht weiter) im Bus, in Spandau, also echt (Carola Aydin lacht)." (GD10, Z. 841–852)*

In einer der Gruppendiskussionen (GD8) trafen Personen, die rassistische bzw. antisemitische Diskriminierungserfahrungen gemacht haben und darüber sprachen, auf Teilnehmende, die sich mit ihren Erzählungen gewissermaßen konfrontiert sahen und sich damit auseinandersetzten. Die diskriminierenden Erfahrungen in der Gruppe aufzufangen, fiel den Teilnehmenden teilweise schwer. Die Teilnehmenden, welche diskriminierende Erfahrungen aufgrund von Abwertung, Ressentiments und Antisemitismus erleben – so etwa Amar Saadi, Farah Saleh und Dana Fellner –, haben diese Erfahrungen eingebracht und engagiert diskutiert, was die übrigen Diskussionsteilnehmenden –

Bertha Schulze, Christine Becker und Elisa Schäfer – zunächst mit teils unbeholfenen Ratschlägen, Passivität, abstrakten Erklärungen (Anonymität, Social Media) für den Rechtsruck und der Konstruktion vermeintlich sicherer Orte quittierten. Dabei präsentierte Dana Fellner als jüdische Aktivistin den anderen Teilnehmenden ihren Umgang mit Herausforderungen eines Lebens in Deutschland nach der Shoah. Sie setzt sich aktiv für ihre Belange und die der anderen ein. Dafür bildet und nutzt sie politische Netzwerke, engagiert sich in der Bildungsarbeit und hat sich eine professionelle Position in diesem Spannungsfeld erarbeitet. Wo immer dies möglich erscheint, plädiert Dana Fellner für eine Strategie des Dialogs bzw. ein Ansprechen und Kritisieren diskriminierender Standpunkte und Personen:

> *Dana Fellner: „Aber ich denke trotzdem, dass jeder Mensch, der einmal so angesprochen und hinterfragt wird (Bertha Schulze: Mhm), so nach Hause nimmt. Oh, es gibt ja doch noch welche, die dagegen sind oder 'ne andere Meinung haben (Bertha Schulze: Mhm), und ich finde, je öfter denen das passiert, desto mehr könnte es ja wirken." (GD8, Z. 325–328)*

Sowohl in dieser als auch in anderen Gruppendiskussionen betonten auch einige andere von Diskriminierung betroffene Teilnehmende, es als notwendig und richtig zu erachten, bei diffamierenden Äußerungen einzuschreiten, unabhängig davon, ob sie in der Situation selbst betroffen sind oder es um andere – anwesende oder nicht anwesende – Personen geht (z. B. Bettina Frank und Carola Aydin, GD10; Amar Saadi, GD8). Jedoch berichteten die Teilnehmenden aus jenen Situationen häufig von weiteren Gegenreaktionen des Gegenübers, welche von Unverständnis (Carola Aydin, GD8) und Gesprächsabbruch (Amar Saadis Kollege, GD8) über sozialen Ausschluss bzw. Vermeidung (Bettina Frank, GD10) bis hin zu offenen Aggressionen und Übergriffen reichen (Dana Fellner, GD8). Solche Erfahrungen münden in Gefühlen der Wut, Frustration und Resignation, welche wiederholt in den genannten Erzählungen der Teilnehmenden anklingen. Damit tragen diese Gegenreaktionen zu einem gesellschaftlichen Klima des Schweigens über Rassismus, rassistische Diskriminierung und Antisemitismus bzw. Silencing (zum Schweigen bringen) von entsprechend engagierten bzw. von diesen Diskriminierungsformen betroffenen Menschen bei.

So ist sich beispielsweise Dana Fellner aufgrund diverser Erfahrungen bewusst, dass sie mit einem verbalen Einschreiten das Risiko eingeht, physisch angegriffen zu werden, und wägt daher in entsprechenden Situationen die vom Gegenüber ausgehende Gefahr gegen die Wichtigkeit der Sache ab:

> *Dana Fellner: „[…] und trotzdem denk ich, da gibt's 'n paar, die kann man vielleicht zurückhol'n, also da würd' ich mich drum bemühen. […] Aber ich suche auch, ich bin auch nicht sicher, ob das alles, manchmal denk ich, ich guck mein' Koffer an und denk, okay, geh doch woanders hin." (GD8, Z. 474–477)*

Diese Vorstellung, auszuwandern und an einem anderen Ort bzw. in einem anderen Land ein Zuhause zu finden, teilen auch einige Teilnehmende der anderen Gruppendiskussionen, so etwa Carola Aydin und Arslan Kaya. Dabei klingt eine Sehnsucht an, einen besseren, wirklichen Schutzraum vor Diskriminierung zu finden:

Arslan Kaya: „Rassismus is für mich 'n Riesenthema (Carola Aydin: Mhm) wirklich, das is das Thema, warum ich weg will." (GD10, Z. 409)

Im Gegensatz zu Arslan Kaya und Dana Fellner, welche keinen konkreten Ort benennen, überlegt die ebenfalls in Deutschland geborene Carola Aydin unter anderem, in das Herkunftsland der Eltern zu ziehen:

Carola Aydin: „Ich und meine Tochter und ihr Mann, wir reden öfters darüber, wenn das mit dem Rassismus nicht besser wird, ist die Überlegung, obwohl wir Berlin lieben, es zu verlassen, also ins Ausland zu gehen, beispielsweise Türkei." (GD10, Z. 63–66)

Die Fantasie, Berlin und Deutschland zu verlassen, ist in all diesen Fällen verknüpft mit der beschriebenen Erfahrung von Diffamierung und Ressentiments sowie einer wahrgenommenen rechtsradikalen Bedrohung. Die aus den USA migrierte Schwarze Teilnehmerin Dalia Thomas beschreibt keinen eigenen Wunsch auszuwandern. Stattdessen wird die Idee der Rückkehr „nach Hause" (GD10, Z. 979) von einer unbekannten Frau auf der Straße in einer rassistischen Forderung unerwartet an sie herangetragen.

Dalia Thomas: „Es is egal, wohin ich gehe, ich bin immer Schwarz, ich werde immer als Schwarze angesehen, und der erste Blick, der erste Gedanke wird immer, du bist anders." (GD10, Z. 503–508)

Sie beschreibt in der Diskussion einen eher innerpsychisch stattfindenden Verarbeitungsprozess mit den eigenen rassistischen Erfahrungen sowie den Versuch, eigene Erklärungen für derartige Einstellungen und Verhaltensweisen ihrer Berliner Mitmenschen zu finden. Jedoch illustriert Dalia Thomas einen weiteren wichtigen Aspekt, dem sich viele zugewanderte oder als migrantisch diffamierte Menschen ausgesetzt sehen: die Herausforderung, die eigenen Kinder, welche ebenfalls als migrantisch wahrgenommen werden, wenngleich sie in Deutschland geboren sind, auf ähnliche rassistische Erfahrungen vorzubereiten, und das Bewusstsein, sie vor diesen nicht schützen zu können.

Dalia Thomas: „Ich bin mehrmals in diese Situation, die ich gesagt habe, mein sie können das nich übersehen, ich bin (Carola Aydin: Mhm), wer ich bin, aber manchmal muss ich mich entscheiden, wie ich denn hier lebe mit dieser Rassismus (Bettina Frank: Mhm), diese andere Gedenkenweise, is 'n bisschen schwer, und ich hab auch zwei Kinder, sie sind (schmunzelt) Mischlingskinder (Carola Aydin: Ja), weil mein Mann deutsch is, und ich muss denen beibringen, was zu ihnen kommt später." (GD10, Z. 959–964)

Dieses Beispiel zeigt einmal mehr, wie sowohl tatsächlich migrierte Menschen wie Dalia Thomas als auch vermeintliche Migrantinnen und Migranten, so etwa ihre Kinder, aufgrund äußerer Zuschreibungen von fragloser Zugehörigkeit ausgeschlossen sind, egal wie lange sie in Deutschland leben, wie sie sich selbst identifizieren, egal in welchem Maße sie in Familien, Freundeskreisen und/oder im Arbeits- bzw. Bildungskontext eingebunden sind und welches Leben sie allgemein führen. Stattdessen sehen sich die Teilnehmenden immer wieder und oft im Berliner Alltag mit Situationen und

Konflikten konfrontiert, in denen sie abgewertet, belästigt und angegriffen werden. Der Umstand, dass jene Berlinerinnen und Berliner oft unter starker Anstrengung um basale demokratische Rechte auf Gleichbehandlung, Anerkennung und Teilhabe kämpfen müssen, welche in einer pluralen demokratischen Gesellschaft nicht zur Disposition stehen dürften, verweist auf weiterhin bestehende gesellschaftliche wie auch strukturelle Ungleichheitsverhältnisse und Probleme in Berlin. Die Handlungsstrategien für den Umgang mit diesen Problemen, mit Diffamierung in alltäglichen Situationen, in den Berliner Kiezen, bewegen sich zwischen den Polen der Resignation und des Konflikts. Während manchmal die Orte potenzieller Konflikte gemieden, Diskriminierung und Benachteiligung ausgehalten oder bagatellisiert und Orientierungen an statusgleichen oder -niedrigeren Gruppierungen vorgenommen werden, um sich positiv abzusetzen, werden andererseits Rechte aktiv und mit Nachdruck eingefordert, mehrheitsgesellschaftliche Strukturen kritisiert und Versuche unternommen, den Status als vollwertige Mitglieder der deutschen Gesellschaft zu behaupten.

5.5 Fazit

Die weltoffene Berliner Stadtgesellschaft verspricht Möglichkeiten der gesellschaftlichen Teilhabe, Zugehörigkeit und des Schutzes vor Bedrohungen von außen. Als „Insel" innerhalb Deutschlands wird Berlin für viele Diskussionsteilnehmende zum Zufluchtsort. Die Kehrseite der Medaille zeigt sich im Motiv des „engen", „überfüllten" Berlins, dessen Gesellschaft von Leistungs- und Optimierungsanforderungen strapaziert wird und angesichts der Begrenztheit von Ressourcen chaotisch, gleichgültig und egoistisch (z. B. Claudia Lange, GD1) erscheint. Angesichts dieser Begrenztheit gewinnen die räumlich gedachten Perspektiven auf die migrantische Gesellschaft eine weitere Deutungsebene. Die Perspektiven der Teilnehmenden auf das migrantische Berlin rangieren zwischen einem Gefühl der Verdrängung und der Bereicherung. Durch die Verräumlichung sowie die Verfremdung des Migrantischen in den Gedanken der Teilnehmenden werden allerdings auch Spannungsfelder deutlich, die ein Potenzial für Radikalisierung eröffnen. Bei den Teilnehmenden drückt sich das in Wut, Enttäuschung oder dem Gefühl aus, ungerecht behandelt zu werden – so etwa bei Carsten Schmitz (GD12). Die Gruppendiskussionen weisen aber auch auf konflikthafte Positionen von Berlinerinnen und Berlinern mit Migrationsgeschichte hin. Häufig sind sie Personen mit vielen, auch konfligierenden Zugehörigkeiten. Hin- und hergerissen zwischen diesen Zugehörigkeiten und den damit einhergehenden Erwartungen, zwischen Skylla und Charybdis, fühlen sich einige Teilnehmende zurückgewiesen von der Mehrheitsgesellschaft, andere wiederum enttäuscht durch uneingelöste Versprechen des demokratischen Zusammenlebens. Viele Berlinerinnen und Berliner mit Migrationsgeschichte, die in Deutschland geboren sind, machen insofern nicht die Erfahrung einer fraglosen Zugehörigkeit (Hugger, 2009). Insbesondere an die Nachfolgegenerationen migrantischer Personen in Deutschland werden Erwartungen aus zwei divergierenden Richtungen herangetragenen: die Erwartungen der vorherigen Generation(en) sowie die der deutschen Mehrheitsbevölkerung. Erol Yildiz formulierte dies folgendermaßen:

> *„Gerade Jugendliche der zweiten und dritten Generation setzen sich sowohl mit der Migrationsgeschichte ihrer Eltern als auch mit der Gesellschaft, in der sie aufgewachsen sind, auseinander und entwickeln daraus hybride Welten. In dieser Rekonstruktionsarbeit betreiben sie eine Art ‚Erinnerungsarchäologie' und versuchen andere Geschichten, die bisher nicht erzählt wurden, in das öffentliche Gedächtnis zu bringen. Dabei geht es nicht mehr um Eindeutigkeit und binäre Zuordnungen, sondern um Überschneidungen, Grenz- und Zwischenräume, um Kreuzungen und simultane Zugehörigkeiten, die eine völlig andere Sicht auf die Migrationsgesellschaft eröffnen." (Yildiz, 2013, S. 144f.)*

Im Umgang mit Diffamierung und Stigmatisierung führt die Ambivalenz der daraus resultierenden Selbstverordnung bei einigen Teilnehmenden zur Bagatellisierung der eigenen Diskriminierungserfahrungen zugunsten der Möglichkeit, sich über diese stellen zu können und dem Ressentiment den Stachel zu nehmen. Der Wunsch nach Zugehörigkeit zu der deutschen Gesellschaft ist häufig verstellt durch viele Zurückweisungen und widersprüchliche, gar unzumutbare Assimilationsforderungen, sodass nach anderen Identitätsangeboten gesucht wird (Rommelspacher, 2001, S. 169). Aus der Perspektive der Sozialpsychologie gibt es hier verschiedene Möglichkeiten, wie etwa die Identifikation als Berlinerin oder Berliner. Eine weitere Möglichkeit ist die Vermeidung des diskriminierenden Vergleichs und die Orientierung an „Statusgleichen oder Statusniedrigeren", um sich positiv absetzen zu können (ebd., S. 169f.). So stellt sich Berlin auch für einige Diskussionsteilnehmende als eine niedrigschwellige Möglichkeit dar, eine inklusive Identität zu gewinnen. Die Zugehörigkeit zur Stadtgesellschaft Berlins, in der Multikulturalität ohnehin fest verankert ist, wird so zur Zuflucht für Menschen mit Migrationsgeschichte, aber auch zum Ort der Begegnung für Minderheiten und Mehrheitsgesellschaft.

Unter den verschiedenen Strategien der Abwehr und des Selbstschutzes, die die Diskussionsteilnehmenden in ihrem Umgang mit Diffamierung und Ressentiments bewusst oder unbewusst praktizieren, finden sich Resignation und der Kampf um Teilhabe und Anerkennung hierbei als zwei grundsätzliche Modi. So werden einerseits Emotionen, Impulsivität und Konflikte vermieden und andererseits zur Selbstermächtigung genutzt, Diskriminierungserfahrungen klein geredet und sich scherzhaft in Gesprächen angeeignet. Auch wird die Notwendigkeit von Zivilcourage und Solidarität sowie auch Self-Empowerment betont. Demgegenüber stehen Assimilationsforderungen von Diskussionsteilnehmenden, die sich an Berlinerinnen und Berliner mit Migrationsgeschichte richten. Hinter den Forderungen steckt in einigen Fällen ein gewisser Nachdruck, eine Aggression, die sich auch in gewaltvoller Sprache und Fantasien ausdrückt. Diese Aggressionen bilden sich, wie zuvor beschrieben, auch aus der Sorge vor dem Verlust des eigenen Status heraus. Die Verweigerung von Zugehörigkeit kann aus dieser empfundenen Position der Machtlosigkeit resultieren. Anstelle einer Zugehörigkeit, die „die eigenen Erfahrungen und Lebenszusammenhänge adäquat" ausdrückt, wird Angehörigen diskriminierter Gruppen „eine Identifikation mit Klischees und Rollenvorgaben angeboten, die den Interessen der Dominanten entsprechen" (Rommelspacher, 1995, S. 186). Zugleich zeichnet dies aber das Dilemma der dominanten Position aus, denn „Fremdstereotypisierung geht Hand in Hand mit Selbststereotypisierung, in beiden werden auch die Zwänge formuliert, die zur Legitimation von Herrschaft notwendig sind" (ebd.). Diese Zwänge setzen dann noch weiter unter Druck, der sich letzten Endes in Form von Missachtung und Misstrauen, Ressentiments gegenüber der als schwächer perzipierten Gruppen richtet. Das idealisierte Bild vom weltoffenen und pluralen Berlin symbolisiert in gewisser Weise dieses Versprechen, diesen Zwang, an den sich nicht immer gehalten werden kann. So sind die Diskussionsteilnehmenden größtenteils auch bemüht, das positive Bild von Berlin aufrechtzuerhalten (vgl. Kapitel 2.3). Hierin zeichnet sich ein Selbstverständnis ab, welches die Multikulturalität Berlins per se als Paradebeispiel für Inklusivität erklären will, aber im Endeffekt die Differenz zwischen migrantischen und nichtmigrantischen Gruppen reproduziert.

Beide Seiten – sowohl der Optimismus und die Idealisierung der Stadt Berlin als multikulturelle und weltoffene Metropole als auch der Pessimismus gegenüber der Migration, Integration und dem Zusammenleben in Berlin – sind auch in Stephan Lanz' Analyse als die zwei treibenden Diskursblöcke der Diskursformation „Einwanderungsstadt Berlin" beschrieben. Die eine rede einen Clash of Cultures herbei und rassifiziere Musliminnen und Muslime zu Anderen, während die andere ohne ethno-kulturelles Othering auskäme und Berlin als kosmopolitische Metropole imaginiere (Lanz, 2007, S. 378). Allein der Kontakt zwischen Minderheiten und Mehrheitsgesellschaft innerhalb eines solchen weltoffenen Berlins ist jedoch kein Garant für den Abbau von Ressentiments. Er führt nicht per se zu gegenseitigem Verständnis, vielmehr kommt es auf konsistente positive Kontakte, ein selbstbewusstes Auftreten gegenüber der Mehrheitsgesellschaft und das daraus resultierende Aufbrechen bisheriger Wahrnehmungsmuster an (Rommelspacher, 2001, S. 217). Aufseiten der Mehrheitsgesellschaft, bei Personen, welche die Erfahrung der „fraglosen Zugehörigkeit" gemacht haben, gilt es, selbstverständlich erscheinende Zugehörigkeiten und Zuschreibungen zu hinterfragen. Die Verpflichtung der Politik ist es, entsprechende Rahmenbedingungen zu schaffen und eine Gelegenheit für ein respektvolles und wertschätzendes Zusammenleben zu ermöglichen.

Literatur

Decker, O., & Brähler, E. (2020). *Autoritäre Dynamiken. Alte Ressentiments – neue Radikalität.* Gießen: Psychosozial-Verlag.

Foroutan, N. (2019). *Die postmigrantische Gesellschaft: ein Versprechen der pluralen Demokratie.* Bielefeld: transcript Verlag.

Frankfurter Allgemeine Zeitung (2015). Merkel: „Deutschland ist ein Einwanderungsland". *Frankfurter Allgemeine Zeitung* vom 01.06.2015. URL: https://www.faz.net/aktuell/politik/ausland/angela-merkel-sieht-deutschland-als-einwanderungsland-13623846.html (letzter Abruf 19.03.2021).

Hugger, K. (2009). *Junge Migranten online: Suche nach sozialer Anerkennung und Vergewisserung von Zugehörigkeit.* Wiesbaden: VS Verlag für Sozialwissenschaften.

Lanz, S. (2007). *Berlin aufgemischt: abendländisch, multikulturell, kosmopolitisch? Die politische Konstruktion einer Einwanderungsstadt.* Bielefeld: transcript Verlag.

Rommelspacher, B. (1995). *Dominanzkultur: Texte zu Fremdheit und Macht.* Berlin: Orlando.

Rommelspacher, B. (2001). *Anerkennung und Ausgrenzung: Deutschland als multikulturelle Gesellschaft*. Frankfurt a.M.: Campus.

Statistisches Bundesamt (2020). *Bevölkerung mit Migrationshintergrund – Ergebnisse des Mikrozensus 2019*. URL: https://www.destatis.de/DE/Themen/Gesellschaft-Umwelt/Bevoelkerung/Migration-Integration/_inhalt.html (letzter Abruf 19.03.2021).

Yildiz, E. (2013). Postmigrantische Verortungspraktiken: Ethnische Mythen irritieren. In P. Mecheril, S. Arens, C. Melter, O. Thomas-Olalde & E. Romaner (Hrsg.), *Migrationsforschung als Kritik?* (S. 139–153). Wiesbaden: Springer VS.

Charlotte Höcker, Nabila Essongri, Henriette Rodemerk und Oliver Decker

6 „Auf Sparflamme wird das gerettet"

Berlin als Stadt der Emanzipation?

Das titelgebende Zitat „Auf Sparflamme wird das gerettet" bringt die Resignation eines Teilnehmers unserer Gruppendiskussionen zum Ausdruck: Was in Berlin einmal möglich schien – emanzipative Projekte zu initiieren und sich zu engagieren –, gehört aus seiner Sicht bald der Vergangenheit an. Das Zitat ist Ausdruck einer Sehnsucht nach Berlin als Stadt feministischer und queerer Lebensentwürfe. Gleichzeitig ist Berlin aber auch Ort von Gewalt- und Diskriminierungserfahrungen. Dabei erscheint Berlin als „einzige Stadt, in der man leben kann", gleichermaßen als realisierte Utopie und bedrohte Blase. Aus den Gruppendiskussionen wird deutlich: Das Sehnsuchtsbild eines solidarischen und vielfältigen Berlins, von geschlechtlicher und sexueller Freiheit, steht oft im Kontrast zu den Alltagserfahrungen. Nur mit Mühe lässt sich das Bild bewahren. Berlin, der Kiez, die Straße und zuletzt die eigenen vier Wände werden zu Rückzugsorten, die wegen der Spannung aus Offenheit und Entgrenzung gebraucht werden. Die Reaktion in der Auswertungsgruppe auf die Gruppendiskussionen eröffnet einen ersten Blick auf die alltägliche Ohnmachtserfahrung, deren Abwehr durch Idealisierung, normative Forderungen und Spaltung versucht wird. Im idealisierten Berlin erscheint im Kontrast zum Rest Deutschlands ein Ort fernab von rigiden Geschlechterrollen und tabuisierten Sexualitäten. Aber um diese Fiktion aufrechtzuerhalten, müssen dem eigenen Lebensentwurf widersprechende Alltagserfahrungen verleugnet werden. In normativen Forderungen äußern sich stattdessen defensive Rückzugstendenzen.

6.1 Berlin als Stadt der Emanzipation

Immer wird in den Gruppendiskussionen die Einzigartigkeit Berlins und, insbesondere auch von Frauen und queeren Teilnehmenden, die Begeisterung für die Stadt betont. Berlin begegnete uns in den Diskussionen als ein Ort, in dem gesellschaftlichen Zumutungen entgangen werden kann, die sonst als unausweichlich erscheinen: Dazu gehören enge Geschlechter- und Familienrollen oder Heteronormativität. Sie scheinen in Berlin weniger zu greifen als in anderen Teilen Deutschlands. So berichtet Astrid Schneider, eine Rentnerin, wie sie als alleinstehende Frau an ihrem vorigen Wohnort in einer süddeutschen Stadt isoliert wurde. Sie hebt dadurch Berlin hervor:

> *Astrid Schneider: „Wenn Sie in einer kleinen Stadt leben als Witwe, machen die Leute immer gerne einen großen Bogen um ein'. Hier ist den Leuten das egal.*

(Conrad Fuchs: Mhm) Ja, das is aber nich diese Gleichgültigkeit, sondern das is okay, die hat halt keinen Mann mehr fertig, ne." (GD2, Z. 351–355)[1]

In ihrem ehemaligen Umfeld der Kleinstadt hat Astrid Schneider eine Vereinsamung erlebt, weil sie alleinstehend und als Witwe kaum sozialen Anschluss gefunden hat. In Berlin ist das Gegenteil der Fall, hier knüpft sie immer wieder soziale Kontakte:

> *Astrid Schneider: „Ich habe das, seit ich hier bin, eigentlich mehr Nähe von eigentlich mir fremden Menschen erlebt. Bin also zum Beispiel bin jetzt inzwischen schon zweimal umgezogen, aber bin immer mit den jeweiligen Nachbarn lustigerweise immer von denen, die über mir gewohnt haben, bin ich jetzt nach wie vor befreundet und wir treffen uns regelmäßig." (GD2, Z. 245–253)*

Nachdem sie die längere Erzählung ihrer Erlebnisse abgeschlossen und sich damit offenbart hat, stellt sie abrupt mit Blick auf den Mitdiskutierenden Daniel Fuchs fest: „Aber er hat immer noch nichts Richtiges gesagt" (GD2, Z. 254), und Conrad Fuchs springt ihr zur Seite: „Du wirst jetzt gezwungen" (GD2, Z. 254–255). Auf diese halb neckische, halb forcierte Aufforderung, nun auch etwas von sich preiszugeben, durch sein Schweigen nicht mehr der „Unbekannte" oder „Fremde" zu bleiben, reagiert Daniel Fuchs. Er outet sich, zwar etwas verlegen, aber direkt: „ich typisch, finde bisschen komisch, aber ich bin schwul" (GD2, Z. 256). Innerhalb der Gruppendynamik wirkt es fast wie ein „Zwangsouting" der 1970er/1980er Jahre, als offen lebende Schwule andere Männer und ihre Liebe zu Männern öffentlich und mit Namen outeten. Trotz einer Ambivalenz teilt Daniel Fuchs in dem Moment aber die Berlin-Begeisterung von Astrid Schneider:

> *Daniel Fuchs: „Es gibt in Berlin gibt es (eine) queere Community, also Community, die dann auch nicht nur schwule Männer, sondern auch Lesben und Trans und alle möglichen Leute, der sexuellen Minderheiten angehör'n […] aus verschiedenen Ländern und das gibts, glaub ich, sonst in- das gibts auf jeden Fall in Deutschland so in keiner anderen Stadt." (GD2, Z. 259–264)*

Es ist dann wieder an Astrid Schneider, die sich an die anderen Diskussionsteilnehmenden wendet und freudig ihre gerade entdeckte Gemeinsamkeit hervorhebt: die Vielfalt.

> *Astrid Schneider: „Das is aber […] halt das das tolle an an Berlin, […] dass es eben so groß is und so eine Vielfalt hat, dass im Prinzip (Conrad Fuchs: Mhm) jeder vom bekennenden, lustig lebenden Schwulen über den Lehrer über den spanischen Gastronom bis zur ollen Witwe sich wohlfühlen kann und seine Ecken (Conrad Fuchs: Ja ja ja) findet (Brayan Haddad: Mhm) und sein Kiez hat." (GD2, Z. 585–587)*

Die Gemeinsamkeit in der Vielfalt erfährt an dieser Stelle gleichzeitig eine Begrenzung. Sie ist nicht auf den ersten Blick erkennbar, aber wird doch mitgedacht: Wenn

1 Hier und im Folgenden haben wir den Wortlaut aus der Gruppendiskussion weitestgehend beibehalten, um die Atmosphäre der Situation wiederzugeben. Zur Erläuterungen der methodischen Vorgehensweise vgl. Kapitel 1.

jeder seine „Ecke" hat, findet eine Vermischung – wenn überhaupt – nur zeitlich begrenzt statt. Vielleicht ist diese Eingehegung auch notwendig und folgt einem Bedürfnis, gerade wegen der beschriebenen Vielfalt. Wenn es zur Begegnung kommt, dann kann sie berauschend sein, wie die Schilderung Amar Saadis in einer anderen Gruppendiskussion vermittelt:

> *Amar Saadi: „Und auf diesen Riesendemonstrationen sieht man eben auch im sozialen Leben, wie tolerant Berlin is, also ob ich jetzt als Mann in: Strapsen aus'm KitKat rauskomme in der U-Bahn oder als lesbische Frau mit meinem schwulen besten Freund und unserm gemeinsamen Kind rumlaufe. Also (Bertha Schulze: Ja) in meinem sozialen Umfeld is Toleranz, ich glaub, overlevel, also die is da is alles dabei und das is das, was ich auch vorhin meinte mit Berlin is so bunt, weil ichs am eigenen Leib erfahre, das macht einfach Spaß, also bei uns wird niemand ausgegrenzt, diskriminiert und niemand is gleich […]." (GD8, Z. 755–764)*

Dass das Berliner Stadtleben mit dem Gefühl von Freiheit, Toleranz und Diversität Berlins verbunden ist, wird sehr deutlich, gleichzeitig aber auch, wie die alltägliche Außeralltäglichkeit wirkt: überwältigend. Dass „niemand gleich" ist, in anderen Zusammenhängen ein Hinweis auf eine Hierachie oder gar eine Stigmatisierung, meint hier jenes verbindende Element einer großen Gemeinschaft. Dass diese Vielfalt auch als Überforderung empfunden werden, eben auch „overload" im Sinne einer Überlastung sein kann, wird in einer anderen Gruppendiskussion von Claudia Lange ausdrücklich benannt, fast schon eingestanden:

> *Claudia Lange: „Deshalb bleib' ich dann mittlerweile auch oft einfach auf meinem Balkon und kann diese Stadt gar nich mehr in ihrer Vielfältigkeit genießen." (GD1, Z. 146–147)*

Einen ähnlichen Rückzug, wenn auch weniger mit Überforderung begründet, berichtet Dorine Bonnet. Während ihre Mitdiskutierenden in der Gruppendiskussion von ihrem politischen Engagement für eine queere Lebensweise berichten, stellt sie fest:

> *Dorine Bonnet: „Politisch aktiv bin ich selbst nich, dann eher das, was auch mehr für mich greifbar is, nämlich auf so auf sozialer Ebene (U: Mhm), ja, also ich war jetzt bei den Flüchtlingen da in der Hebelstraße drei Jahre lang, bis die da abmontiert wurden. Mehr kann ich nich tun, als sonst ein netter Bürger zu sein (schmunzelt). […] Also ich bin mit 'ner Frau zusammen und wir haben ein Kind […], die wird das natürlich auch nich verheimlichen, dass sie zwei Mütter hat, also das is schon Statement genug, finde ich." (GD11, Z. 1165–1175)*

Berlin wird als verdichteter Ort der Vielfalt gesehen und wiederholt vom Rest Deutschlands abgegrenzt und scheint gerade durch diesen Kontrast den besonderen Status zu bekommen. Wie in einer „Vitrine" (vgl. Kapitel 2) werden unterschiedliche Lebensentwürfe von den einen gelebt und von den anderen bewundert. Aber doch bleibt es für alle Beteiligten eine Notwendigkeit, in der Vitrine einen angestammten Platz zu finden. Wo sie gefunden werden, geben die wiederkehrenden Metaphern zu erkennen: in „Blasen", „Bubbles", „Nischen", im „Kiez" oder auf „Inseln" – all diese

Metaphern sind Ausdruck eines Wunsches nach einem kleinen und umgrenzten Ort (vgl. Kapitel 2).

Diese letzte Beschreibung Berlins als Insel stammt nicht aus der Gegenwart, sie holt die Berliner Realität aus der Zeit der Teilung während des Kalten Krieges in die Jetztzeit. Bis 1989 war das Selbstverständnis des durch die Mauer begrenzten und eingeschlossenen West-Berlins das einer „Insel“: Der Viermächtestatus schaffte in West-Berlin ein Klima, dass sich von West- und Ostdeutschland unterschied. Das Stadtleben spielte sich in einem Raum ab, und die Grenze dieses Raums war, wie an einer Küstenlinie, mit der Mauer räumlich erfahrbar. Nach dem Mauerfall verschwand diese äußerliche Grenze. Grenzen teilen aber nicht nur, sondern sie helfen auch, etwas zusammenzuhalten, sie sind eine Umfassung. Diese eigentümliche Wirkung der Mauer für West-Berlin ist in mehrfacher Hinsicht verloren gegangen (vgl. Kapitel 3). So wurden beispielsweise Sackgassen zu neuen, hochfrequentierten Durchgangsstraßen, wie Babette Neumann berichtet:

> *Babette Neumann: „Die Straße, in der ich wohnte, war damals also wirklich die Endstraße, weil dahinter die Mauer war, […] und jetzt durch die ganzen, die ganzen ganzen Östler, die ganzen Potsdamer, die ganzen HVL und alle, die rumliegen, kommen jetzt alle da rein.“ (GD5, Z. 215–230)*

Die Erfahrung des Mauerfalls und die Dynamik der Nachwendezeit hatten auch für Westberlinerinnen und Westberliner eine fast schon einschneidende Intensität. Es gibt keine Mauer mehr, die begrenzt und die Sicherheit bietet.

Das Bedürfnis nach Begrenzung und Schutz wird heute nicht mehr mit einem Bauwerk, sondern mit einer inneren Zweiteilung versucht einzulösen. Aus Berliner Sicht endet die Stadt an den „Randberlinersachen (…) hinterm Ostkreuz“ (GD2, Z. 445–448), und die Erfahrungen, die Conrad Fuchs von dort berichtet, sind unangenehm – etwa wenn sich bei Treffen andere „ziemlich frei geoutet haben, so als AfD-Wähler“ (GD2, Z. 467). Dieses „Outing“ und diese andere „Freiheit“ sind „außerhalb“. Hier ist nicht mehr nur der Kontrast zur Berliner queeren Vielfalt zu finden, sondern auch deren Bedrohung. Wie der Kiez, die Ecke und Blasen möglicherweise eine Bedingung der Möglichkeit von Vielfalt sind, so ist es auch diese neue „Insellage“, die diese Nischen umfasst. Dass diese Grenze eine Fantasie ist, deutet auf ihre psychische Bedeutung als Begrenzung hin. Wenn Claudia Lange bedauernd feststellt, sich in ihre Wohnung zurückziehen zu müssen, das bunte Treiben nur vom Balkon aus genießen zu können, wenn Amir Saadi den faszinierenden „overload“ beschreibt oder Astrid Schneider die Selbstoffenbarung einfordert, dann lässt sich dies jeweils als Reaktion auf die gleiche Herausforderung verstehen. Die eigene Offenheit erfordert gleichzeitig eine Abgrenzung oder Begrenzung, um wieder Schutz zu finden. Emanzipation und die Anerkennung von Differenz sind Herausforderungen, für die es eine „Insel“ braucht, um der Gefahr von Überforderung begegnen zu können: Diese Grenze kann durch ein fiktives Außen erzeugt und in Rückzugsräumen gefunden werden. Auf der „Insel“ bleibt es trotzdem notwendig, durch die Identifikation mit einem gemeinsamen Ideal miteinander verbunden zu sein. Die dadurch entstehende Gemeinsamkeit soll helfen, eine Überwältigung und Ohnmachtserfahrung abzuwehren.

6.2 Brüche im Idealbild

Diese Idealisierung des offenen und queeren Berlins steht auch in einem Spannungsverhältnis zum Berliner Alltag, wie er in den Gruppendiskussionen berichtet wird. In ihm steht die Vielfalt unter Druck. Daniel Hofman macht neben dem „Rechtsruck" (GD2, Z. 786) noch eine andere Gefahr aus, die „Gentrifizierung" (GD2, Z. 788). So gehen nicht nur metaphorisch, sondern durch zu hohe Mieten ganz konkret Räume verloren, die als materielle Basis Voraussetzung sind, um „solche Sachen zu gründen" (GD2, Z. 789), also Projekträume, alternative Wohnmodelle oder selbstverwaltete Zentren. Was noch da ist, „wird nur noch auf kleiner, auf Sparflamme gerettet" (GD2, Z. 791–792). Die Stadtpolitik und die Gentrifizierung, also politische Entscheidungen oder ökonomische Gegensätze, werden aber ansonsten in den Gruppendiskussionen als Ursache für den Verlust von emanzipativen Möglichkeiten nicht thematisiert. Die Gefahr durch Rechtsextremismus steht dagegen im Vordergrund der Berichte. Wie aber bereits der erwähnte Hinweis von Conrad Fuchs auf die „Randberlinersachen" andeutet, wird die Bedrohung der sexuellen und queeren Freiheit vor allem als eine von außen kommende beschrieben. Die östlichen Außenbezirke bieten den Kontrast zum offenen Berlin, wie auch Benjamin Köhler beschreibt.

> *Benjamin Köhler: „Ich hab immer noch tatsächlich persönlich, was mein' Lebensstil angeht, tatsächlich mehr Angst vor den Rechten, also dem, was du gesagt hast, was so hinter der Ringbahngrenze nach Osten raus dann gefühlt so (Christopher Klein: lauert) lauert, laut Wahlergebnissen." (GD11, Z. 738–741)*

Diese Art der Trennung findet sich in verschiedenen Gruppendiskussionen. Jenseits der Ringbahn liegen die „unsave areas" (GD8, Z. 381), denn „da sind ja nach der Wende ganz viele Nazis in Woh- in WGs reingezogen" (GD8, Z. 384). Dagegen, so stellt eine Teilnehmerin resümierend fest, „lebt man hier wirklich auf einer ruhigen Insel" (GD8, Z. 398). Diese Aussage kontert die Mitdiskutierende Dana Fellner und löst damit den Gruppenkonsens auf. Sie wirft ein, dass sie „noch nie auf 'ner ruhigen Insel gelebt" habe, denn sie habe „immer geguckt, wenn Wahlen war'n, wie viel Leute wähl'n diese, wie sie auch grade heißen (Christine Becker: Ja) Nazi- oder rechtsradikalen rex-rechtsextremen Parteien" (GD8, Z. 402–404). Dana Fellner ist als Feministin politisch aktiv, Jüdin und steht zeitweise in der Öffentlichkeit. Dadurch erlebte sie mehrfach politisch motivierte Gewalt:

> *Dana Fellner: „Ich würde aber noch unterscheiden zwischen einem Gespräch, was noch zu Ende geht, dann hört der nich mehr zu und geht, oder wenn jemand aber dann die Faust rauszieht oder dich bedroht. (Amar Saadi: Mhm) Also, erstma verbal, dann schreit und dann Todes- und Folterdrohungen, ne, also es geht ja dann immer so weiter, wenn man öffentlich is, und dann gibts eben auch Überfälle in Bahn oder is ganz beliebt, also nich nur am Rand, sondern in den Straßenbahnen, in den quatsch in den U-Bahn, weil die Leute dann schnell aussteigen können (U: Mhm) oder du steigst aus und dann hast du nie Zeugen, ne. Also ich bin schon zwei- also dreimal eigentlich überfall'n worden, das letzte Mal […] hat sie mich in der U-Bahn angeguckt ganz lange ganz komisch, dacht ich Oh Gott*

> *und dann musst ich raus- aussteigen und (U: Mhm) dann hat sie mir irgendwas in ihrer Tasche war so kantig in Bauch gestoßen, aber das war der harmloseste Überfall." (GD8, Z. 328–341)*

Die Spaltung zwischen dem emanzipierten Berlin und einem bedrohlichen Außen wird in den Gruppendiskussionen selten so deutlich, aber regelmäßig brüchig. Das passiert, wenn die eigene Betroffenheit und die Erfahrung von Gewalt unabhängig von deren Verortung im städtischen Raum durch eine Teilnehmerin wie Dana Fellner die Idealisierung unmöglich macht.

Dennoch wird nicht selten trotz der eigenen Gewalterfahrung am Berlin-Bild festgehalten – vielfältige Stadt und Gewalt stehen dann unverbunden nebeneinander. Das queere Leben offen zu führen, hat Grenzen, von denen auch Daniel Hofman berichtet. Jenseits der „Bubble in Kreuzberg und Neukölln" (GD2, Z. 324) sei er mehrmals „blöd angemacht [worden] fürs offensichtlich schwul sein" (GD2, Z. 425). In einer anderen Gruppendiskussion berichtet Christopher Klein von seinen Gewalterfahrungen:

> *Christopher Klein: „Also ich wurd mit Steinen beworfen (Benjamin Köhler: Mhm), angespuckt, angegriffen, solche Sachen." (GD11, Z. 803–804)*

Bei der Zuordnung – Von wem geht die Gewalt aus? – werden in den Gesprächen vor allem zwei Gruppen benannt, Rechtsextreme und Migranten. Aus beiden Milieus, so die Erfahrung, werden Schwule und Lesben angegriffen. Dabei ist gleichzeitig das Bemühen zu beobachten, die Gewalt, die von Migrantinnen und Migranten ausgeht, einzuordnen oder zu differenzieren.

> *Benjamin Köhler: „In neun von zehn Fällen immer Rechte, vor allem wenn es gewalttätig war, war'n es Rechte und das eine Mal, wo mich halt einer fast besprungen hat irgendwie, ein ein Araber oder Türke, weiß ich natürlich nich genau, beim Sport, weil er irgendwie mitbekommen, dass irgend 'n Kumpel und ich eben schwul sind, da kam es aber nich zu Handgreiflichkeiten und da war mir auch klar, wenn jetzt hier irgendwas passiert und ich mache hier Stunk, kriegt er Stress also." (GD11, Z. 770–775)*

Benjamin Köhlers Gewalterfahrung ist deutlich mit „Rechten" verbunden, aber das liegt nicht daran, dass er von anderen keine Ressentiments gegen sich wahrnimmt, sondern dass er in der Blase die Möglichkeit hat, sich zu wehren. Zudem, so ergänzt Dorine Bonnet ihre Erfahrungen aus Südfrankreich, ist noch ein weiterer Schritt der Gewalteskalation von der politischen Rechten zu befürchten:

> *Dorine Bonnet: „Ja, ich würd sagen, in Nantes is genau die Entwicklung halt abgeschlossen (lacht), die du hier empfindest, nämlich als Homosexuelle hat man eher Angst vor den Rechten." (GD11, Z. 756–758)*

Christopher Klein sieht sich dagegen deutlich mehr im Fokus der Abwertung durch Menschen mit „Migrationshintergrund", aber auch er relativiert seine Einschätzung etwas:

> *Christopher Klein: „Ich als homosexueller Mann hab fast alle, nicht fast alle, aber den Großteil der Diskriminierungserfahrung, die ich hatte […] durch Menschen […] mit Migrationshintergrund […], also zumindest physisch sichtbarem (…) Migrationshintergrund, erlebt, auch die gewalttätigeren, wobei ich sagen muss […], ich hätte, glaub ich, vor Leuten in Bomberjacke x-mal mehr Angst." (GD11, Z. 790–800)*

Nicht nur queere Lebensentwürfe führen zur Konfrontation mit Gewalt und Abwertung in Berlin. Auch Anselm Meyer sieht sich im Berliner Alltag aufgrund einer körperlichen Behinderung mit Erwartungen konfrontiert, die er als fortwährende Beschränkungen erlebt.

> *Anselm Mayer: „Also dass ich noch eher von auf der Seite als der Nachgebenden oder der Kompromissbereiten oder der Ausgleichenden Akzeptanz finde, auch bei Leuten […], wo es darum geht, mal etwas sehr stark zu bestimmen oder herauszufordern oder Energie reinzusetzen […], dass ich da nich so akzeptiert bin, dass die dass ich da nich so schwer gewogen werde." (GD9, Z. 725–734)*

Anselm Meyer blickt eher auf subtile Begegnungen, die er als Mensch mit Behinderung macht, als auf eskalierende Situationen der Gewalt. In diesen ist er vorrangig mit Rollenerwartungen konfrontiert, die im Stereotyp eher als feminin (statt maskulin) begriffen werden. Sowohl dieser alltäglichen Zuweisung von Geschlechterrollen als auch der gewaltvollen Einengung durch sie wird in weiteren Erzählungen in den Gruppendiskussionen zumeist eher indirekt Ausdruck verliehen. So werden implizit Konfrontationen mit Männlichkeitsnormen deutlich, durch die das Leben in der Stadt scheinbar unbeschadeter und freier geführt werden kann. Carsten Schmitz stellt indirekt fest, dass mit dem Verlust an Virilität die Bedrohungswahrnehmung zunimmt.

> *Carsten Schmitz: „Ja, der X-Platz war ma' 'n richtiger Schmutzfleck wirklich und jetzt kannste dich da abends auch nachts unbehelligt als Älterer oder auch als Frau, kannst dich da lang trau'n. War früher nich der Fall." (GD12, Z. 923–925)*

Dass diese Bedrohungswahrnehmung für andere bereits die frühe Lebensphase prägt, wird in Farah Salehs Bericht deutlich:

> *Farah Saleh: „Sieht man ja jetzt grad zum Beispiel in Halle, was da passiert is (U: Ja), hat sich's hat sich ja auch komplett zugespitzt mit dem Typen, der (U: Mhm) da dasselbe fabriziert (U niest) hat wie in Neuseeland (U: Mhm), man weiß nie, wann's nach Berlin überschwappt, vielleicht laufen schon Menschen mit solchen Gedanken (U: wohl / Bertha Schulze: mit Sicherheit ja) schon rum da, also ich ich bin also als junges Mädchen hab Angst wirklich (U hustet), wenn ich an der U-Bahn zu nah am Steg stehe oder so, oder wenn ich irgendwann mal alleine (U: eben) unterwegs bin, dass irgendjemand, was weiß ich, da irgendwie was rauszückt oder so, also ich sags ich ständig." (GD8, Z. 143–152)*

Farah Saleh formuliert ihre Angst, dass ein Attentäter mit Gewalt in ihren Alltag einbricht. Dass diese Gefahr auch in ihrer Wahrnehmung von außen kommt („überschwappt"), kann sie vielleicht etwas binden. Sie verweist an der Stelle auf das Attentat von Halle, den misogyn motivierten Mord an einer Frau, aber auch das Massaker von Christchurch, bei dem ein neonazistischer Attentäter in eine Moschee eindrang und mehrere Menschen ermorderte. Farah Saleh lässt die Angst nicht los – gerade als junge Frau und weil sie die Erfahrung von Diffamierung wegen ihrer Religion schon häufiger gemacht hat –, jemand könnte irgendeine Gelegenheit nutzen und sie verletzen und töten. Dass diese Angst auch von einer anderen Teilnehmerin eigentlich geteilt wird, kommt aber nicht durch Empathie, sondern durch deren abwickelnde Reaktion zum Ausdruck:

> *Bertha Schulze: „Aber dann stell dich doch einfach […] weiter weg vom Bahngleis, mach ich auch, wenn ich mit mein' Enkel unterwegs bin […] steh ich einfach weiter weg." (GD8, Z. 154–156)*

Bertha Schulze kennt die Angst von Farah Saleh offensichtlich nur zu gut, diese Angst soll die jüngere Frau aber eher als Hintergrundsound der Stadt verstehen und sich darauf einstellen. Es gilt, eine Strategie zu entwickeln, mit dieser Bedrohung umzugehen. Diese Konstellation wiederholt sich auch in anderen Gruppendiskussionen. Astrid Schneider wiegelt den eigenen Schrecken ab, dass sie sich als ältere Frau an bestimmten Orten Berlins unsicher fühlt:

> *Astrid Schneider: „[…] dass es Orte gibt, an denen man zu 'ner bestimmten Uhrzeit dann als Dame nich mehr allein rumlaufen sollte […], find ich jetzt auch nich so schlimm, und ich meine, ich hab auch nich um mich persönlich Angst." (GD2, Z. 607–609)*

6.3 Präsenz im öffentlichen Raum, Grenzen der Emanzipation, bedrohliche Ohnmacht: Elemente einer tiefenhermeneutischen Interpretation

Eine Möglichkeit, Ungleichheitsverhältnisse zwischen den Geschlechtern nicht explizit zu problematisieren, ein Unbehagen darüber aber dennoch zum Ausdruck zu bringen, finden drei diskutierende Frauen in einer Gruppendiskussion schließlich auf einem Umweg: Ihre Empörung gilt der Präsenz von Autos.

> *Agnes Fischer: „Sie sagten vorhin ma' hier so diese diese Autoaffine, das is ja 'n Relikt aus aus'n 70ern 80ern, dass (Beate Peters: Genau) ganz viele Städte eben die Städteplanung einfach nur das Auto im Kopf hatte. Die sind nich auf die Idee gekommen, dass es da 'n Fußgänger gibt, schon gar nicht, dass der vielleicht 'n Rollator hat oder 'n Kinderwagen oder was auch immer oder 'n Rollstuhl ganz schlecht, ja (Beate Peters: Mhm) oder aber eben Fahrradfahrer, man is nur autoaffin gewesen bis zum Abwinken." (GD1, Z. 439–443)*

Claudia Lange fasst den Gesprächsverlauf dann zynisch und augenzwinkernd zusammen: „Also die Problembevölkerung in Berlin sind die Autos" (GD1, Z. 494). Alle drei Frauen haben in der Vergangenheit aufgrund ihres Geschlechts Ausgrenzungs- und Diskriminierungserfahrungen gemacht. Ihre Empörung über die alltägliche Begrenzung ihres Lebensraums und ihr Wunsch, denselben Raum zugestanden zu bekommen, äußern sich aber nicht in Bezug auf Menschen. Sie äußern sich in der Forderung, sich so frei in Berlin bewegen zu können und mit denselben Privilegien ausgestattet zu werden wie die Berliner Autos. Das Motiv des Autos – autonom, mobil und dynamisch – nimmt die Interpretationsgruppe daher implizit auch als eine Referenz auf männliche Hegemonie und Durchsetzungskraft wahr. Weil sich die diskutierenden Frauen in der Diskussion einig werden, dass die Berliner Autos sie und andere Personen in ihrer Bewegungsfreiheit und ihrem Alltag einschränken und nur deren (Mobilitäts-)Bedürfnisse bei der Planung der Stadt berücksichtigt wurden, wird anscheinend die männliche Hegemonie im öffentlichen Raum an dieser Stelle auf die Problematik der Autos verschoben. Die Diskussion über die Autos erscheint auf den ersten Blick inhaltsleer und uninteressant, in der Empörung über die Raumnahme durch Autos entfaltet sich aber eine mitunter lebendige und lustvolle Dynamik. In der Latenz in einer Diskussion über Parkplätze, Autonomie und die Fantasie einer ungebremsten Geschwindigkeit scheint schließlich auch ein Wunsch nach einer stürmischen und rücksichtslosen Raumnahme auf. In der Empörung über die öffentliche Raumnahme von Autos nimmt die Diskussion leidenschaftlich an Schwung auf, wobei sich nicht nur eine Abwertung, sondern in der Kritik auch ein Wunsch nach mehr Solidarität und Gerechtigkeit, aber auch nach eigener Autonomie, Mobilität und Dynamik andeutet. Wird das Motiv der Autos auch als Ausdruck eines Konflikts um vergeschlechtlichte Raumordnungen interpretiert, so scheint hier möglicherweise der Ansatz eines Emanzipationsbegehrens auf. Allerdings wird der soziale und gesellschaftliche Konflikt, der im Motiv der Autos liegt, nicht explizit benannt. Nur in der Verschiebung des Konflikts auf ein Verhältnis zwischen Menschen und Autos kann offensichtlich verhandelt werden, welche Folgen die Spaltung Berlins in Geschlechter- und Klassenordnungen hat.

Während im ausdrücklichen Sprechen über Berlin zunächst die Vielfalt idealisiert wird und die Normen einer offenen und vielfältigen Gesellschaft die Gruppen konstituieren, fügen sich im Verlauf der Gruppendiskussionen mehr und mehr andere Erfahrungen und auch andere Sichtweisen hinzu. Sie werden eher bei persönlichen Schilderungen und Alltagserzählungen benannt, als drohten sie sonst das idealisierte Bild Berlins zu beschädigen.

Um diese Pendelbewegung zwischen Idealisierung vielfältiger Möglichkeiten in Berlin einerseits und begrenzter Emanzipation andererseits zu verstehen, wollen wir im Folgenden eine weitere tiefenhermeneutische Interpretation anbieten. Sie ist auf die hier bereits beschriebenen Szenen bezogen, kann aber als Reaktion der Interpretationsgruppe auf eine noch nicht berichtete Sequenz einer Gruppendiskussion akzentuiert werden.

Im Gespräch berichtet eine Teilnehmerin über ihr Unwohlsein als Frau im öffentlichen Raum. Dabei greift sie aber im Kontrast zu den oben berichteten Erfahrungen von

Gewalt, die Frauen, Schwule oder Lesben machen, auf eine ethnisierende Einordnung zurück. Der Ort, an dem ihre Sexismuserfahrungen stattfinden, ist zwar in Berlin, wird aber als „Ghetto" deklariert:

> *Claudia Lange: „Ja, was für mich wichtig wäre […] 'nen Gegensteuern einer gewis- sen Ghettoisierung, die man hier zum Beispiel in Neukölln […] sieht, wenn man hier die Sonnenallee lang geht, ein arabischer Laden am andern, man traut sich als Deutscher, vor allem als Frau eigentlich fast gar nich' rein." (GD1, Z. 511–513)*

Claudia Lange problematisiert nur die verbalen Belästigungen, die sie durch (vermeintlich) migrantische Männer erlebt, und relativiert zugleich jene, die sie durch Deutsche erfahren habe. Während sie es als „unangenehm" (GD1, Z. 692) empfinde und sich teilweise im Nachhinein „dreckig" (GD1, Z. 702) fühle, wenn sie von migrantischen Männern auf der Straße im Vorbeigehen angesprochen werde, schildert sie dieses Schamerleben in Bezug auf eine analoge Belästigungssituation mit deutschen Männern nicht. Stattdessen verweist sie auf eine „Sprachbarriere" (GD1, Z. 694) und die wahrgenommene Option, deutschen Männern immerhin etwas entgegensetzen zu können. Daher glaube sie, sie hätte „nicht das Problem, durch 'ne Straße zu laufen, die von deutschen Männern bevölkert" sei (GD1, Z. 692–693).

Dieser Bericht löst in der Auswertungsgruppe starken Ärger und auch Enttäuschung aus. Dabei findet sich nicht nur hier ein Echo des Spannungsverhältnisses von Idealisierung der Stadt und der Realität alltäglicher Abwertung und Gewalterfahrung. Durch Claudia Langes diffamierende Ethnisierung wird es für die Auswertungsgruppe unmöglich, sich mit ihr zu solidarisieren. Gerade weil sie als Frau selbst Opfer von Diskriminierung ist und gleichzeitig im unreflektierten Sprechen über „fremde" Männer ihre Ressentiments zu erkennen gibt, löst sie Ärger aus. Dieser Ärger in der Auswertungsgruppe äußert sich in Forderungen nach dem richtigen Verhalten, der Betonung der Normen einer vielfältigen und offenen Gesellschaft und dem Nachweis, wo Claudia Lange gegen diese Normen verstößt. Der Wunsch einer moralischen Korrektur scheint das Bild des idealen Berlins zu retten. In dieser Forderung an eine Person, sich an den Gruppenidealen zu orientieren, kann für einen Moment die Erfahrung von Handlungsfähigkeit gemacht werden. Dem steht jedoch die alltägliche Konfrontation mit einer Gesellschaft gegenüber, die aufgrund ihrer Antagonismen und zuletzt durch die Bedrohung durch Gewalt Ohnmachtserfahrungen erzeugt. In Anbetracht einer überwältigenden gesellschaftlichen Realität mit ihren Verwerfungen, ökonomischen Gegensätzen und objektiv bestehenden Widersprüchen werden auch in der Interpretationsgruppe Ohnmacht und Hilflosigkeit verleugnet. Dies äußert sich in dem Reflex einer vehementen Ablehnung einer empathischen Auseinandersetzung mit Claudia Langes Schilderung.

Inwiefern die normative Reaktion der Auswertungsgruppe ebenfalls mit einer Intoleranz gegenüber den an anderen Stellen kaum sichtbar werdenden Berliner Ambiguitäten korrespondiert, wird zugunsten des Erlebens eigener Einflussmöglichkeiten ausgeblendet. Weil aber auch die Erfahrung der weiterbestehenden und überall auftretenden gewaltvollen Begrenzung von Bewegungsfreiheit von Frauen durch die Idealisierung einer Norm verleugnet werden kann, in der die wahrgenommene Bedrohung vollkommen auf die Erklärung durch ein Ressentiment zurückgeführt wird, kann die Fiktion von Handlungsfähigkeit sichergestellt werden. Diese Reaktion ähnelt dem Bemühen der Diskussionsteilnehmenden, sich des gemeinsamen Ideals im Binnenraum der Stadt (mitunter auch durch die Spaltung zwischen diesem Binnenraum und einem Außen) zu versichern.

6.4 Fazit

Queeres und feministisches Leben hat in Berlin mehr Raum als an anderen Orten (zur Verbreitung im bundesweiten Vergleich siehe: Höcker et al., 2020). Durch diese Möglichkeit ist Berlin ein idealer, aber auch ein idealisierter Ort. Der Schwerpunkt dieses Kapitels lag auf der kritischen Diskussion der Funktion jenes Ideals. Der für Frauen und queere Lebensweisen attraktive Berliner Raum ist nicht alleine durch räumliche Verdrängungsprozesse wie steigende Mieten und einen parlamentarischen Rechtsruck bedroht. Jede dritte Berlinerin berichtet von Diskriminierungserfahrungen wegen ihres Geschlechts (Schuler & Höcker, 2019), das Bedrohungserleben durch Gewalt nimmt bei Marginalisierten zu (vgl. zu trans- und homophober Gewalt auch Lüter et al., 2020). Städte sind immer Orte der Barrieren, des Bedrohungs- und Ausschlusserlebens, wie die feministische Geografin Leslie Kern beschreibt. Zugunsten der Förderung eines traditionell männlichen Lebensentwurfs in der männlich geprägten Städteplanung werden nach wie vor die Lebensumstände von vielen Frauen und anderen marginalisierten Gruppen vernachlässigt (Kern, 2020). Auch in den Gruppendiskussionen wurden alle Ebenen der Gewalt gegen Frauen und LSBTIQA+ angedeutet. Das Sprechen über Gewalterfahrungen, insbesondere wenn es sich um sexualisierte und sexuelle Gewalt handelt, ist tabuisiert. Diskriminierungs- und Gewalterfahrungen werden zwar angesprochen, es folgen jedoch häufig in schneller Reaktion Relativierungen oder ein Themenwechsel. Die Schilderungen werden ausgebremst, infrage gestellt oder durch Ratschäge und Vorwürfe begleitet. Weiterhin zeigt sich in der Art und Weise, wie selbstverständlich die Diskriminierungs- und Gewalterfahrungen erwähnt und auch verstanden werden, das Allgemeine in der Erfahrung. In ihrer Tabuisierung deutet sich das große unbekannte Dunkelfeld für Hasskriminalität gegen Frauen, gegen queere sexuelle Orientierungen und geschlechtliche Identitäten an. Explizite und implizite Gewaltandrohungen können nicht zuletzt zum Verbergen der eigenen stigmatisierten Identität, also etwa zum Verstecken der queeren, nicht-binären oder trans Zugehörigkeit führen. Auch solche Strategien finden sich in den Gesprächen.

Dennoch kann festgehalten werden, dass Berlin in Anbetracht seiner lebendigen und engagierten Zivilgesellschaft zurecht als Symbol für Demokratie und Emanzipation gilt. Wir möchten hervorheben, dass sich die in den Gruppendiskussionen repräsentierte Berliner Stadtgesellschaft engagiert zeigte. In der Bereitschaft, Erfahrungen im Rahmen der Studie miteinander zu teilen und zu verknüpfen, zeigte sich eine Sensibilität für Diskriminierungserfahrungen und eine Offenheit. Einzelne berichteten über ihren Aktivismus und ihr Engagement, welche durchaus auf Interesse und teilweise sogar auf Vernetzungsbemühungen innerhalb der Gruppen stießen. So weist beispielsweise Amar Saadi darauf hin, dass er sich als Mann ebenfalls für das Recht auf selbstbestimmte Schwangerschaftsabbrüche einsetzen könne, und so tauscht sich die junge und politisch noch kaum vernetzte Farah Saleh mit der Aktivistin Dana Fellner darüber aus, wie sie sicherer an Demonstrationen teilnehmen könne.

Um feministische und queere Emanzipationsbestrebungen in Berlin zu verstehen, lohnt sich sicherlich auch ein Blick auf das Wendegeschehen der Stadt ab 1989. Viele der im Osten Berlins lebenden Menschen wurden noch in der DDR sozialisiert – einem Staat, der an formaler Gleichstellung orientiert war und in dem die Zustimmungswerte zu traditionellen sexistischen Einstellungen auch in den frühen 2000er Jahren noch deutlich unter den Werten in Westdeutschland lagen (vgl. Höcker et al., 2020, Zustimmungswerte zur Skala „Sexismus [frühere Fassung]" 2006–2020). Der Umzug nach Berlin aus emanzipatorischen und queeren Gründen begegnete uns insbesondere als ein westberliner Narrativ, was angesichts der traditionellen sexistischen Atmosphäre im Westdeutschland der 1990er und der 2000er Jahre nicht überraschend ist. Die Eroberung der Straßen in der „Small Town Utopia Kreuzberg" (Demir et al., 2020) wird aufgrund der Bedeutung der Migrationsgeschichten für die queere Szene auch als „kanakisch-queere Eroberung" (ebd.) beschrieben. Berlin stand also bereits in den 1990er Jahren symbolisch für radikale queere und feministische Forderungen, die mit einer umfassenden Kritik an den gesellschaftlichen Verhältnissen, an Patriarchat, Faschismus, Rassismus und Kapitalismus verbunden waren (vgl. Aufschrift des Tuntenhauses in Prenzlauerberg, 1990: „Kapitalismus tötet normiert zerstört"; Nowak, 2006). Mittlerweile scheint Berlin vielerorts eher dem individuellen Rückzug zu dienen. Die Attribute „queer" und „feministisch" fügen sich in das Berliner Stadtmarketing ein und werden dabei zunehmend entpolitisiert und von ihrer ursprünglichen grundlegenden Kritik an gesellschaftlichen Verhältnissen entkoppelt. An den Gruppendiskussionen zeigte sich außerdem in der Latenz, dass die feministischen und queeren Befreiungsprozesse, die von emanzipativen Bewegungen politisch gefordert werden und sich bereits institutionell in Beratungsstellen und Inititativen niederschlagen, auf der psychischen Ebene nur in Ansätzen wiederzufinden sind. Die Lebensbereiche, in denen die Freiheit nicht erreicht scheint, in denen Passivität und Überforderung erlebt werden, scheinen in den Diskussionen schamvoll vermieden zu werden.

Es zeichnet sich ab, dass dem Engagement für die Demokratisierung und Auspluralisierung der Geschlechterverhältnisse auch Zurückhaltung, Verleugnung und Tabuisierung von Konflikten und Gewalterzählungen gegenüberstehen. Wo Konfrontationen und Konflikte sinnvoll und demokratisch ausgetragen werden könnten, wird teilweise der Widerspruch umgangen und das Berliner Image beschönigt. Soziale Konflikte und Emanzipationsbestrebungen werden zwar thematisiert, aber teilweise erscheinen sie als persönliche Konflikte oder Errungenschaften einzelner Berlinerinnen bzw. Berliner oder sie sind lediglich als Konflikte zwischen Menschen und Autos besprechbar. An dem Autobeispiel wird deutlich, dass die Raumordnung Berlins insbesondere für diejenigen Menschen begrenzend und bremsend wirkt, welche sich aufgrund ihrer körperlichen Verfasstheit, ihrer Sozialisation (etwa als Frauen) oder aufgrund ihrer materiellen Ressourcen weniger in der Lage sehen, den Raum risikofreundlich, leidenschaftlich und ungehemmt einzunehmen. Ihre Teilhabe an den vielen Möglichkeiten und Freiheiten, die die Metropole zu bieten hat, ist eingeschränkt. Eine Benennung der alltäglichen Krisen, der Erfahrungen von eingeschränkter Solidarität und Hemmungen scheint durch das Narrativ des idealen Berlins überlagert.

Literatur

Demir, N., Keppler, A., & Sabuha, C. (2020). Small Town Utopia Kreuzberg. In L. Lierke & M. Perinelli (Hrsg.), *Erinnern Stören – Der Mauerfall aus migrantischer und jüdischer Perspektive* (S. 189–208). Berlin: Verbrecher Verlag.

Höcker, C., Pickel, G., & Decker, O. (2020). Antifeminismus – das Geschlecht im Autoritarismus? Die Messung von Antifeminismus und Sexismus in Deutschland auf der Einstellungsebene. In O. Decker & E. Brähler (Hrsg.), *Autoritäre Dynamiken. Alte Ressentiments – neue Radikalität* (S. 249–282). Gießen: Psychosozial.

Kern, L. (2020). *Feminist City: Claiming Space in a Man-Made World.* London: Verso.

Lüter, A., Riese, S., & Sülzle, A. (2020). Berliner Monitoring Trans- und homophobe Gewalt. Erste Ausgabe. Schwerpunktthema lesbenfeindliche Gewalt. URL: https://camino-werkstatt.de/publikationen/monitoring-trans-und-homophobe-gewalt (letzter Zugriff: 10.03.2021).

Nowak, P. (2006). Das ist unser Haus: Die BewohnerInnen der Kastanienallee 86 wehren sich gegen Luxussanierung und den Einzug des Hausbesitzers. *die tageszeitung* vom 11.07.2006. URL: https://taz.de/!406239/ (letzter Zugriff: 10.03.2021).

Schuler, J., & Höcker, C. (2019). Verbreitung von Diskriminierungserfahrung in Berlin. In G. Pickel, K. Reimer-Gordinskaya & O. Decker (Hrsg.), *Der Berlin-Monitor 2019. Vernetzte Solidarität – Fragmentierte Demokratie* (S. 39–48). Springe: zu Klampen.

Julia Schuler, Selana Tzschiesche, Kim Hesch und Oliver Decker

7 „Mein Wunsch, dass ich da mehr lerne, andre mehr lernen und dass wir dem einfach kontern können"

Kontinuität des Antisemitismus und (ausbleibende) Reaktionen

7.1 Zwischen Kontinuität und Nachgeschichte

Im Rahmen des Berlin-Monitors haben wir uns auf ganz unterschiedliche Weise Fragen nach Jüdisch-Sein im heutigen Deutschland, Erfahrungen von jüdischen Berlinerinnen und Berlinern, aber auch antisemitischen Ressentiments innerhalb der nicht-jüdischen Bevölkerung Berlins genähert. In der ersten Erhebung, der Repräsentativbefragung, lag der Schwerpunkt hierbei insbesondere auf der Dokumentation der Verbreitung antisemitischer Ressentiments (Pickel et al., 2019).[1] Im Projektteil der Aktivierenden Befragung standen jüdische Einwohnerinnen und Einwohner Berlins und ihre Erfahrungen im Fokus (Reimer-Gordinskaya & Tzschiesche, 2021). Die Gruppendiskussionen, die in diesem Kapitel vorgestellt werden, ergänzen diese Befunde. Eine Besonderheit der Gruppendiskussionsstudie ist, dass in den Gesprächsrunden sowohl persönliche Erfahrungen von Antisemitismus artikuliert wie auch antisemitische Ressentiments reproduziert wurden.

In der Tiefe soll in diesem Kapitel auf zwei Aspekte eingegangen werden. Zum einen fanden sich in den Gruppendiskussionen antisemitische Ressentiments wieder, ausgedrückt vor allem im Zusammenhang mit Verschwörungsideen und autoritären Orientierungen. Der sozialpsychologischen Funktion dieser antisemitischen Überzeugungen für die jeweiligen Urheber wird in Abschnitt 7.2 nachgegangen. Anschließend soll in Abschnitt 7.3 eine Diskussionsrunde thematisiert werden, bei welcher nicht-jüdische und jüdische Berlinerinnen und Berliner miteinander ins Gespräch kamen und sich in deren Interaktion wiederholte, was sich als Schwierigkeit im Umgang mit Antisemitismus in Deutschland häufiger zeigt: eine Unfähigkeit nicht-jüdischer Personen, mit Betroffenen von Antisemitismus über deren Erfahrungen zu sprechen, sowie eine teils nicht-intendierte Reproduktion antisemitischer Ideen selbst bei jenen Beteiligten, die sich manifest gegen Antisemitismus positionieren. Beide Phänomene – die mehr

1 Wir sprechen von Ressentiment anstatt von Vorurteil, da die kognitionspsychologische Definition des „Vorurteils" annimmt, dass die Ausbildung auf Erfahrungen mit Jüdinnen und Juden zurückführbar ist bzw. mithilfe von Kontakt und Erfahrungen Vorurteile gegenüber Jüdinnen und Juden abgebaut werden können. Für das antisemitische Ressentiment hingegen ist gerade kennzeichnend, dass es sich auch gänzlich ohne Kontakt herausbildet und die zugrunde liegende antisemitische Ideologie aus einer sozialpsychologischen Dynamik hervorgeht, die Veränderungen erschwert (s. a. Ziemer et al., 2020, S. 223).

oder minder offen geäußerten antisemitischen Ressentiments wie auch die vorhandenen Tradierungen bei jenen, die antisemitische Reproduktionen vermeiden wollen – lassen sich nicht verstehen, ohne auf den spezifischen und historisch geschuldeten Umgang mit Antisemitismus in Deutschland einzugehen. Daher wird dieser zunächst kurz skizziert, um anschließend in die Analyse des Materials einzusteigen.

Als zentral für die Analyse von Antisemitismus in der deutschen Gesamtgesellschaft hat sich das Konzept der Kommunikationslatenz erwiesen (Bergmann & Erb, 1986). Es beschreibt die Kontinuität von Antisemitismus in Deutschland unter Bedingungen, in denen vor dem Hintergrund der nationalsozialistischen Verbrechen das offene Artikulieren und Ausagieren von Antisemitismus einer sozialen Sanktion unterliegt. Als Folge von „Kommunikationsschwellen", welche antisemitische Äußerungen sozial zurückhalten, hat die öffentliche Artikulation tradierter antisemitischer Darstellungen (*primärer Antisemitismus*)[2] nach 1945 zwar stetig abgenommen, die zugrunde liegenden antisemitischen Einstellungen überdauerten jedoch und haben neue Ausdrucksweisen gefunden. Entsprechend zeigen repräsentative Umfragen, dass Formen des primären Antisemitismus in den vergangenen Jahren rückläufig sind, wenngleich weiterhin etwa 4 Prozent der Deutschen solchen Aussagen offen zustimmen (vgl. Decker et al., 2020, S. 46). Demgegenüber stehen deutlich höhere Zustimmungswerte zu Formen des Antisemitismus, welche in der Forschung mit dem Begriff der Umwegkommunikation gefasst werden[3] (vgl. auch Beyer & Krumpal, 2010; Bergmann & Erb, 1986, S. 230). Gemeint sind damit Ausdrucksformen antisemitischer Ressentiments, welche die „Kommunikationsschwellen" zu umgehen vermögen. Wesentlich sind hierbei vor allem der *Schuldabwehrantisemitismus* (auch Post-Shoa- oder sekundärer Antisemitismus genannt) und der *israelbezogene Antisemitismus* (UEA, 2017, S. 26).[4]

Mit dem Begriff des *sekundären Antisemitismus* adressierte Schönbach (1961) bereits sehr früh die Bedeutung von Schuld in heutigen Formen von Antisemitismus in Deutschland. Ziel war es, eine Facette des Nachkriegs-Antisemitismus zu beschreiben, der durch Erinnerungs- und Schuldabwehr gekennzeichnet ist. Um ein Idealbild von Eltern und Nation aufrechtzuerhalten, erfolgt an Stelle einer Auseinandersetzung mit deren Schuldhaftigkeit eine Projektion derselben auf die Opfer der nationalsozialistischen Verbrechen. Kennzeichnend für den Schuldabwehrantisemitismus sind Relativierungen

2 Primärer Antisemitismus umfasst stereotype Zuschreibungen gegenüber Jüdinnen und Juden etwa als „manipulativ", „reich", „einflussreich".

3 Bergmann und Erb beschreiben noch den zweiten Weg, wie sich antisemitische Ressentiments Ausdruck verschaffen können, nämlich im Rahmen von „Konsensusgruppen", d. h. Gruppen von Menschen, die antisemitische Ressentiments teilen, etwa in rechtsextremen Gruppierungen. Eine Äußerung antisemitischer Ressentiments unterliegt innerhalb des Konsens der Gruppe dann keiner sozialen Sanktion mehr. Bergmann und Erb (1991) haben ebenfalls auf den Effekt des „falschen Konsens" hingewiesen, mit welchem das Phänomen beschrieben wird, dass Antisemitinnen und Antisemiten annehmen, die Mehrheit der Bevölkerung oder ihrer Bekannten hege ebenfalls antisemitische Ressentiments, kommuniziere diese aber aufgrund der sozialen Norm nicht. In der Folge fallen antisemitische Äußerungen leichter, weil man sich als Ausdruck der schweigenden Mehrheit wähnt.

4 Darüber hinaus lassen sich aber auch Formen der Umwegkommunikation von antisemitischen Ressentiments in Kapitalismuskritik und Antiamerikanismus finden.

oder Leugnungen der Shoa, Unterstellungen jüdischer Kollaborationen an den Verbrechen des Nationalsozialismus, Täter-Opfer-Umkehrungen und Vorwürfe, die heute lebenden Jüdinnen und Juden würden sich an Shoa-Entschädigungen bereichern (Kiess et al., 2020). Über die Projektion und Externalisierung wird es ermöglicht, eigene Schuld oder Schuld der Eltern abzuwehren. Entsprechend folgert Claussen (1987), dass diese Formen des Antisemitismus in Deutschland nicht trotz, sondern wegen Auschwitz in Erscheinung treten. Eine Formulierung, die dem Psychoanalytiker Zvi Rex zugeschrieben wird, bringt es folgendermaßen zum Ausdruck: „Die Deutschen werden den Juden Auschwitz nie verzeihen" (nach Heinsohn, 1988, S. 115). Der Schuldabwehrantisemitismus ist also eine Form des Antisemitismus, die sehr stark mit der Nachfolgeschaft des deutschen Nationalsozialismus verknüpft ist, auch wenn sie außerhalb dieses Zusammenhangs auftreten kann.

Eine weitere Form der Umwegkommunikation ist der *israelbezogene Antisemitismus*. Kennzeichnend für diese Form ist die Verwendung antisemitischer Ressentiments in Beschreibungen und Kritiken des israelischen Staates. Der israelische Staat wird dabei zur Projektionsfläche antisemitischer Ressentiments, der „jüdische Staat" wird zum Sinnbild für „die Juden". Zur Unterscheidung zwischen Kritik an der israelischen Politik und antisemitischer „Israelkritik" schlug der Politiker und Autor Natan Sharanksy (2004) drei Kriterien vor, die israelbezogenen Antisemitismus kennzeichnen („3-D-Test"): (1) *Dämonisierung* meint die Darstellung Israels als Inbegriff des Bösen, u. a. durch Vergleiche israelischer Politik mit der Politik des Nationalsozialismus[5]; (2) *Doppelte Standards* meint, wie und in welcher Intensität Israel für Vorgehensweisen kritisiert wird, die bei anderen Staaten ignoriert werden; (3) *Delegitimierung* meint, dass Israel als jüdischem Staat das Existenzrecht abgesprochen wird.

Die beschriebenen Formen der Umwegkommunikation sind jüngere Erscheinungsformen des Antisemitismus. Es handelt sich bei ihnen jedoch um Tradierungen und Strukturen des Antisemitismus, die lediglich in neuem Gewand zum Ausdruck kommen. Ähnlich verhält es sich mit den in den letzten Jahren auffällig weit verbreiteten Verschwörungserzählungen, in denen tradierte antisemitische Weltbilder kontinuierlich an die politische Gegenwart angepasst werden. So war der Glaube an eine mächtige jüdische Weltverschwörung insbesondere für den modernen Antisemitismus des frühen 20. Jahrhunderts typisch („Protokolle der Weisen von Zion") und Teil der nationalsozialistischen Ideologie; die darunterliegenden Strukturen lassen sich darüber hinaus aber bis tief in den christlichen Antijudaismus zurückverfolgen (Ritualmordlegende und Gerüchte über Brunnenvergiftungen). Tradierungen dieser Überzeugung zeigten sich in den vergangenen Monaten insbesondere im Kontext der Demonstrationen gegen die Corona-Verordnungen, in den Jahren davor vor allem in der Idee des „Großen Austauschs" in Reaktion auf die Migrationsbewegung nach 2014. Auffällig ist, wie Erzählungen einer antisemitischen Weltverschwörung in Bezug auf aktuell erlebte Krisen aktualisiert werden und sich dennoch die immer gleichen Kernvorstellungen repro-

5 Hierbei gehen Schuldabwehr- und israelbezogener Antisemitismus ineinander über.

duzieren.[6] So handelt es sich bei der Erzählung der QAnon-Bewegung (unterirdisch gefangen gehaltene Kinder, aus deren Blut ein Stoff der ewigen Jugend für die Elite gewonnen wird) um die modernisierte Nacherzählung der mittelalterlichen Ritualmordlegende, der zufolge Juden das Blut von Christenkindern für magische Zwecke benutzten. Während einigen Anhängern der hierin tradierte und latent kommunizierte Antisemitismus ggf. gar nicht bewusst ist, ist dies bei führenden Vertretern dieser Ideologie, die jüdische Personen (Georges Soros) sogar explizit an die Spitze der vorgeblichen Weltverschwörung setzen, sehr wohl der Fall.

Blickt man auf unsere Umfragedaten des Berlin-Monitors aus dem Jahr 2019 zu diesen Formen des Antisemitismus, so zeigt sich Folgendes: 3–6 % der Berlinerinnen und Berliner stimmten tradierten Formen des Antisemitismus zu, antisemitische Aussagen mit Israelbezug fanden hingegen bei 13–17 % der Befragten Zustimmung (Pickel et al., 2019)[7]. Ergänzend zur Betrachtung antisemitischer Einstellungen in der Allgemeinbevölkerung, wie wir sie in der Befragung des Berlin-Monitors durchführen konnten, geben Betroffenenumfragen Einblick in die Perspektive und Erfahrungen von Jüdinnen und Juden, in deren Alltag sich Antisemitismus als Aus- oder Abgrenzung sowie verbale oder körperliche Gewalt niederschlägt. Solche Betroffenenumfragen haben in den vergangenen Jahren gezeigt, dass Antisemitismus ein weiterhin aktuelles und belastendes Problem im Alltag der Betroffenen darstellt, aber häufig individualisiert bearbeitet bzw. nur im engsten Umfeld mitgeteilt wird (UEA, 2017, S. 109 ff.; vgl. auch FRA, 2018). Auch wenn die Mehrheit der Befragten in Einstellungsumfragen antisemitische Aussagen ablehnt, heißt dies nicht, dass es einen selbstverständlich-inklusiven Umgang mit Jüdinnen und Juden in Deutschland gibt und sich jene Mehrheit in der Öffentlichkeit bei antisemitischen Vorfällen auch aktiv solidarisch verhält. In der 2020 veröffentlichten Aktivierenden Befragung des Berlin-Monitors sprach eine Gesprächspartnerin davon, „Bystander" antisemitischer Vorfälle seien ihrer Erfahrung nach „Ewig-Wegguckende" (Reimer-Gordinskaya & Tzschiesche, 2021, S. 29 f. und 37). Die Künstler*in Sasha Marianna Salzmann beschreibt Gewalt- und Diskriminierungsdynamiken nicht als Pfeil vom Täter zum Opfer, sondern als Triangel:

> *„Für die angegriffene Person kommt das unmittelbare Übel von dem_der Angreifer_in, das nachhaltige jedoch von der Gruppe, die wegschaut. Für sie ist es keine Überraschung, von jemandem attackiert zu werden, der voller Hass […] ist. Dass aber Menschen zuschauen und nicht eingreifen, nicht helfen, vielleicht im Nachhinein sogar das Geschehene leugnen, verursacht die Verletzung, die sie in ihrem Grundvertrauen erschüttert."* (Salzmann, 2019, S. 21)

6 Findet sich in den antisemitischen Verschwörungsmotiven der NS-Zeit vor allem das Narrativ des Juden als Verführer und Bedrohung der „Reinheit der Rasse", so wird heute das Drohszenario gezeichnet, der „Austausch" erfolge durch gezielte Einreise muslimischer Migrantinnen und Migranten. Aber auch hier steht im Hintergrund die Vorstellung einer strategisch operierenden „globalen Elite" und die Vorstellung der Bedrohung von rassischer/ethnischer Homogenität und Reinheitsvorstellungen

7 Berechnung über alle befragten Berlinerinnen und Berliner hinweg in der Publikation 2019 nicht dargestellt.

Auch in der vorliegenden Analyse der Gruppendiskussionen wird in Bezug auf Antisemitismus (in Berlin) deutlich, dass nach 1945 zwar eine Tabuisierung stattfand, antisemitische Ressentiments dadurch aus der deutschen Gesellschaft aber nicht verschwunden sind, sondern neue wie alte Artikulationsformen finden. Im Gegensatz zu statistischen Erhebungen lassen sich darüber hinaus mit der Methode der Tiefenhermeneutik nicht nur Zwischenbereiche und Umwege der Kommunikation aufspüren und Verbindungen von Ideologien nachzeichnen, sondern auch die (psycho-)sozialen Funktionen der Ressentiments aufzeigen. Zudem zeigen die dynamischen Situationen der Gruppendiskussionen auch Reaktionen und Nicht-Reaktionen auf die Thematisierung von Antisemitismus und/oder die Anwesenheit von jüdischen Beteiligten und deren Erfahrungsberichte. So finden sich auch Formen der Schuldabwehr und fehlende solidarische Reaktionen bei Personen, die sich für ein inklusives Berlin einsetzen und Antisemitismus ablehnen. Auch hier scheint es eine Unfähigkeit zu geben, angemessen auf die Betroffenheit durch Antisemitismus reagieren zu können.[8]

Der tiefenhermeneutische Zugang zum Material umfasst nicht nur die Analyse der Aussagen und der Dynamik innerhalb der Gruppeninterviews. Auch die Dynamik innerhalb der Gruppe, die das Material interpretierte, wird vor dem Hintergrund der Annahme, dass es sich um Reaktionen auf das psychodynamische Geschehen in der Gruppendiskussion handelt, in die Analyse einbezogen (vgl. Kapitel 1). Insbesondere in Bezug auf Antisemitismus zeigte sich hierbei, das kritische Potenzial der methodischen Vorgehensweise. Denn nicht nur die Teilnehmenden der Gruppendiskussionen sind in einer Gesellschaft aufgewachsen, in der Antisemitismus zur „kulturellen DNA" (Gesprächspartner in Reimer-Gordinskaya & Tzschiesche, 2021, S. 23) gehört; auch auf die auswertenden Wissenschaftlerinnen und Wissenschaftler trifft dies zu. Um eine Reproduktion einer weiteren Form von Schuldabwehr zu verhindern, nämlich antisemitische Ressentiments immer bei den (politisch, religiös, generational) „Anderen" zu verorten, bedurfte es auch aufseiten der Auswertungsgruppe einer kritischen Auseinandersetzung und Selbstbeobachtung. Mithilfe einer Meta-Analyse des Interpretationsprozesses wird im Rahmen der tiefenhermeneutischen Auswertung versucht, auch aufseiten der Forschenden die Involviertheit und Eingebundenheit in gesellschaftliche Zustände zu reflektieren.

Wenn im Folgenden näher auf die Gruppendiskussionen eingegangen wird, versuchen wir dies entsprechend zu berücksichtigen. Der erste Teil beschäftigt sich mit „versteckt-offenen Feindlichkeiten", bei welchen antisemitische Ressentiments sich ihren Ausdruck im Rahmen von Verschwörungsglauben und autoritären Ressentiments verschaffen. Der zweite Teil beschäftigt sich mit der Analyse einer Gruppendiskussion, in

---

8 Ein wichtiges Beispiel für die gesamtgesellschaftliche Schwierigkeit des Umgangs mit Schuld und Antisemitismus, welche allerdings in den Gruppendiskussionen nicht zum Ausdruck kam, ist das Phänomen des „Gedächtnistheaters" (Bodemann, 1996). Mit diesem wurde beschrieben, wie jüdischen Mitbürgerinnen und Mitbürgern in der Erinnerungskultur der nicht-jüdischen Dominanzgesellschaft die immer gleiche Rolle zugeschrieben wird, nämlich die „Wiedergutwerdung der Deutschen" zu bestätigen (Brothers Keepers, zitiert nach Czollek, 2018). Auch hier geht es letztlich um den Wunsch, sich mit Schuld nicht weiter auseinandersetzen zu müssen und endlich zu einem „Schlussstrich" zu finden.

welcher sich in der Auseinandersetzung mit den Erfahrungsberichten einer jüdischen Teilnehmerin gesamtgesellschaftliche Praxen der Reproduktion und Unfähigkeiten, Antisemitismus zu begegnen, wiederholten. Im dritten, abschließenden Teil versuchen wir, vor dem Hintergrund einiger Ausführungen zu Transgenerationalität und NS-Nachfolgeschaft einen Ausblick zu geben, weshalb Antisemitismus in Deutschland nicht nur weiterhin verbreitet ist, sondern auch Versuche der Solidarisierung und Thematisierung von Antisemitismus in der gesamtdeutschen Gesellschaft scheitern.

7.2 Versteckt-offene Feindlichkeiten in Verschwörungsglauben, tradiertem Antisemitismus und autoritären Ressentiments

Manifester Antisemitismus in den Diskussionen

Im Folgenden werden Ausschnitte aus den Gruppendiskussionen angeführt, aus welchen hervorgeht, wie neue Formen des Antisemitismus sich in Verbindung mit und unabhängig von tradierten antisemitischen Ressentiments artikulieren. Zudem zeigt sich in vielen Äußerungen, dass antisemitische Ressentiments insbesondere im Rahmen von Verschwörungsideen weiterhin Eingang in die Gesamtgesellschaft finden.

Manifest antisemitische Äußerungen finden sich in den Gruppendiskussionen vereinzelt, insbesondere in einer Runde dreier männlicher Berliner unterschiedlichen Alters. In die bei ihnen vorherrschenden Formen von Schuldabwehr- und israelbezogenen Antisemitismus mischen sich auch tradierte Formen antisemitischer Ressentiments. Dies zeigt sich etwa in der Kontroverse der zwei Beteiligten Albrecht Berger und Carsten Schmitz über die Frage, ob sich DDR und Nationalsozialismus vergleichen ließen. Carsten Schmitz vertritt die These, DDR und Nationalsozialismus seien vergleichbare Diktaturen, und relativiert damit die Verbrechen des Holocaust. Seine vielleicht ironisch anmutenden, aber durchaus Nähe herstellenden Formulierungen wie „Onkel Adolf" (GD12, Z. 618) und „Adolf sein Staat" (GD12, u. a. Z. 613) sorgen letztlich für eine Verharmlosung des mörderischen Ausmaßes des Nationalsozialismus durch humoristische Bezüge und Ausklammerung der Shoa. Die Thematisierung der nationalsozialistischen Verbrechen bleibt begrenzt auf die Feststellung, dass „Onkel Adolf" auch nicht „der Beste" gewesen sei.[9] Albrecht Berger widerspricht Carsten Schmitz an dieser Stelle zum Teil, möchte insbesondere den Unterschied zwischen Diktaturen markieren, die Menschen aufgrund ihrer Zugehörigkeiten verfolgen (für ihn der Nationalsozialismus), und solchen, denen es um „Systemkritiker" geht (für ihn etwa die DDR und China). In der Absicht, die antisemitische Verfolgung der Nazis zu verurteilen, reproduziert er dabei ihren rassistischen Antisemitismus, in dem er von Jüdinnen und Juden im Zusammenhang mit „anderen Rassen" spricht:

9 Auch in anderen Gruppendiskussionen fallen Teilnehmende auf, die belustigend und verharmlosend über den Nationalsozialismus sprechen. So spricht etwa auch Babette Neumann ironisch über Hitler als „der liebe Herr" (GD5, Z. 328). Diese Bezeichnungen gehen auch bei ihr mit Relativierungen und Schuldabwehrnarrativen einher.

> *„Wenn wir schon beim Thema Diktatur sind, muss man schon unterscheiden zwischen 'ner Diktatur, die Leuten, die 'n ganz normales Leben führ'n wollten, bloß weil sie Juden war'n oder weil sie irgend 'ner andern Rasse angestammt ham verfolgt wurden, is für mich schon noch was anderes." (GD12, Z. 550ff.)*

Carsten Schmitz führt als Erwiderung einen Vergleich von Unrechtspolitiken und Formen der Verfolgung auf der ganzen Welt an. In einer Reihe und unterschiedslos führt er die Vernichtungspolitik des Nationalsozialismus, die Zwangsarbeit in China, Repressionen gegen Oppositionelle in Russland, den anti-schwarzen Rassismus in Texas und die Besatzungspolitik Israels auf:

> *Carsten Schmitz: „Oder was sag ich es ma wirklich ganz böse, was macht 'n der Jude mit den Arabern und Syrern und Libanesen, genau dasselbe."*
>
> *Albrecht Berger: „Vollkommen einig." (GD12, Z. 601ff.)*

Hier verschränken sich israelbezogener Antisemitismus und Schuldabwehr durch Relativierung der Shoa. Der antisemitische Gehalt dieser Täter-Opfer-Umkehr wird durch die Verwendung des Wortes „der Jude" für die israelische Besatzungspolitik zugespitzt. Die Funktionsweise des israelbezogenen Antisemitismus, in dem antisemitische Stereotype statt auf Jüdinnen und Juden auf den Staat Israel projiziert werden, wird hier explizit. Beachtlich ist auch, dass die beiden sich ansonsten auch widersprechenden Männer an dieser Stelle „vollkommen einig" sind. Albrecht Berger, der zunächst noch die historische Besonderheit des Nationalsozialismus nicht hinter anderen Menschheitsverbrechen verschwinden lassen wollte, kann Schmitz an dieser Stelle dann doch zustimmen. So wie es Hitler gelang, mittels des Antisemitismus ansonsten widersprüchliche völkische Strömungen zu verbinden (Haug, 1993, S. 222), fungiert diese Ablehnung des israelischen Staates hier als Brückenideologie zwischen den beiden Teilnehmenden.

Verharmlosungen der nationalsozialistischen Verbrechen finden sich auch bei Teilnehmenden anderer Diskussionsrunden und Interviews, etwa bei Babette Neumann, die ebenfalls durch den Vergleich mit anderen Menschheitsverbrechen die Shoa relativiert und zur Entlastung der deutschen Täterschaft die österreichische Herkunft Hitlers markiert:

> *Babette Neumann: „Ich mein, das haben wir ja nun in jeder Generation, seit Milliarden von Jahr seit Tausende von Jahren geseh'n, dass immer irgendjemand versucht, den andern niederzumachen. Immer. Egal, ob der der Engländer nach Afrika gegangen ist oder der Portugiese nach Südamerika oder (lacht auf) der liebe Herr, den wir hier in Ocker in Braunau hatten." (GD5, Z. 325ff.)*

Eine weitere Form der Schuldabwehr zeigt sich in der Verweigerung, die BRD bzw. Westdeutschland als Nachfolgestaat des nationalsozialistischen Deutschlands anzuerkennen. So will der Westdeutsche Carsten Schmitz die DDR als Nachfolgestaat des nationalsozialistischen Deutschlands wissen, sie sei „Adolf sein Staat, nur rot angemalt, weil was anderes war die DDR nich" (GD12, Z. 540). Mit seiner Ausführung zur vermeintlichen Nachfolge projiziert er die Täterschaft auf den Osten und blendet gleichzeitig das nationalsozialistische Erbe und die Kontinuitäten Westdeutschlands aus:

> *Carsten Schmitz: „Die Kinder wurden nur umgetauft. Aus der HJ wurde die FDJ, aus der Gestapo wurde die Stasi und NVA waren alte Wehrmachtsgrößen, die das aufgebaut haben. (Albrecht Berger: Vollkommen richtig. Aber-) Und das, was da drüben abgegang'n is, so mit dieser Verfolgung und Bespitzelung, das war original Adolf sein Staat." (GD12, Z. 609ff.)*

Albrecht Berger, Carsten Schmitz und Björn Kaiser, der hier nicht zitierte, sowie weitere Teilnehmende der Diskussionsrunde können im Sinne von Bergmann und Erb (1991) als „Konsensusgruppe" verstanden werden: Die Äußerung antisemitischer Ressentiments und Schuldabwehrnarrative scheint im Kreis der drei Diskutierenden einer weniger starken Sanktion zu unterliegen, als dies gesamtgesellschaftlich der Fall wäre. Dabei vermitteln sie sich und uns ihre wechselseitige Verbundenheit nicht nur qua explizit geäußerter Einstellungen, sondern auch in den autoritären Orientierungen ihrer Argumentation (vgl. Kapitel 4). Die drei Männer treffen sich in einer Position als zynische Zuschauer,[10] einerseits die Situation (als einzige) völlig durchschauend, andererseits unfähig oder unwillig, in sie einzugreifen. Stattdessen scheinen sie auf eine ordnende Autorität zu warten, welche die aktuelle politische Elite abzulösen vermag (vgl. ebd.).

In der Interpretationsgruppe changieren die Reaktionen auf diese Gruppendiskussion zwischen Distanzierungsversuchen und Verteidigungsmanövern: Zunächst empört über die teils gewaltvolle Sprache der drei Männer, werden die Teilnehmenden über einen Modus des Humors auf Abstand gehalten. Gleichzeitig finden wir uns nacheinander in der Rolle wieder, jeweils einen der Männer gegen vermeintlich stereotype Zuschreibungen der anderen Beteiligten der Interpretationsgruppe zu verteidigen und auf andere Aspekte ihrer Persönlichkeit (körperliche Einschränkung, ostdeutsche Herkunft, Klassenlage) aufmerksam zu machen. Es fiel den Interpretierenden bis zuletzt schwer, sich auf eine gemeinsame Lesart des Materials zu einigen. Vor dem Hintergrund, dass in dieser Gruppendiskussion antisemitische Ressentiments geäußert wurden, die eigentlich gesellschaftlich tabuisiert sind, zeigte sich auch in der Interpretationsgruppe eine Reinszenierung von intergenerationalen Konflikten um Schuld und Entschuldung. In den letzten Abschnitten dieses Kapitels soll darauf näher eingegangen werden.

Antisemitische Verschwörungserzählungen in den Gruppendiskussionen

Während manifester Antisemitismus fast ausschließlich im Rahmen der oben beschriebenen „Konsensusgruppe" geäußert wird, kommen antisemitische Verschwörungserzählungen auch in anderen Gruppendiskussionen häufig vor. Auch Verbindungen zwischen verschiedenen Formen des Antisemitismus werden darin sichtbar. In den

---

10 Zu diesem Bild passt auch, dass zwischen ihnen – trotz starker inhaltlicher Differenzen – eine Form der Kooperation über das Gespräch hinweg entsteht, die in der Interpretationsgruppe den Eindruck einer Männerbündelei erweckt hat.

Diskussionen wiederholt sich die für die Vorstellung der antisemitischen Weltverschwörung zentrale Idee, geheime Machenschaften einer global agierenden Elite seien durch Machtstreben und Geld motiviert. In diesen Vorstellungen findet sich häufig eine Vermengung von Anti-Establishment-Positionen, Antiamerikanismus und antisemitischen Überzeugungen wieder. Diesen steuernden Mächten wird die Vorstellung eines wehrlosen, betrogenen und manipulierten „Volks" gegenübergestellt, wie es etwa Carsten Schmitz zum Ausdruck bringt:

> *Carsten Schmitz: „Wie dem berühmten Esel die Möhre vor der Nase halten, damit er läuft. Das ist Deutschland."*
>
> *Albrecht Berger: „[…] dass die Leute eben ruhiggestellt werden, sich ruhigstell'n lassen mit Seifenoper." (GD12, Z. 696ff.)*[11]

In den Gruppendiskussionen fällt auf, dass auch Teilnehmende, welche sonst keine Formen des Antisemitismus zeigen, Vorstellungen einer antisemitischen Weltverschwörung reproduzieren. Dabei findet sich in den Gruppendiskussionen immer wieder die Idee, es würden durch „Strippenzieher" im Hintergrund gezielt Spaltungen der Bevölkerung im Sinne von „divide et impera" herbeigeführt. Eine solche Vorstellung findet sich etwa bei Anne Lorenz (GD13). Sie ist überzeugt, durch die Migrationsbewegung nach Deutschland würde die gezielte Spaltung der Bevölkerung „bewusst" herbeigeführt, die letztlich dazu diene, die Machenschaften einer im Geheimen agierenden Elite zu verdecken:

> *Anne Lorenz: „Es is sicherlich nich so gut gemeint, wie 's dargestellt wurde, ne. Also, ich kann nich hier Haufen Leute herhol'n, in der Meinung, wir helfen euch und dann kann ich denen nix bieten, ne. Und dann führe ich die aber im Fernsehn vor, dass die alle unsere Frauen hier vergewaltigen (lacht) oder was weiß ich, was da kursiert. Und das is das. Und dann ham sie das gemacht, und da ham sie das gemacht, so geht's ja in einer Tour. Dann erzeuge ich bewusst Spannungen in der Bevölkerung." (GD13, Z. 1056ff.)*

Mit Blick auf die USA macht Bernd Weber (GD7) ein ganz ähnliches Muster aus:

> *Bernd Weber: „Und das muss man leider auch grade dem US-amerikanischen Apparat vorhalten, dass der Elite, die dort regiert, das Volk eigentlich ziemlich egal is. Wirklich. Also, Volk, am liebsten multikulturell, kann man am besten beherrschen. Weil, viele Gruppen, da kann man immer über politische Meinungsmache – die Presse wird ja auch von dort gesteuert – die Gruppen intern auf'nanderhetzen." (GD7, Z. 131–135)*

Beide Erzählungen der gezielten Spaltung durch Migration und Multikulturalität schließen an die Verschwörungsidee des „Großen Austauschs" und der gezielten „Umvolkung" an. Darin findet sich die Vorstellung, geheime Mächte würden einen gezielten

---

11 Auch bei Carola Aydin (GD10) findet sich eine ähnliche Anti-Elitenposition und Vorstellung der Manipulation des Volkes: „Wein, Weiber, Spiele. Beschäftige das Volk, und das Volk bleibt ruhig" (Z. 1091).

„Austausch" der Bevölkerung bzw. eine „Vermischung" durch Migration herbeiführen mit dem Ziel, eine Spaltung „des Volkes" zu bewirken und Spannungen innerhalb der Bevölkerung herzustellen, um sie besser manipulieren zu können. In dem Motiv des „Großen Austauschs" zeigt sich eine Aktualisierung des antisemitischen Weltverschwörungsmythos (vgl. auch Botsch, 2020). Eine Bezugnahme auf diesen fand sich etwa auch im Manifest des Attentäters, welcher am 09.10.2019 versuchte, in die Synagoge in Halle einzudringen, um die dort versammelten Betenden zu ermorden. Wie andere rechtsextreme Gallionsfiguren der Verschwörungsbewegungen war der Attentäter überzeugt, dass es sich um eine jüdische Weltverschwörung handelt, die die muslimische Migration nach Europa organisiert, um die hiesigen Bevölkerungen zu schwächen.

In dem (unbewussten) Weitertragen und der hohen Anschlussfähigkeit, wie wir sie auch bei den oben zitierten Teilnehmenden der Gruppendiskussionen beobachten, zeigt sich die „Salonfähigkeit" antisemitischer Erzählungen, die durch breite gesellschaftliche Gruppen getragen werden. Hier besteht die Gefahr, dass antisemitische Vorstellungen zum Kitt verschiedener politischer Strömungen werden, wie es sich etwa im Rahmen der Verschwörungserzählungen, die rund um die Covid-19-Pandemie aufkamen, beobachten lässt und wie es auch historisch im Vorlauf des Nationalsozialismus der Fall war (vgl. Haug, 1993, S. 222).[12]

Die Vorstellung einer forcierten Spaltung der Gesellschaft zieht sich bisweilen so weit, dass selbst Rechtsextreme als gezielt „importiert" wahrgenommen werden, um etwa die ostdeutsche Bevölkerung zu verunglimpfen und gegen Westdeutschland auszuspielen. In dieser Vorstellung gehen Verschwörungsmentalität und Schuldabwehr eine unheilige Verbindung ein:

> *Anne Lorenz: „Also, da war'n schon damals in den 90ern schöne Sachen mit den Skinheads, ne, die dann überall plötzlich so aufgetaucht sind. Ku-Klux-Clan war da, eingeflogen aus der USA und dann hat sich also dann später rausgestellt, dass also der Anführer dort von diesen Leuten V-Mann vom BND war, ne. (Bea Patel: Oh) also wo man sich im Nachhinein fragt, was is da eigentlich wirklich abgelaufen. Was man auch (Bea Patel: Mhm) in diesem NSU-Skandal da mitbekommen hat, nich ganz sauber. Wo dann vielleicht diese Skinheadszene wirklich wissend aufgebaut, orientierungslose Jugendliche dort verleitet, um den Osten da vorzuführen. Das is also sehr suspekt, alles." (GD13, Z. 855 ff.)*

Anhand der Ausführungen von Anne Lorenz lassen sich noch einmal mehrere Funktionen von Verschwörungsglauben zeigen: Erstens wird das Bedürfnis befriedigt, in undurchschaubare oder komplexe Sachverhalte vermeintliche Klarheit zu bringen, indem Einfluss und Steuerung äußeren Mächten zugeschrieben werden. Damit wird das Weltgeschehen gleichzeitig auf eine Art und Weise skizziert, die die eigene Handlungsfähigkeit verleugnet und somit dem Gefühl von Ohnmacht und Kontrollverlust –

---

12 Die von uns durchgeführten Gruppendiskussionen wurden allesamt vor der weltweiten Verbreitung des Covid-19-Virus erhoben. Entsprechend finden sich im Material selbst noch keine Bezüge auf die Pandemie.

ggf. in Folge von Krisenerfahrungen – entspricht.[13] Zweitens zeigt sich eine Abwehr dessen, was (ggf. am *Eigenen*) nicht sein darf, durch die Unterstellungen, dass es erst wissentlich und gezielt durch äußere Akteure hervorgebracht wurde (in diesem Fall durch das Vorhandensein von Rechtsextremismus in Ostdeutschland).

Die Idee der „Umvolkung" und „Spaltung" wird letztlich insbesondere von rechtsextremen Akteuren aufgegriffen: In Reaktion auf diese Verschwörungsideen erscheint es den Anhängerinnen und Anhängern umso wichtiger, die wahrgenommene eigene Gruppe, das „Volk", zu schützen. Die Erzählung rechtfertigt ein umso stärkeres Zusammenstehen und geht mit „Phantasien der Verschmelzung" (Brunner, 2016, S. 22) und der Wehrhaftigkeit gegen das als fremd wahrgenommene Äußere einher. Das aufgebaute Bedrohungsszenario ermöglicht die Rechtfertigung der Abwehr sowohl gegenüber den „mächtigen Manipulatoren" als auch gegenüber denjenigen, die scheinbar selbst nur Spielbälle der Machenschaften sind: den nach Deutschland kommenden Migrantinnen und Migranten. So dienen die antisemitischen Verschwörungsideen „der Kanalisierung und zugleich Rationalisierung der sonst nicht erlaubten Gewalt" (ebd., S. 23). Letztlich lassen sich die Vorstellungen zurückführen auf Ideen eines eigenen Volkes oder einer eigenen Nation, die der imaginierten jüdischen Bedrohung und „Zersetzung" trotzen können. Zur Gefahr werden die Verschwörungserzählungen, weil sie Feindbilder reproduzieren und vermeintliche Schuldige für die erlebten Krisen ausmachen. Als Reaktionen auf die vermeintliche Bedrohung durch ein „Außen" können Verschwörungsideen schließlich als Legitimationsgrundlage für gewalttätiges Handeln dienen, wie etwa im Fall des Attentäters in Halle.

Eine Verbindung von israelbezogenen Projektionen und der (Verschwörungs-)Idee der „Umvolkung" findet sich in den Ausführungen eines Teilnehmenden einer anderen Diskussion: Bernd Weber meint, dass koschere Ernährung zu Überbevölkerung führe und diese die Raumkonflikte in Nahost ausgelöst habe:

> *Bernd Weber: „[...] Aber, was erfindet das Judentum? Koscheres Fleisch. Und durch diese Zugang zu viel Eiweiß gibt's natürlich viel Nachkommen, dadurch gibt's viel Überbevölkerung. Deshalb kann man zum Beispiel an der Geschichte des jüdischen Volks seh'n, was passiert is, dass die dann irgendwann sich teilen mussten. Und die einen sind nach Kanaan gewandert, das hieß damals nich Israel. Und was dann passiert: dann werden halt Geschichten initiiert, die bis heute immer noch gespielt werden und das is schade, für alle Beteiligten." (GD7, Z. 196ff.)*

Da Bernd Weber als Einziger zum Termin erschien, handelt es sich um ein Einzelinterview. Seine Ausführungen enthalten in Teilen auch wirre Welterklärungen, die für die Interpretierenden selten nachvollziehbar waren. Sich auf die Gedankenwelt des Teilnehmenden einzulassen, wurde als herausfordernd erlebt. Das Material fügte sich

---

13 In der Ohnmacht gegenüber der erlebten Krise kann ein Gefühl von Kontrolle wiederhergestellt werden, indem die undurchschaubaren Zusammenhänge personifiziert und einer äußeren „Macht"– der imaginierten jüdischen Verschwörung - zugeschrieben werden (Kiess et al. 2020, S. 215).

keinem methodisch-strukturierten Vorgehen, wir drifteten ab und diskutieren viel über die Grenzen von politischer Haltung und wahnhaft anmutenden Weltvorstellungen. Wir sprachen über die Aggression, die in den Ausdrucksweisen und Vorstellungen des Interviewten lag, und stellten zugleich fest, welche Aggression auch darin lag, den Teilnehmer bzw. diesen Teil des Materials durch Pathologisierung „loswerden" zu wollen. So ließen sich in der Analyse Momente der Entlastung herausarbeiten, die zutage treten, wenn Verschwörungsideen als „Verwirrung Einzelner" interpretiert werden. Kurz bevor wir die Interpretation des Materials beenden wollten, ermordete der rechtsextreme Stephan P. im hessischen Hanau neun Menschen aus rassistischen Motiven. Auf drastische Art und Weise wurde abermals deutlich, welche Dimension der Verschwörungsglauben annehmen kann und wie strukturell verankert und verknüpft er mit politischen Diskursen ist.

So sind auch die Aussagen unseres Teilnehmers gerade deshalb politisch ernst zu nehmen, weil die Attentate von Halle und Hanau den engen Zusammenhang von (rechtsextremer) politischer Ideologie und wahnähnlichem Verschwörungsglauben erneut aufzeigen. Zu dieser Verknüpfung hieß es schon in den sozialpsychologischen Analysen zur faschistischen Persönlichkeit, beim Antisemitismus handele es sich um „eine Art anerkannte Freizone legitimierter psychotischer Verzerrungen" (Adorno, 1973, S. 122). Der zur Staatsräson erhobene Antisemitismus im Nationalsozialismus bot dem Einzelnen die Möglichkeit, an seine wahnhaften Projektionen zu glauben, ohne pathologisch auffällig zu werden. So handelt es sich bei antisemitischen Verschwörungsideen eben nicht um individuelle Wahnvorstellungen, sondern um kollektiv geteilte Projektionen – um einen *kollektiven Wahn* (vgl. auch Pohl, 2010), der innerhalb von sozialen Gruppen, Online-Plattformen und Social-Media-Kanälen geteilt wird und durch die geteilte Projektion droht, sich weiter zu verstärken (ebd.). Die Attentäter von Halle und Hanau zeigen auf, welche politische Bedrohungslage von Personen ausgeht, die ihre Verschwörungsideen mit anderen teilen und sich von diesen unterstützt wissen.[14] Um mit diesen kollektiven Vorstellungen brechen zu können, reicht folglich nicht der Blick auf den Einzelnen, sondern es muss auch die gesellschaftliche Produktion und Funktion dieser kollektiv geteilten Projektionen in den Fokus genommen werden.

7.3 Antisemitismus aus Betroffenenperspektive

Während in einigen Gruppendiskussionen antisemitische Ressentiments und Verschwörungsideen geäußert werden, wird über antisemitische Vorfälle und Übergriffe selten gesprochen. Anders ist dies im Falle einer Gruppendiskussion, in der eine Jüdin anwesend ist, welche das antisemitische Bedrohungspotenzial in der Gesellschaft sowie

14 Nur kurz sei auf die Unterscheidung von wahnhaften, fanatischen Überzeugungen, wie wir sie hier betrachten, und klinisch definierbarer Wahnerkrankung hingewiesen. Im Fall des Attentäters von Halle wurde etwa eine zugrunde liegende Persönlichkeitsstörung attestiert, Wahnhaftigkeit gutachterlich jedoch nicht bestätigt und somit eine Schuldfähigkeit festgestellt.

eigene Erfahrungen thematisiert. Im Folgenden soll insbesondere auf die Dynamik zwischen ihren Schilderungen und den Reaktionen ihrer Mitdiskutierenden eingegangen werden.

In der betreffenden Gesprächsrunde (GD8) machen sich zwar alle sechs Mitdiskutierenden Sorgen um den von ihnen beobachteten gesellschaftlichen Rechtsruck, es werden allerdings Unterschiede in Wahrnehmung und Umgang deutlich zwischen denjenigen, die selber etwa von Rassismus und Antisemitismus betroffen sind, und denjenigen, die es nicht sind. Gerungen wird in der Gruppendiskussion darum, wie man sich einerseits gemeinsam engagieren kann und andererseits sehr unterschiedlich durch Abwertung, Ausgrenzung und Gewalt betroffen ist. In Bezug auf Antisemitismus stellt sich dies folgendermaßen dar:

Dana Fellner ist jüdische Berlinerin und beschreibt sich als „sehr politisch aktiv und interessiert" (GD8, Z. 35 f.). Im Verlaufe des Gespräches teilt sie ihr Wissen über die Zunahme antisemitischer Straftaten und berichtet von eigenen Erfahrungen. Sie betont die Ungebrochenheit des Antisemitismus in Deutschland: Jüdisches Leben in Deutschland sei „seit 1945, so seitdem es wieder die ersten Bethäuser gibt" (GD8, Z. 189 f.), bedroht. Das antisemitische Bedrohungspotenzial habe sich in den letzten Jahren aber weiter zugespitzt, was sich nicht erst am terroristischen Attentat im Oktober 2019 auf die an Yom Kippur versammelte Gemeinde in Halle gezeigt habe.

> *Dana Fellner: „[…] Aber die Straftaten nehmen ja zu. Also, wir ham, (Christine Becker: Ja) im Bundestag wird ja alle Vierteljahr gefragt, wie viele antisemitische, wie viele rassistische (Christine Becker: Ja / U: Mhm), wie viele behindertenfeindliche, wie viele und so weiter, und das nimmt einfach zu, man sieht das (U: Mhm)." (GD8, Z. 210–215)*

Bei den Schilderungen ihrer eigenen Diskriminierungserfahrungen fallen Kontinuität und Maß an erlebter Bedrohung und Gewalt auf. Sie erinnert sich, schon im frühen Jugendalter auf Demonstrationen von anderen Jugendlichen fotografiert und bedroht worden zu sein: „Dich ham wir, wir wissen, wo du wohnst" (GD8, Z. 431). Die Massivität der antisemitischen Bedrohung zeigt sich auch darin, dass es nicht bei Beleidigungen oder antisemitischen Zuschreibungen bleibt, sondern auch physische Attacken folgen:

> *Dana Fellner: „Ich würde aber noch unterscheiden zwischen einem Gespräch, was noch zu Ende geht, dann hört der nich mehr zu und geht, oder wenn jemand aber dann die Faust rauszieht oder dich bedroht. (Amar Saadi: Mhm) Also, erstma verbal, dann schreit und dann Todes- und Folterdrohungen." (GD8, Z. 328–332)*

Sie erzählt, selbst bereits mehrfach überfallen worden zu sein, und schildert einen Übergriff, der in ihren Worten noch der „harmloseste Überfall" (Z. 341) war: Sie wurde nach einer Veranstaltung von einer Frau aus einem „Nazikreis" (Z. 337) bis in die U-Bahn verfolgt und bekam dort etwas Kantiges in den Bauch gestoßen.

Wichtig ist es der Teilnehmerin auch, auf die nach 1945 nicht ausreichende Entnazifizierung der Behörden und staatlichen Institutionen aufmerksam zu machen, die dazu geführt habe, dass auch heute noch im juristischen System weiterhin antisemitische Positionen fortbestehen und Täterinnen und Täter geschützt würden. Dabei greift sie abermals auf eigene Erfahrungen zurück, bei welchen die Verfahren gegen die Urheber der antisemitischen Übergriffe eingestellt wurden (vgl. GD8, Z. 729–736).[15] Ihre eigenen politischen Aktivitäten stellt Dana Fellner in den Kontext der transgenerationalen Verfolgungsgeschichte ihrer Familie:

> *Dana Fellner: „[...] Also, ich hatt' immer den Eindruck, ich müsste noch mehr und noch mehr und noch mehr mein ganzes Leben lang tun. (Christine Becker: Ja) Also, ich mein, meine Großeltern sind in einem Konzentrationslager umgekommen. (Christine Becker: Mhm, ja / Bertha Schulze: Mhm) Die ganze Familie is deportiert aus [Stadt] und wir leben jetzt hier und ich bin schon mit 14 auf Demos gegangen." (GD8, Z. 423–427)*

Sie möchte sich „einsetzen und vernetzen", damit Berlin so offen bleibt, wie es ist (GD8, Z. 436). Sie hofft, dass öffentliche (verbale) Gegenwehr in Reaktion auf menschenverachtende Ideologien einige der Personen „vielleicht zurückhol'n" könne (Z. 475), die durch politisch rechte Agitation angesprochen werden, bzw. ihnen mindestens zeigt, „es gibt ja doch noch welche, die dagegen sind oder 'ne andere Meinung haben" (Z. 326–327). Dabei beschäftigt sie die Frage, wie man intervenieren oder offensiv handeln kann, ohne sich selbst weiterer Gefahr auszusetzen. Sie spricht von Workshops, in denen man lerne, die Angst zu verlieren und „deeskalierende Methoden" (Z. 445) anzuwenden, denn „also ich kann mich ja nicht vor 'n Nazi aufbau'n und (macht eine Geste, lacht kurz)" (Z. 442 ff.). Sie fragt sich, ob es helfen könnte, bewusster in Situationen hineinzugehen (Z. 452 ff.) und wenigstens „solange es geht zu reden" (Z. 468 f.). In ihren Überlegungen wird deutlich, dass sie die Frage intensiv beschäftigt, wie man in einer Situation von hoher Gewaltbereitschaft des Gegenübers und zunehmend hoher Zahl an gewaltbereiten Personen im öffentlichen Raum handlungsfähig bleiben kann.

> *Dana Fellner: „[...] Is mein Wunsch, dass ich da mehr lerne, andre mehr lernen und dass wir dem einfach kontern können so, ne. (U: Mhm) Aber, es is natürlich auch 'n Risiko." (GD8, Z. 446–447)*

---

15 Sowohl aus jüdischen wie auch aus postmigrantischen Perspektiven wird in den Gruppendiskussionen deutlich, dass nicht die Sicherheit besteht, die mehrheitsdeutsche Gesellschaft habe aus der NS-Vergangenheit gelernt. So erschüttert es Carola Aydin (GD10) etwa, wie wenig Verstöße gegen das Gesetz der Volksverhetzung in Deutschland tatsächlich geahndet würden (Z. 538–542). Arlsan Kaya (ebenfalls GD10) fürchtet, antimuslimische Ressentiments in Deutschland könnten das mörderische Potenzial des deutschen Antisemitismus annehmen: „Das 's genau wie vor 70 Jahren, [...] was ich schade finde, man hat überhaupt nichts von der Geschichte gelernt (Bettina Frank: Mhm), man hat einfach das Wort Jude mit Moslem ersetzt, finde ich" (GD10, Z. 564). Und unter den Teilnehmenden der GD8 wird am Beispiel der Rudolf-Hess-Gedenkdemonstrationen in Spandau mit Sorge diskutiert, wie anschlussfähig die NS-Ideologie auch heute noch ist (GD8, Z. 982 ff.).

Da dieser Aktivismus mit viel Anstrengung verbunden ist, zeigen sich bei Dana Fellner auch resignative Momente: „Aber ich suche auch, ich bin auch nicht sicher, ob das alles, manchmal guck ich mein' Koffer an und denk, okay, geh doch woanders hin.“ (GD8, Z. 476 f.)[16] Doch schon kurz darauf fügt sie motivierend hinzu: „Ich will das einfach nicht und ich will eigentlich, dass Berlin gut is und wir das zusammen hinkriegen“ (Z. 482 f.).

(Ausbleibende) Reaktionen des nicht-jüdischen Umfelds

Während Dana Fellner über Formen der Gegenwehr nachdenkt und zu kollektivem Aktivismus aufruft, changieren die Reaktionen der Mitdiskutierenden auf die Thematisierung von Antisemitismus zwischen Sanktionierungslust, Abwehr, Schweigen und Unbeholfenheit, während sich zugleich alle einig sind, dass der Erfolg rechter Parteien und Bewegungen ein großes gesellschaftliches Problem darstelle. So äußert sich die Abwehr auch nicht in Leugnung oder Relativierung der geschilderten Erfahrungen, aber etwa in der Überzeugung, die jeweils eigene Wohngegend bzw. das eigene Milieu seien frei von solchen Vorfällen.

Die einzige Reaktion auf Dana Fellners Schilderung des Übergriffs in der U-Bahn ist der Einwand der Marzahn-Hellersdorferin Elisa Schäfer, man dürfe den Bezirk nicht über einen Kamm scheren, die Probleme kämen von denjenigen in den Hochhäusern mit niedrigem Einkommen, „also in meiner Ecke ist es jetzt nich so“ (GD8, Z. 363–364). Und als Dana Fellner zu Beginn der Diskussion von dem Messerangriff auf die Synagoge in der Oranienburger Straße und Überfällen auf Kippa tragende Juden berichtet, will Bertha Schulze das Problem klar in Neukölln verortet wissen und empfiehlt Jüdinnen und Juden, sich dort nicht als solche zu erkennen zu geben. In Wilmersdorf, ihrem eigenen Stadtteil, sei das ganz anders:

> *Bertha Schulze: „Ja, ich weiß, ich sage nur :setzt hier in Neukölln eure Kippa ab und vermeidet das Tragen der Kippa (Amar Saadi: Ja, aber das) Wenn ihr 'ne Kippa tragen wollt, geht nach Wilmersdorf, ja“. (GD8, Z. 172 f.)*

In beiden Reaktionen zeigt sich eine starke Abwehr dagegen, dass Antisemitismus Teil des eigenen Umfelds sein könnte. Es entsteht der Eindruck, dass es den Teilnehmenden insbesondere wichtig ist, eigene Berührungspunkte mit Antisemitismus auszuschließen, statt tatsächlich gegen Antisemitismus vorzugehen: Elisa Schäfer fühlt sich über ihren Wohnort mit angeklagt und wehrt dies sogleich ab, und auch Bertha Schulze macht durch ihre Korrektur den Antisemitismus Gesamtberlins zu einem Antisemitismus „der Anderen“,

16 Die große Kraftanstrengung zwischen Wünschen, sich ein lebenswertes Berlin zu schaffen, und Momenten der Resignation, die im Bild des Koffers und der Abreise zum Ausdruck kommen, zeigt sich auch bei anderen Teilnehmenden, welche ebenfalls unter den Abgrenzungen der Dominanzgesellschaft leiden (vgl. Kapitel 5).

etwa des stärker muslimisch geprägten Neuköllns.[17] Christine Becker reagiert ganz ähnlich, wenn sie auf Dana Fellners Schilderungen von den Auseinandersetzungen mit Neonazis rund um den Weitlingkiez in Lichtenberg erleichtert ausruft, da wohne sie [in Charlottenburg] „ja wirklich auf 'ner ruhigen Insel" (Z. 400). Dana Fellner kontert unmittelbar: „Ich hab noch nie auf 'ner ruhigen Insel gelebt" (Z. 402).[18] Die Abwehr von Antisemitismus als Problem der anderen wird bei Christine Becker von einem expliziten Eingeständnis, sich nicht solidarisieren zu wollen oder zu können, begleitet. Nach „ihrer Rolle im Gefüge" in Bezug auf den Rechtsruck gefragt, gibt sie zu:

> *Christine Becker: „Also ich muss da sagen, ich verpiss mich da eher aus dem Gefüge. (Schmunzeln von allen Seiten) Blöd, aber es is so (lacht)." (GD8, Z. 420f.)*

Auch hier kontert Dana Fellner wieder damit, bei ihr sei es genau „umgekehrt" (Z. 423). Sie habe ihr Leben lang den Eindruck gehabt, „noch mehr und noch mehr" tun zu müssen (Z. 424). Während sie von ihrem Engagement spricht, verstummt Christine Becker (wie auch die meisten anderen Mitdiskutierenden) und ergreift erst wieder das Wort, als Dana Fellner sie mit dem Stichwort, es „zusammen hinkriegen" zu wollen (Z. 483), wieder ins Boot der Widerständigen einlädt. Mit ihrem Kommentar, die Rechten seien eine „relativ kleine Gruppe" (Z. 485), externalisiert und bagatellisiert sie das Problem aber erneut. Diesmal kontert Farah Saleh mit einer Veranschaulichung der Größe von 25 Prozent:

> *Christine Becker:„Ja, es is ja auch 'ne relativ kleine Gruppe, wenn man so will. Wie viel Prozent sind das eigentlich so in der Bevölkerung? 20, 25 Prozent? [...]"*
>
> *Farah Saleh: „Also zwei von uns hier (lacht kurz)." (GD8, Z. 485ff.)*

Neben den manifesten Äußerungen ist in dieser Runde auch interessant, was nicht gesagt wird, wann Pausen entstehen und wer auf wen reagiert bzw. sich aus der Gesprächsdynamik zurückzieht. Es fällt auf, dass Bertha Schulze häufig die Einzige ist, die auf Dana Fellners Äußerungen reagiert. In den Dialogen, die sich so passagenweise zwischen den beiden Frauen entwickeln, paraphrasiert Bertha Schulze Dana Fellners Äußerungen einerseits so, dass sie unterstützende Zustimmung artikuliert, nutzt dabei aber Ausdrucksweisen, die Assoziationen zu NS-Vokabular hervorrufen:

---

17 Auch in anderen Gruppendiskussionen zeigt sich deutlich, wie viel einfacher es Teilnehmenden fällt, über Antisemitismus zu sprechen, wenn er als Antisemitismus der „Anderen" identifiziert wird. So berichtet etwa Agnes Fischer aus der GD1 von einem Vorfall in der Schule, bei welchem das Wandbild über Israel von einem palästinensischen Mitschüler aus antijüdischem Ressentiment heraus zerstört wurde (Z. 767ff.). Ganz Ähnliches zeigt sich mit Blick auf Rechtsextremismus: Auch in der oben bereits angeführten Weigerung von Anne Lorenz, den ostdeutschen Rechtsextremismus als „hausgemachtes Problem" anzuerkennen, und ihrem Verweis auf den US-amerikanischen Ku-Klux-Clan und V-Männer des BND (GD13, Z. 855ff.) wird deutlich, dass die Vorstellung, rechtsextreme Positionen könnten etwas mit dem eigenen Nahfeld zu tun haben, vehement abgewehrt wird.

18 In diesem Zusammenhang steht auch, dass die Vorstellung von Berlin als „Befreiungsschlag" (GD8, Z. 94) von Personen mit Migrationsgeschichte nicht so ungebrochen geteilt werden kann (vgl. auch Kapitel 5 und Kapitel 2.3).

Dana Fellner: „[…] manchmal guck ich mein' Koffer an und denk, okay, geh doch woandershin."

Bertha Schulze: „Ja, also das wär ja in Ihrem Fall ein ein totales Auswandern dann, ne." (GD8, Z. 477–479)

So wie hier aus dem Das-Land-Verlassen ein „totales" Auswandern wird, wird an anderer Stelle ohne erkennbaren Grund bei einer weiteren Teilnehmerin aus einer Lösung eine „Endlösung":

Amar Saadi: „Das ist dann wahrscheinlich der Schutz vor Übergriffen, ja, sich selber zu schützen [gemeint sind Juden, die ihre Kippa verdecken oder nicht tragen, Anm.d.Verf.]."

Bertha Schulze: „Ja."

Amar Saadi: „Aber, da bin ich auch der Meinung, das darf einfach nicht wahr sein also […]"

Bertha Schulze: „Es darf nich wahr sein, aber […]"

Amar Saadi: „Genau, es is nicht die Endlösung. Also, es gibt nicht […]"

Bertha Schulze: „Es ist bestimmt nicht die Endlösung." (GD8, Z. 179 ff.)

Solche „Versprecher" verweisen darauf, dass – auch wenn das nationalsozialistische Deutschland und die Shoa auf manifester Ebene nicht thematisiert werden – entsprechende Assoziationsräume der Mitdiskutierenden aufgemacht wurden. Als sprachliche Fehlleistungen können sie Ausdruck von etwas sein, wovon sich die Diskutierenden auf manifester Ebene distanzieren wollen: Sie tauchen auf als das, was man eben gerade nicht sagen, wozu man eben keine Verbindung haben wollte. Elke Horn (2014) verweist auf die Möglichkeit, dass es in Nachfolgegenerationen zu einer emotionalen Wiederherstellung von Opfer-Täter-Konstellationen kommen kann, bei welchen es durch Fremd- wie auch Selbstzuschreibungen zu Übernahmen kollektiver Opfer- und Täter-Identitäten kommt. So lassen sich die Äußerungen als Resultat der Ambivalenz deuten zwischen dem Ansinnen, die Identifikation mit den Täterinnen und Tätern des Nationalsozialismus vermeiden zu wollen, und der gleichzeitigen, nicht bearbeiteten sozio-kulturellen und transgenerationalen Eingebundenheit in die Nachfolgeschaft der Shoa-Täterinnen und -Täter. Gerade im Versuch, eben jenes nicht zu reproduzieren, bricht das Abgewehrte sich in sprachlichen Fehlleistungen Bahn.

Die Reaktionen der Diskutierenden Bertha Schulze ziehen innerhalb der Interpretation der Diskussion besonders viel Aufmerksamkeit auf sich. In der Gruppe der Analysierenden führen ihre Kommentare zu gemeinsamer Empörung, Wut und dem Bedürfnis, „mit einem Rotstift" ans Material ranzugehen, ihr Verhalten zu sanktionieren und retrospektiv ungeschehen zu machen. Aber auch die Passivität von den beiden weiteren Diskussionsteilnehmerinnen ohne Migrationsgeschichte ruft Ärger bei der Analyse hervor. Die Interpretationsgruppe changiert zwischen dem Wunsch, eingreifen zu wollen, und der Angst, selbst „etwas falsch zu machen". Erst spät fällt uns als Analysierenden auf, dass Bertha Schulzes Art, auf Dana Fellners Schilderungen zu reagieren, zwar unbeholfen und teilweise unangebracht erscheint, sie aber zumindest reagiert, wo die anderen Diskussionsteilnehmenden und auch wir Analysierenden sprachlos bleiben. Auch uns fiel es offensichtlich leichter, die Reaktionen der Mitdiskutierenden zu kommentieren, statt selbst auf die Gewaltförmigkeit des geschilderten Antisemitismus einzugehen und sich mit den damit verbundenen Ohnmachtsgefühlen auseinanderzusetzen. So erfüllt Bertha Schulze sowohl für ihre Diskussionsrunde als auch für die Interpretationsgruppe eine Funktion: Mit ihrer bemüht aktiven Resonanz auf Dana Fellner tritt sie zwar in „Fettnäpfchen", ermöglicht aber zugleich die Passivität der anderen Diskussionsteilnehmenden. Deren Schweigen fällt angesichts von Bertha Schulzes Versuchen der Intervention kaum auf. Es ist ein Schweigen, das vermutlich ebenfalls Ausdruck von Tabus und ambivalenten Gefühlen in Bezug auf das Thema Antisemitismus ist und ein gesamtgesellschaftliches Schweigen spiegelt. Zwar können die anderen Teilnehmenden auch nicht adäquater auf Dana Fellner reagieren, als es Bertha Schulze tut, aber deren Unfähigkeit bleibt neben Bertha Schulzes Verhalten unauffällig. Bertha Schulze öffnet für die anderen die Hintertür, sich „richtig zu verhalten", ohne dem Schmerz der Betroffenen und anderen transgenerational vermittelten Affekten in Verbindung mit antisemitischer Gewalt nahe zu kommen. Zugleich ermöglicht Bertha Schulze der Interpretationsgruppe, die eigene Unfähigkeit an ihr zu sanktionieren. Zwischen Interpretations- und Diskussionsgruppe wird so abermals die gesellschaftliche Dynamik der Externalisierung von Schuld und Verantwortung reinszeniert. Es wird eine Person oder Gruppe gefunden, an welcher die Angemessenheit oder Unangemessenheit im Umgang mit Antisemitismus verhandelt werden kann, ohne die eigene Involviertheit zu thematisieren. Diskussionsrunde und Interpretationsgruppe haben sich ihre „Anderen" geschaffen, die für einen Antisemitismus, der einfach nicht verschwinden will, verantwortlich gemacht werden können. So verweist die Dynamik zwischen den Interviewten, zwischen Material, Interpretation und den Interpretierenden auf eine gesamtgesellschaftliche: Antisemitismus ist ein aktuelles Phänomen, doch der gesellschaftliche Umgang in einem Land, bei dessen Bevölkerung es sich mehrheitlich um Nachfahren des nationalsozialistischen Deutschlands handelt, ist geprägt von Blockaden im Umgang mit der politisch-emotionalen Nachgeschichte der Shoah. Mit Blick auf die Gruppendiskussion zeigt sich, dass dies offensichtlich selbst bei denjenigen zu Blockaden führt, die ernsthaft an Auseinandersetzung und Überwindung von Antisemitismus interessiert sind. Im abschließenden Teil möchten wir deshalb auf die Bedeutung der NS-Nachfolgeschaft für den Umgang mit Antisemitismus heute eingehen, um so den Raum zu öffnen für Möglichkeiten eines veränderten Umgangs mit Antisemitismus in Deutschland.

7.4 Antisemitismus in der postnationalsozialistischen Gesellschaft

Die Erfahrungen der Teilnehmenden Dana Fellner verdeutlichen die Kontinuität von Antisemitismus in Deutschland und dass auf Unterstützung und Intervention seitens eines nicht-jüdischen Umfelds nicht selbstverständlich vertraut werden kann. Diese Alltagserfahrungen von antisemitischen Übergriffen stehen im starken Kontrast zu politischen „Schlussstrich"-Forderungen und der Vorstellung, das postnationalsozialistische Deutschland habe sein nationalsozialistisches Erbe „aufgearbeitet".

Um die Ungebrochenheit antisemitischer Ressentiments und Verschwörungsideen sowie die Schwierigkeiten bei der Solidarisierung mit Betroffenen in den Blick zu nehmen, widmen wir uns in diesem letzten Abschnitt den (psychodynamischen) Kontinuitäten der NS-Nachfolgeschaft in Deutschland. Hierauf aufmerksam machte uns vor allem das Verhalten jener Teilnehmenden der Gruppendiskussionen, die den Nachfolgegenerationen des nationalsozialistischen Deutschlands zuzuordnen sind.[19] Insbesondere in der Gruppendiskussion 8 wurde deutlich, wie die Teilnehmenden einerseits versuchten, sich von antisemitischen Überzeugungen zu distanzieren, und sich gleichwohl in sprachlichen Ausdrücken wie auch Sprachhemmungen – also in dem, was gesagt wurde, und dem, was nicht thematisiert werden konnte – Hinweise auf das transgenerationale Erbe des Nationalsozialismus finden ließen.

Hohlraum der Rede

In der deutschen Gegenwartsgesellschaft stehen widersprüchliche Bezüge auf die NS-Zeit und die Shoa, den „Zivilisationsbruch, verübt an den Juden" (Diner, 2007, S. 14), unvermittelt nebeneinander. Einerseits findet sich ein Stolz darauf, „Aufarbeitungsweltmeister" zu sein und als solcher Maß und Ausmaß anderer Verbrechen beurteilen zu können.[20] Andererseits scheint man mit allem Eifer die Schuld der „Anderen" aufgearbeitet zu haben: Im Erinnerungsmonitor 2020 geben knapp 70 Prozent der Befragten an, ihre Vorfahren hätten nicht zu den Tätern des Nationalsozialismus gehört (Papendick et al., 2020, S. 16). Während im öffentlichen Diskurs von Kollektivschuld die Rede ist und Aufwand und Mühen auf Gedenkveranstaltungen, Ausstellungen und Ähnliches verwandt werden, wird zwischen den Generationen häufig über die Familiengeschichte geschwiegen. „Aufarbeitung" bleibt „Gedächtnistheater" (Bodemann, 1996), solange es derart wirklichkeitsentleert bleibt.

Für das Ausbleiben des Sprechens über die Shoa im Nachkriegsdeutschland fand Adorno den Ausdruck „Hohlraum der Rede" (Adorno, 1971, S. 126). Gemeint war damit die Unfähigkeit, die begangenen Verbrechen und Identifikationen mit dem nationalsozialistischen Deutschland in der Gesellschaft wie auch in den intrafamiliären Zusammenhängen zu thematisieren. Die „in der Nachkriegszeit herrschende[n] Schweigegebote und Denktabus" (Horn, 2014, S. 250) bezogen sich dabei insbe-

19 In den Gruppendiskussionen fanden sich neben jüdischen Teilnehmenden und nicht-jüdischen Teilnehmenden, deren Eltern oder Großeltern im nationalsozialistischen Deutschland lebten, auch Personen mit Migrationsgeschichte, die keine familiären Bezüge zu NS-Deutschland haben. Die im nachfolgenden Abschnitt aufgeführten Überlegungen zu kollektiven Identifikationen und transgenerational vererbten Scham- und Schuldgefühlen fokussieren insbesondere auf Prozesse, wie sie in Bezug auf nicht-jüdische Personen ohne Migrationsgeschichte analysiert wurden.

20 Vgl. Messerschmidt (2014) zum Zusammenhang von sekundärer Unschuld und sekundärem Antisemitismus.

sondere auf die eigene Involviertheit in die nationalsozialistischen Verbrechen, motiviert durch Ängste vor politischer Verfolgung wie auch eine Abwehr von Schuld- und Schamgefühlen (Waldeck, 2014, S. 238). Aber auch über die Kriegsfolgen in der Tätergesellschaft – etwa Verletzungen und Traumatisierungen wie auch ideelle Verluste – fand keine gesamtgesellschaftliche Auseinandersetzung statt. Eine Auseinandersetzung, die beide Aspekte, also Schuld und Verletzung, zu integrieren vermochte, blieb aus, und das politisch Brisante wurde als „Privates zum Schweigen gebracht" (ebd., S. 226). In der Folge wichen familiärer und öffentlicher Schulddiskurs stark voneinander ab (Horn, 2014), was die individuelle Auseinandersetzung zusätzlich erschweren konnte.

Die derart unverarbeitet gebliebenen – psychodynamisch gesprochen: nicht integrierten – Konflikte lösen sich aber nicht auf, sondern wurden als „Gefühlserbschaft[en]" (Freud, 1912, S. 191) auch an die Nachfolgegenerationen weitergegeben. Dabei konnte es zwischen den Generationen zu ganz unterschiedlichen Konstellationen kommen – etwa zu dem, was Moré (2013) als „doppelte Botschaften" bezeichnete: „Einerseits möchten sie [die Tätergeneration; Anm. d. Verf.] als Leidende und Opfer des Krieges, als Verführte des Nationalsozialismus angesehen werden, andererseits sind sie insgeheim noch mit den idealisierten Werten jener Zeit verbunden" (Waldeck, 2014, S. 241). Auf unterschiedlichen Wegen wurden die Folgegenerationen so zu einem „Container für unverarbeitete Scham- und Schuldgefühle" (Horn, 2014, S. 255), waren also im familiären Raum mit emotionalen Ambivalenzen konfrontiert, deren Ursprung zugleich unergründlich war, da sie aus ihrer Beziehungs- und nicht aus ihrer Erfahrungsgeschichte resultierten.

Diese „Gefühlserbschaft" (vgl. auch Chernivsky, 2016, S. 152) wird emotional erlebt, kann aber bei fehlender Besprechung nicht erklärt und eingeordnet werden und führt so zu schwer aushaltbaren inneren Spannungen. In der Folge kommt es zu Abwehrstrategien, etwa Spaltungs- und Projektionsprozessen (Horn, 2014), bei welchen negative Anteile und die Involviertheit der Eltern abgespalten und die Schuld statt beim Eigenen bei anderen gesucht wird. Vor diesem Hintergrund lassen sich Formen des Schuldabwehrantisemitismus deuten, die etwa Jüdinnen und Juden zu Mittätern der Shoa machen. Aber auch die gesellschaftliche Bedeutung der Teilung Deutschlands nach dem Zweiten Weltkrieg lässt sich entsprechend deuten: So arbeitete Elke Horn (2014) heraus, wie neben intrapsychischen Spaltungsprozessen durch die Teilung Deutschlands eine Spaltung auf kollektiver Ebene gelang, bei der das „unverarbeitete »Böse«" projektiv beim jeweiligen anderen Staat deponiert werden konnte (ebd., S. 253).

Um einen individuellen Umgang mit den Gefühlserbschaften zu finden, kann es zu einer Übernahme aggressiver Anteile der Eltern kommen, die sich im Ressentiment gegenüber anderen Bahn brechen (Moré, 2014, S. 215). Die erlebte Ambivalenz kann jedoch auch zu einer Abwendung von der Elterngeneration führen. Vor diesem Hintergrund lässt sich eine insbesondere in den 68ern beobachtbare „Über-Identifikation mit den Opfern des Holocaust" einordnen, „die der Abwehr der eigenen Verstrickung in die Täteranteile der Vorfahren diente" (Horn, 2014, S. 255).

Blieb eine Thematisierung der Kriegserfahrungen und Involviertheit weitestgehend aus, ließ sich in der Nachfolgegeneration sowohl die Vermeidung von Fragen an die Eltern beobachten – aus Befürchtungen vor dem, was sich offenbaren könnte – als auch ein unbewusstes Bemühen, das „Unsagbare aufzuspüren und zu begreifen" (Waldeck, 2014, S. 226). In der Gegenwart schlägt die ausgebliebene emotionale Aufarbeitung sich etwa in einem spezifischen Umgang mit Emotionen im Kontext der pädagogischen Arbeit zu NS-Geschichte und Shoa nieder: Einerseits wird historische Bildung kognitivistisch als Wissensvermittlung verstanden, andererseits werden bestimmte „Emotionserwartungen" an die Zielgruppe gestellt (Chernivsky & Lorenz, 2020, S. 23). Mit ihren realen Emotionen (Abwehr, Scham, Wut, Aversionen, Ambivalenzen) bleiben Lehrende wie Lernende in dritter und vierter Generation alleine (ebd.).

An dieser Stelle sei auch auf die Ergebnisse der Aktivierenden Befragung des Berlin-Monitors verwiesen: Die dort interviewten Expertinnen und Experten forderten in erster Linie mehr Konkretion in Bezug auf den Umgang mit der NS-Geschichte (Reimer-Gordinskaya & Tzschiesche, 2021, S. 14). Dies könne sowohl bedeuten, in der Vermittlung des Holocaust weg von einem Ansatz zu kommen, der auf emotionale Identifikation mit den Opfern setzt, und stattdessen hin zu einem konkreten Verständnis der Kontinuität des Antisemitismus sowie der Entstehung und Funktionsweise der Vernichtungspolitik. Andererseits würde es bedeuten, Aufmerksamkeit auf die eigene Familienbiografie zu lenken, an dieser Stelle Emotionen zuzulassen und ihre transgenerationale Vermittlung in den Blick zu nehmen (vgl. Chernivsky & Wiegemann, 2017).

Der „Hohlraum der Rede" wirkt bis heute nach und die transgenerationale Weitergabe von Gefühlserbschaften beeinflusst weiterhin das Verhältnis zwischen den Nachfahren der NS-Täter und Jüdinnen und Juden. In den Gruppendiskussionen haben wir ein breites Spektrum gefunden: eine (bewusste wie auch unbewusste) Reproduktion antisemitischer Ressentiments auf der einen Seite, aber auch Blockaden in den Versuchen, sich mit Betroffenen zu solidarisieren, auf der anderen Seite.

7.5 Fazit

Durch die Zunahme antisemitischer Übergriffe und die Attentate auf jüdische Gemeinden rückte in den vergangenen Jahren mit hoher Dringlichkeit vor allem die Frage nach der Verhinderung antisemitischer Gewaltakte und dem Umgang mit gewaltbereiten Antisemiten in den Fokus. Die Verbreitung antisemitischer Vorstellungen, der Neigung zu Verschwörungsglauben und der offenen Äußerung antisemitischer Ressentiments zeigte sich in den Diskussionen im ersten Teil dieses Kapitels. Außer Frage steht, dass von Personen mit manifesten antisemitischen Ressentiments die dringlichste Bedrohung für Jüdinnen und Juden in Deutschland ausgeht. Anhand der im Rahmen der Corona-Demonstrationen erneut zutage getretenen antisemitischen Verschwörungsideen wurde jedoch deutlich, wie wichtig es ist, sich mit den Fragen, wie weit verbreitet antisemitische Vorstellungen in der deutschen Gesamtgesellschaft sind und was der hohen Anschlussfähigkeit antisemitischer Ressentiments zugrunde liegt, auseinanderzusetzen.

Gerade die „Zwischentöne" der Verschwörungsideen bergen das Potenzial des Brückenschlags zwischen verschiedenen politischen Milieus. Umso mehr bedarf es einer mehrheitsgesellschaftlichen Gegenposition und aktiver Solidarisierungen. Wie schwer dies herzustellen ist, zeigte sich etwa in der Diskussionsrunde, die im zweiten Teil des Kapitels vorgestellt wurde. Die Ausweitung des Blicks auf die postnationalsozialistische Gesamtgesellschaft, wie wir sie im dritten Teil versuchten, scheint notwendig zu sein, um Möglichkeiten und Hindernisse der Prävention von Antisemitismus als gesamtgesellschaftliche Aufgabe zu verstehen.

Literatur

Adorno, T. W. (1973). *Studien zum autoritären Charakter*. Frankfurt a. M.: Suhrkamp.

Adorno, T. W. (1971 [1959]). Was bedeutet: Aufarbeitung der Vergangenheit. In ders., *Eingriffe: Neun kritische Modelle* (S. 125–146). Frankfurt a.M.: Suhrkamp.

Bergmann, W., & Erb, R. (1986). Kommunikationslatenz, Moral und öffentliche Meinung. Theoretische Überlegungen zum Antisemitismus in der BR Deutschland. *Kölner Zeitschrift für Soziologie und Sozialpsychologie, 38*(2), 223–246.

Bergmann, W., & Erb, R. (1991). „Mir ist das Thema Juden irgendwie Unangenehm". Kommunikationslatenz und die Wahrnehmung des Meinungsklimas im Fall des Antisemitismus. *Kölner Zeitschrift für Soziologie und Sozialpsychologie, 43*(3), 502–519.

Beyer, H., & Krumpal, I. (2010). „Aber es gibt keine Antisemiten mehr": Eine experimentelle Studie zur Kommunikationslatenz antisemitischer Einstellungen. *Kölner Zeitschrift für Soziologie und Sozialpsychologie, 62*(4), 681–705.

Bodemann, Y. M. (1996). *Gedächtnistheater. Die jüdische Gemeinschaft und ihre deutsche Erfindung*. Hamburg: Rotbuch.

Botsch, G. (2020). Rechtsextremismus und „neuer Antisemitismus". *Wissen schafft Demokratie. Schwerpunkt: Antisemitismus*, 8, 17–29.

Brunner, M. (2016). Vom Ressentiment zum Massenwahn. In C. Busch, M. Gehrlein & T. Uhlig (Hrsg.), *Schiefheilungen* (S. 13–35). Wiesbaden: Springer VS.

Chernivsky, M. (2016). Zwischen Generationen: Wirkungsgeschichte des NS und familienbiographische Reflexion der Enkel*innen-Generation in Form einer mehrjährigen Intervisionsgruppe. In M. Chernivsky & J. Scheuring, Zentralwohlfahrtsstelle der Juden in Deutschland (Hrsg.), *Gefühlserbschaften im Umbruch. Perspektiven, Kontroversen, Gegenwartsfragen* (S. 150–164). Frankfurt a. M.

Chernivsky, M., & Lorenz, F. (2020). *Antisemitismus im Kontext Schule. Deutungen und Umgangsweisen von Lehrer*innen an Berliner Schulen*. Forschungsbericht zur Studie „Umgang mit Antisemitismus im Kontext Schule" unter wissenschaftlicher Mitarbeit von Johanna Schweitzer. Berlin.

Chernivsky, M., & Wiegemann, R. (2017). Antisemitismus als individuelle Erfahrung und soziales Phänomen. Zwischen Bildung, Beratung und Empowerment. *Medaon. Magazin für jüdisches Leben in Forschung und Bildung*, 11/21, 1–7.

Claussen, D. (1987). *Vom Judenhass zum Antisemitismus. Materialien einer verleugneten Geschichte* (S. 7–46). Darmstadt/Neuwied: Luchterhand.

Czollek, M. (2018). *Desintegriert euch!*. München: Carl Hanser Verlag.

Decker, O., Kiess, J., Schuler, J., Handke, B., Pickel, G., & Brähler, E. (2020). Die Leipziger Autoritarismus Studie 2020: Methode, Ergebnisse und Langzeitverlauf. In O. Decker & E. Brähler (Hrsg.), *Autoritäre Dynamiken* (S. 27–88). Gießen: Psychosozial-Verlag.

Diner, D. (2007). *Gegenläufige Gedächtnisse: Über Geltung und Wirkung des Holocaust.* Göttingen: Vandenhoeck & Ruprecht.

FRA (European Union Agency for Fundamental Right) (2018). *Experiences and perceptions of antisemitism: Second survey on discrimination and hate crime against Jews in the EU.* Luxemburg: Amt für Veröffentlichungen der Europäischen Union.

Freud, S. (1912). Totem und Tabu. In A. Freud (Hrsg.), *Sigmund Freud – Gesammelte Werke, Bd. 9.* London: Imago Publishing Co., Ltd.

Haug, W. F. (1993). *Elemente einer Theorie des Ideologischen.* Hamburg: Argument.

Heinsohn, G. (1988). *Was ist Antisemitismus?.* Frankfurt: Eichborn.

Horn, E. (2014). Was tun mit dem transgenerationalen Erbe? Von der Abwehr durch Spaltung zum Dialog. In J. Lohl & A. Moré (Hrsg.), *Unbewusste Erbschaften des Nationalsozialismus* (S. 249–270). Gießen: Psychosozial-Verlag.

Kiess, J., Decker, O., Heller, A., & Brähler, E. (2020). Antisemitismus als antimodernes Ressentiment: Struktur und Verbreitung eines Weltbildes. In O. Decker & E. Brähler (Hrsg.), *Autoritäre Dynamiken* (S. 211–248). Gießen: Psychosozial-Verlag.

Moré, A. (2013). Die unbewusste Weitergabe von Traumata und Schuldverstrickungen an nachfolgende Generationen. *Journal für Psychologie*, 21(2).

Messerschmidt, A. (2014): (Un)Sagbares – Über die Thematisierbarkeit von Rassismus und Antisemitismus im Kontext Postkolonialer und postnationalistischer Verhältnisse. In M. Chernivsky, C. Friedrich & J. Scheuring (Hrsg.), *Praxiswelten – Zwischenräume der Veränderung – Neue Wege zur Kompetenzerweiterung* (S. 55–74). ZWST.

Papendick, M., Rees, J., Wäschle, F., & Zick, A. (2020). *Multidimensionaler Erinnerungsmonitor (MEMO) III/2020 – Fokusbericht* (Forschungsbericht IKG). Bielefeld: Institut für interdisziplinäre Konflikt- und Gewaltforschung (IKG), Universität Bielefeld.

Pohl, R. (2010). Der antisemitische Wahn. In W. Stender, G. Follert, & M. Özdogan (Hrsg.), *Konstellationen des Antisemitismus* (S. 41–68). Wiesbaden: VS Verlag für Sozialwissenschaften.

Pickel, G., Reimer-Gordinskaya, K., & Decker, O. (Hrsg.) (2019). *Der Berlin-Monitor 2019: Vernetzte Solidarität – Fragmentierte Demokratie.* Springe: zu Klampen.

Reimer-Gordinskaya, K., & Tzschiesche, S. (2021). *Antisemitismus – Heterogenität – Allianzen: Jüdische Perspektiven auf Herausforderungen der Berliner Zivilgesellschaft.* Springe: zu Klampen.

Salzmann, S.-M. (2019). Sichtbar. In F. Aydemir & H. Yaghoobifarah, *Eure Heimat ist unser Alptraum.* Berlin: Ullstein.

Schönbach, P. (1961). *Reaktionen auf die antisemitische Welle im Winter 1959/1960.* Frankfurt a. M.: Europäische Verlagsanstalt.

Sharansky, N. (2004). 3D test of anti-semitism: Demonization, double standards, delegitimization. *Jewish Political Studies Review,* 16(3–4).

UEA (Unabhängiger Expertenkreis Antisemitismus) (2017). *Antisemitismus in Deutschland – aktuelle Entwicklungen.* Berlin: Bundesministerium des Inneren, für Bau und Heimat.

Waldeck, R. (2014). Spuren des Grauens: Über Kriegserlebnisse der Väter und ihre Schatten auf die Nachkriegsgeneration. In J. Lohl & A. Moré (Hrsg.), *Unbewusste Erbschaften des Nationalsozialismus* (S. 225–248). Gießen: Psychosozial-Verlag.

Ziemer, C. T., Decker, O., & Brähler, E. (2020). Antisemitismus in Baden-Württemberg. In A. Heller, O. Decker & E. Brähler (Hrsg.), *Prekärer Zusammenhalt* (S. 221–244). Gießen: Psychosozial-Verlag.

zu Klampen Verlag GbR
Röse 21
31832 Springe

Bei Fragen zur EU-Sicherheitsverordnung GPSR wenden
Sie sich bitte an info@zuklampen.de.